AF561499

# La problématique de la création chez Nietzsche

**Ouverture philosophique**

*Collection dirigée par*
*Dominique Chateau, Jean-Marc Lachaud et Bruno Péquignot*

Une collection d'ouvrages qui se propose d'accueillir des travaux originaux sans exclusive d'écoles ou de thématiques.

Il s'agit de favoriser la confrontation de recherches et des réflexions, qu'elles soient le fait de philosophes « professionnels » ou non. On n'y confondra donc pas la philosophie avec une discipline académique ; elle est réputée être le fait de tous ceux qu'habite la passion de penser, qu'ils soient professeurs de philosophie, spécialistes des sciences humaines, sociales ou naturelles, ou... polisseurs de verres de lunettes astronomiques.

**Dernières parutions**

Christian MARTIN, *De l'amour imaginaire à la plénitude du manque,* 2019
Paul DUBOUCHET, *Brève philosophie de la Constitution. De Cicéron à René Girard. Analyse et psychanalyse des systèmes constitutionnels*, 2019.
Nikos FOUFAS, *Le travail, la reconnaissance, la servitude et les impasses de la maîtrise chez Hegel*, 2019.
Nguyen DANG TRUC, *La pensée tragique. Le prométhée enchaîné d'Eschyle, 2019.*, 2019.
Nguyen DANG TRUC, *Du sens de l'humanité. L'Œdipe-Roi de Sophocle*, 2019.
Julius BROWN JR, *Les racines philosophiques et bibliques du corps chez Spinoza*, 2019.
Angba Martin AMON, *La philosophie du droit*, 2019.
Guillaume WAGNER, *Monde de la vie : ego et communauté*, 2019.
Antoine MANGA BIHINA et Issoufou Soulé MOUCHILI NJIMOM (Dir.), *Le pluralisme des rationalités, Etat des lieux, débats et interrogations*, 2019.
Roberto MIGUELEZ, *Sur la rationalisation, Essais*, 2019.
Hamdou Rabby SY, *Déconstruire l'imposture identitaire, Humanisme et éthique de la déconstruction*, 2019.

Lotfi Mathlouthi

# La problématique de la création chez Nietzsche

***


**5-7, rue de l'École-Polytechnique – 75005 Paris**
www.editions-harmattan.fr
ISBN : 978-2-343-18083-0
EAN : 9782343180830

*À la mémoire de Chokri Belaïd, militant pour la liberté et la démocratie, assassiné par des extrémistes religieux à Tunis le 6 février 2013*

# Remerciements

*Je tiens à remercier les professeurs : Mme Rachida TRIKI et M. Stéphane DOUAILLER, pour leurs remarques, leur encouragement et leur patience afin que ce travail puisse voir le jour dans les meilleures conditions possibles.*

*Je remercie également le directeur du laboratoire de recherche PHILAB de la Faculté des sciences humaines et sociales de Tunis, le professeur M. Fethi TRIKI, pour l'aide précieuse apportée tout au long de ce travail.*

## Remarques bibliographiques

Les citations tirées des œuvres publiées par Nietzsche renvoient à l'édition dirigée par Jean Lacoste et Jacques Le Rider : *Friedrich Nietzsche, Œuvres*, 2 Tomes, Paris, Robert Laffont, 1993.

Pour les *Fragments posthumes*, les citations renvoient à l'édition établie par Giorgio Colli et Mazzino Montinari : *Œuvres philosophiques complètes*, 18 volumes, Paris, Gallimard, 1971-1997. Nous citons le numéro de tome, suivi de numéro du volume s'il y en a plusieurs, du numéro du fragment et de la page.

L'éventuelle référence à d'autres éditions des écrits de Nietzsche sera mentionnée dans les notes bibliographiques.

# Introduction générale

# I

Dans son livre *Qu'est-ce que l'esthétique ?,* Marc Jiménez qualifie le moment nietzschéen de « tournant esthétique de la philosophie »[1]. Cette qualification évoque la manière singulière selon laquelle a été pensée la question de l'esthétique chez Nietzsche. Dans cette question sont impliqués non seulement, le questionnement philosophique dans son intégralité, mais aussi la vie et l'expérience personnelle d'un philosophe qui se voit avant tout dans l'image de l'artiste, et qui conçoit la philosophie elle-même comme une pratique de l'art.

Le premier livre publié par Nietzsche, *La Naissance de la tragédie (Die Geburt der Tragödie),* se rapportait à « ce qui concerne la question esthétique »[2]. Cependant, ce qui est présenté par Nietzsche comme étant une question de la « science esthétique » n'était pas moins en réalité qu'une ébauche de tout un projet philosophique et culturel fondé sur une critique de la modernité et sur une appropriation personnelle d'une certaine image de la culture grecque.

Autrement dit, ce que présentait l'esthétique était une perspective plutôt qu'une « topique » autonome. Une telle perspective, élaborée dès l'écrit sur la tragédie grecque, va se doter de significations plus radicales dans la philosophie tardive de Nietzsche. C'est ainsi que dans « *L'Essai d'autocritique* » (*Versuch einer Selbstkritik*) de 1886, Nietzsche nous rappelle que depuis cet écrit, il imposait, contrairement à l'esprit de la modernité, la perspective de l'art et non de la science comme une optique générale pour penser les problèmes de la philosophie : « *considérer la science sous l'optique de l'artiste et l'art sous l'optique de la vie* »[3].

Il convient dès lors de parler, à la façon d'Angèle Kremer-Marietti, du lieu théorique de l'art comme étant le lieu commun et le plus stable de la philosophie nietzschéenne : « Le lieu théorique du "terrain de l'art" [...]

---

[1] Marc Jiménez, *Qu'est-ce que l'esthétique ?*, Paris, Gallimard, 1997, p. 326.

[2] *La Naissance de la tragédie,* § 1, p. 35.

[3] *La Naissance de la tragédie, Essai d'autocritique*, § 2, p. 25.(„– *die Wissenschaft unter der Optik des Künstlers zu sehn, die Kunst aber unter der des Lebens...*")

demeure le lieu commun authentique de ce qu'on peut appeler aujourd'hui sa philosophie. Ce lieu d'où Nietzsche parle est le plus stable. »[1]

Mais le fait de penser l'esthétique en tant que perspective générale pour le questionnement philosophique n'implique-t-il pas toute une interrogation sur son statut même en tant qu'« esthétique », c'est-à-dire sur l'esthétique dans son sens classique en tant que discours théorique sur les beaux-arts ? L'esthétique n'est-elle qu'une simple « demeure » théorique de l'art ? Ou encore, n'exprime-t-elle pas autre chose que le souci de l'achèvement du système et le besoin d'une solution pour ce qui est resté insoluble dans ses antinomies ?

À notre sens, la question *« qu'est-ce que l'esthétique ? »* ne semble pas être une problématique proprement nietzschéenne. Une pareille question suppose, selon une tradition rationaliste bien ancrée dans le XVIIIe siècle, que l'on ait pensé préalablement l'interrogation magistrale : *« Qu'est-ce que la philosophie ? »* C'est généralement par rapport à cette interrogation que l'esthétique est censée figurer parmi les possibles horizons ou domaines de « légitimation » de la réflexion philosophique.

Cependant, il en est autrement pour une pensée habitée par la question de la création du sens et une pratique hantée par le souci de l'œuvre d'art. La question qui mérite d'être posée est plutôt : Existe-t-il une esthétique qui ne serait pas en même temps philosophie ? Ou encore, une philosophie qui ne se penserait pas dans une perspective esthétique ?

Ainsi formulée, la question nietzschéenne dépasse, à vrai dire, le simple cadre d'une esthétique qui cherche à positionner la théorie de l'art dans un schéma général de la démarche philosophique. Dans le cadre de cette perspective, il s'agit plus précisément d'une implication de la question de l'esthétique dans le fondement du questionnement philosophique. Il serait alors plus approprié de parler d'un « *esthétisme* » plutôt que d'esthétique.

Le sens de l'esthétisme désigne exactement cette mise en œuvre paradigmatique de l'art. Mais en tant que tel, cet esthétisme n'est pas le seul apanage de Nietzsche. Il s'agit bien là d'un fait qui a caractérisé la philosophie romantique du XIXe siècle allemand.[2] Cependant, l'esthétisme de Nietzsche va évoluer dans une perspective indépendante et même opposée au « maître éducateur » que fut Schopenhauer et du romantisme en général. Ce qui est prôné dans l'art, ce n'est plus un simple rachat esthétique de

[1]Angèle Kremer-Marietti, « Le 'terrain de l'art', une clé de lecture du texte nietzschéen », in *Nouvelles lectures de Nietzsche*, textes recueillis par Dominique Janicaud, Lausanne, Cahiers L'Âge d'Homme, N°1, 1985, p. 61.

[2] Selon Marc Sherringham, ce qu'il appelle le « paradigme romantique » nomme exactement cette attitude philosophique générale qui postule que « l'art permet de connaître l'essence du monde ». *Introduction à la philosophie esthétique*, Paris, Payot, 1992, p. 242.

l'homme moderne ou une quelconque consolation vis-à-vis de la souffrance originelle (*Urschmerz*). Ce qui est prôné dans l'art, c'est surtout sa force de création, sa créativité.

L'art, en tant que libre jeu de création, s'implique dans une perspective de l'ouverture et de la liberté. C'est pareillement que l'esthétisme permet d'éviter deux dérives par rapport à la question du sens : la dérive théologique et la dérive positiviste. Dans les deux cas, il s'agit d'une procédure de l'appauvrissement du sens, d'une perspective non créative.

Chez Nietzsche, la perspective herméneutique se démarque du criticisme et de ses prétentions savantes. La question de la valeur de toute réflexion philosophique ne s'évalue pas par le simple dispositif critique et analytique qu'elle nous propose, mais essentiellement par rapport à la nature de l'horizon vers lequel s'oriente cette procédure de réflexion. La démarche nietzschéenne dans ce domaine est nourrie par une tradition herméneutique qui s'instaure en Allemagne et qui propose une nouvelle manière de poser la question du sens (l'ouverture à l'art, à l'histoire des mythes et des religions, à l'histoire de la littérature…). Dans cette nouvelle tradition, c'est toute l'attitude rationaliste (historiciste et positiviste) qui est mise en question.

C'est dans ce cadre théorique que se pose la problématique générale de notre recherche. Ce qui intéresse cette problématique, c'est de dépasser la simple affirmation de l'existence d'un esthétisme nietzschéen, et d'essayer de démontrer que la force de cet esthétisme, de son aspect critique et innovateur, culmine essentiellement dans la mise en œuvre de tout un discours sur la création, et que ce discours trouve son paradigme interprétatif dans le domaine de l'art.

## II

La problématique de la création chez Nietzsche prend l'art comme perspective herméneutique, mais elle ne se borne pas aux limites d'une simple problématique esthétique. Elle implique également une dimension ontologique qui va opérer un dépassement de la problématique de la création ex nihilo et de la dualité ontologique essence/apparence vers une nouvelle définition de l'être sur un plan unique de l'existence : l'apparence. Toute création est une création des apparences, ce qui aurait comme corrélats : la création des mensonges, des illusions, de la belle apparition.

Entendue en ce sens, l'innovation de la philosophie nietzschéenne ne se limite pas dans le simple fait d'accentuer le discours esthétique sur la thématique de la création. Elle se manifeste également dans cette transposition de la riche et profonde signification de la création que nous propose l'art au domaine de l'activité philosophique et de l'activité humaine en général. Cette transposition prend de l'ampleur chez Nietzsche, puisqu'elle va servir comme procédé essentiel dans son projet de l'inversion de la valeur de toutes les valeurs.

Au premier abord, c'est la philosophie elle-même qui va se penser comme création des interprétations et des valeurs. Ce qu'elle cherche à interpréter au premier lieu, c'est le sens de l'existence, le sens de la vie. À la manière de l'art, le monde est censé être interprété comme étant l'œuvre d'un artiste original :

« "À quelle profondeur l'art pénètre-t-il l'intimité du monde ? Et y a-t-il, en dehors de l'artiste, d'autres formes artistiques ?" Cette question fut, comme on sait, mon *point de départ* : et je répondis Oui à la seconde question ; et à la première "le monde lui-même est tout entier art". »[1]

Pour cette ontologie de la création, il importe bien de concevoir la réalité du monde comme un monde en perpétuelle recréation. À chaque instant, il est censé être achevé à la manière d'une œuvre bien accomplie, mais il est également disposé à être recréé de nouveau. Entre le devenir incessant et la belle forme, l'interprétation serait aussi un jeu créatif pour la philosophie.

Dans cette nouvelle herméneutique, la force de la création dans l'art serait apparentée à la force créative propre à la vie elle-même. Une telle analogie va constituer l'horizon interprétatif essentiel pour un esthétisme et une philosophie tout à fait indépendants et innovants. D'une part, la vie symboliserait la réalité effective (*Wirklichkeit*) d'un monde en perpétuelle recréation. D'autre part, l'œuvre d'art se présenterait en tant que lieu privilégié de l'interprétation du sens de la création.

Les deux perspectives se complètent pour instaurer la nouvelle philosophie nietzschéenne et pour marquer le sens profond de son esthétisme. D'une part, l'élaboration d'une conception de la vie selon une perspective poïétique[2], c'est-à-dire qui prend en considération le phénomène créateur, va impliquer chez Nietzsche toute une ontologie de l'affirmation de la réalité de l'apparence et du devenir. De l'autre part, la perspective de la vie va doter la création d'un fondement ontologique nécessaire : la création comme création de la vie elle-

---

[1] *Fragments posthumes*, XII, 2 [119], p. 125.

[2] Le terme poïétique est pris ici au sens où l'a travaillé René Passeron après Paul Valéry. Il s'agit du processus créateur qui intervient avant toute instauration d'une œuvre, d'un art ou même d'un objet quelconque. Cf. René Passeron, *Pour une philosophie de la création*, Paris, Klincksieck, 2000.

même, d'une vie qui se donne toujours à de nouvelles possibilités de paraître et qui, par là même, se conçoit comme étant une force dynamique et métaphorique.

C'est aussi par ces deux termes que s'établit le jeu de l'évaluation et de l'interprétation de la signification : évaluer, juger de la valeur des fictions propres à l'homme, c'est juger de ce qu'elles ajoutent à la vie, et juger aussi de leur créativité, de leur innovation et de leur singularité.

La vie dans la perspective de la création et la création dans la perspective de l'art : voilà ce qui pourrait être, à notre sens, le sens profond de l'esthétisme nietzschéen. Pareillement, c'est en rapport avec cette fonction poïétique que cet esthétisme fait appel à l'art. En effet, l'art est appelé à assurer une fonction paradigmatique essentielle non seulement dans l'interrogation qui portera sur la valeur créative de l'activité philosophique, mais également dans l'interrogation qui portera sur les autres fictions créées par les humains, telles que la religion ou encore la science.

## III

Cependant, l'interpénétration des perspectives esthétiques et philosophiques pose un sérieux problème pour toute recherche sur la nature de l'esthétique nietzschéenne. La question reste encore posée : qu'est-ce qu'une esthétique pour Nietzsche ? Et quel est l'apport de la perspective de la création par rapport à cette question ?

Si la question reste posée, c'est parce que Nietzsche dépasse le sens de la délimitation kantienne du champ de l'esthétique. Autrement dit, l'esthétique ne saurait être pensée ni comme une « critique » (au sens kantien qui implique l'idée de limites), ni comme un discours descriptif, ni encore comme une contemplation pure et désintéressée des œuvres d'art. Une nouvelle esthétique suppose une quelconque expérience de l'art et de la création artistique. Le point de vue de la création exige et impose cette expérience. L'art en tant qu'expérience de création ne pourrait pas être saisi dans sa signification le plus profonde par le seul discours théorique.

Le sens d'une nouvelle esthétique serait alors celui d'une esthétique de la création. En tant que telle, cette esthétique est censée exprimer le point de vue du créateur, celui de l'artiste qui ne s'intéresse qu'à un « art pour des artistes, *seulement pour des artistes* »[1].

Mais une esthétique qui se conçoit « seulement pour des artistes » est-elle possible ? Peut-on négliger les points de vue de l'œuvre d'art et de son récepteur ? L'œuvre d'art n'est-elle pas déterminée par les conditions de la communication ?

Au lieu d'une interprétation qui suppose un rapport exclusif et unidimensionnel de l'artiste envers son œuvre et son public, nous allons envisager la possibilité d'interpréter l'esthétique de la création en tant qu'elle est une esthétique de *l'implication*, de l'implication dans le processus créateur et dans l'expérience de la création. Tout est impliqué dans cette expérience et pas uniquement le producteur de l'œuvre. Si l'esthétique nietzschéenne est une esthétique d'artistes et pour les artistes, c'est que dans l'expérience esthétique, il s'agit partout d'être créatif et d'être artiste. S'agit-il d'une confusion des rôles ou d'un besoin de redéfinir les concepts d'artiste, d'amateur d'art, d'œuvre et de création ?

L'esthétique de la création « pense » et « interprète » la création artistique. L'esthétique serait alors pensée et interprétation, elle serait théorie. Mais la théorie ne s'oppose-t-elle pas à la nature de l'acte créateur de l'œuvre d'art ? Ne fausse-t-elle pas son propre chemin ? Cela dit, l'esthétique, tout en adoptant un certain discours théorique et une certaine discursivité, devrait se tracer un chemin qui s'implique par lui-même dans le sens de la création. Elle aurait à nous interpréter et évaluer la valeur créative de l'œuvre d'art.

À la question : comment procéder à cette évaluation ? Nietzsche nous propose une démarche particulière qui prend comme point de départ la dualité esthétique Dionysos et Apollon. Les deux figures s'interprètent comme des figures de la création du sens.

En posant le problème de l'interprétation comme un problème de la création du sens, les deux figures nous présentent le point de vue herméneutique d'une manière innovante. Elles représentent deux termes par lesquels s'établit le jeu de l'instauration du sens selon une finalité propre à l'art. En d'autres termes, ce point de vue herméneutique oppose la finalité à la fois ludique et extatique à la finalité ascétique propre à la perspective théologico-morale.

Dionysos et Apollon désignent les deux sens de l'interprétation de la réalité de l'œuvre d'art, les deux formes de la création artistique : la musique et la plastique. Le dionysiaque implique la perspective philosophique du devenir. Il implique l'œuvre d'art dans la création du rythme, du mouvement et de la

---

[1]*Nietzsche contre Wagner*, § 2, p. 1226.

métamorphose. Par contre, l'apollinien implique l'œuvre d'art dans la création de la forme et de l'apparence plastique.

La tension qui distingue le rapport entre les deux figures et le développement paradoxal de la philosophie nietzschéenne posent un sérieux problème pour tout essai d'interprétation de la signification philosophique et esthétique d'un tel rapport.

Musique ou plastique ? La question évoque le problème de l'interprétation de l'esthétique nietzschéenne elle-même : s'agit-il d'une esthétique romantique ou classique ? Comment interpréter le sens de la création et quel est le style idéal pour la création ? En quoi Nietzsche paraît-il innovateur ?

À ce propos, le travail que nous présentons soutiendra l'idée que l'esthétique nietzschéenne en tant qu'esthétique de la création s'est développée dans une perspective innovante qui impliquerait le dépassement de cet antagonisme classicisme/romantisme et de ses présupposés philosophiques et esthétiques. Le jeu de l'art serait de plus en plus impliqué dans le jeu des formes, mais aussi dans la réalité et le style de vie propres à l'artiste lui-même. L'esthétique aurait à être pensée aussi bien comme éthique, comme éthique des créateurs.

Celui qui interprète l'art, devrait le faire à la manière et en tant qu'artiste. L'interprétation elle-même aurait à être conçue en tant que jeu d'art, en tant que jeu de création du sens. C'est un jeu ouvert qui admet opposition et complémentarité, et qui inclut les deux perspectives de l'analyse : l'herméneutique et l'esthétisme.

## IV

En effet, toute notre problématique pourrait se situer dans l'intersection de ces deux perspectives : l'herméneutique et l'esthétisme. D'ailleurs, l'intérêt que nous portons dans ce travail à la thématique de la création dans l'œuvre de Nietzsche se rapportera à cette tentative de comprendre l'originalité selon laquelle a été pensée cette problématique. La démarche que nous nous proposons de suivre se fera selon trois grandes articulations :

À un premier niveau, ce qui va nous intéresser c'est d'expliquer le sens spécifique de l'esthétisme nietzschéen à partir de l'analogie essentielle entre le sens de la création de l'œuvre d'art et la création/recréation de la vie elle-même. L'interrogation portera essentiellement sur le sens de l'ontologie esthétique chez Nietzsche et sur l'apport de la perspective de la création dans cette esthétisation de l'ontologie. C'est selon cette perspective que seront évalués non seulement la philosophie et l'art, mais également la science et la religion.

À un deuxième niveau, c'est le sens propre de l'esthétique qui va nous intéresser. Comment peut-on qualifier l'esthétique nietzschéenne ? De ce côté, il nous importe également de démontrer la valeur de la perspective de la création dans la qualification de l'esthétique nietzschéenne comme une esthétique de la création. Encore une fois, le point de vue de la création intervient pour distinguer le sens de cette esthétique et de son aspect innovateur, à la fois polémique et critique.

Pour le troisième niveau de notre problématique, l'intérêt de la recherche sera orienté essentiellement vers la question de la forme et du style de la création dans l'art. Nous allons essayer de suivre une démarche proprement nietzschéenne, à savoir appréhender la question selon le développement du sens de la dualité esthétique Dionysos/Apollon. Quelle est la forme « idéale » de la création artistique ? Selon quelles normes se pose la question de l'évaluation des « styles » de la création dans l'art ? Par rapport à cette question, Nietzsche demeure-t-il un romantique malgré les changements radicaux de sa période tardive ? Ou bien récupère-t-il une esthétique plutôt classique pour s'opposer radicalement à cette attitude romantique ? Musique ou plastique : qu'elle est la forme idéale de la création artistique pour notre *philosophe-artiste* ?

C'est à travers ces questions que nous allons essayer de démontrer l'importance du moment nietzschéen et l'originalité de son projet à la fois philosophique et esthétique. Cependant, cette originalité n'est pas sans rapport avec un quelconque retour à des références historiques bien distinctes. En effet, deux types de retours ont eu une grande influence sur sa pensée et auxquels nous donnerons plus d'importance : le premier est le retour à la philosophie grecque et à sa manière de voir le monde, le deuxième est le retour à la tradition esthético-critique de Kant et à sa reprise d'une manière singulière par Schopenhauer.

En ce qui concerne le retour aux Grecs, Nietzsche a toujours affiché un grand respect pour ce qu'il appelait la sérénité grecque. De même, il a beaucoup admiré leur pessimisme tragique qui s'accompagne d'un amour et d'un attachement charnel à la joie de vivre. Nietzsche, ce grand admirateur de la tragédie attique, a été fortement influencé par une philosophie de l'existence qui se trouve développée dès la période présocratique, surtout par Héraclite, prônant le perpétuel devenir et le caractère éternel de ce monde. D'ailleurs même si Nietzsche critique d'une manière virulente le socratisme pour sa déviation morale et spirituelle, la philosophie grecque demeure supérieure à la pensée chrétienne qui continue d'exercer son influence sur la culture moderne.

Quant au retour à la tradition kantienne, il est de nature dialectique : d'une part, il puise son fond dans l'édifice kantien de par son apport capital dans le processus de l'autonomisation du champ de la pensée esthétique, mais d'autre part, l'esthétisme nietzschéen dépasse le sens d'une autonomie relative pour penser une *autotélie* de l'élément esthétique en tant qu'englobant en soi-même sa propre finalité.

Dans ce retour, le moment schopenhauerien représente une médiation très paradoxale entre Nietzsche et Kant. À un premier chef, Schopenhauer inspire à Nietzsche l'idée de ce retour direct à Kant et à la mise entre parenthèses de toute la philosophie idéaliste allemande qui lui a succédé. De plus, son athéisme déclaré et l'introduction des éléments physiologiques et pathétiques dans sa pensée esthétique contribueront au dépassement nietzschéen de l'esthétique idéaliste. Cependant, c'est contre la métaphysique de la souffrance et l'attitude pathologique et négative propre à la pensée de Schopenhauer que Nietzsche va développer sa philosophie de l'affirmation.

Chez Kant ou chez Schopenhauer, il manque à l'esthétique cet intérêt primordial qui devrait être attribué à la perspective de la création. De ce côté, l'importance d'étudier la problématique de la création se justifie par la position centrale qu'elle occupe dans l'ensemble du projet nietzschéen, ainsi que par le sens profond et la valeur de base que Nietzsche attribue à l'activité humaine : sa créativité. Thierry Lenain note à ce propos que « la philosophie de Nietzsche en appelle de façon exemplaire à la problématique de la création, qu'elle situe au fondement et à l'horizon ultimes de tout projet de pensée. »[1]

Pour ce qui est de la dimension esthétique de cette problématique, et comme l'a déjà souligné Heidegger[2], Nietzsche va opérer un dépassement d'une esthétique spectatorielle à une esthétique de la création, qui est aussi un passage d'un paradigme de l'art à un autre. Paul Audi en arrive même à considérer que « Nietzsche est le tout premier métaphysicien à être parvenu à installer l'art, la création artistique en général, sur la scène de la modernité. »[3]

L'intérêt pour une telle étude se rapporte également à l'importance de se référer à un thème majeur et unificateur qui pourrait saisir une certaine continuité dans la pensée nietzschéenne. Au-delà des changements et des

---

[1] Thierry Lenain, « L'affect et sa trace, l'expérience créatrice selon Nietzsche », in *L'affect philosophe*, collectif, coordination scientifique : Gilbert Hottois, Vrin, Annales de l'Institut de Philosophie de l'Université de Bruxelles, 1990.

[2] « Ce qu'il y a justement de décisif dans la conception de Nietzsche, c'est qu'il considère l'art et son essence toute entière du point de vue de *l'artiste*, et expressément en opposition à celle qui ne se représente l'art que du point de vue des « amateurs qui le 'vivent' et en 'jouissent' » ». Martin Heidegger, *Nietzsche*, trad. Pierre Klossowski, Paris, Gallimard, 1979. T.I, p. 70.

[3] Paul Audi, *L'Ivresse de l'art, Nietzsche et l'esthétique*, Librairie Générale Française, 2003, p. 143.

bouleversements qui ont caractérisé son parcours philosophique, Nietzsche a gardé un style, un tempérament, un sens spécifique du questionnement qui ont toujours constitué la force de sa créativité. D'ailleurs, il reconnaît lui-même avoir « l'art du style le plus varié que jamais homme eut à sa disposition. » [1]

---

[1]*Ecce Homo*, § 4, p. 1149-1150.

# PREMIÈRE PARTIE

## L'esthétisme comme conception poïétique de la philosophie

# Introduction

Dans *Nietzsche, introduction à sa philosophie*, Karl Jaspers a insisté sur le fait que la valeur de l'apport philosophique nietzschéen consiste, en un premier lieu, dans ce déplacement du problème philosophique d'un plan de la connaissance à celui de l'interprétation. « Il faut retenir l'ampleur de l'interprétation nietzschéenne. Cette interprétation du monde n'est pas à proprement parler connaissance. [...] L'interprétation de Nietzsche, qui sait que tout savoir est interprétation entraînera le savoir dans le domaine de l'interprétation grâce à l'idée que la volonté de puissance même est l'impulsion infiniment magnifique qui agit partout. L'interprétation de Nietzsche est en fait une interprétation de l'interprétation et par là différente à nos yeux de toutes les interprétations antérieures qui, comparées avec elle, étaient naïves, n'avaient pas conscience de leur caractère d'interprétation. »[1]

Le langage philosophique nietzschéen exprime ce déplacement par une modification qui impose l'illusion (*Illusion*) et non la vérité (*Wahrheit*) comme perspective d'évaluation des fictions créées par l'homme. Dès lors, la philosophie n'aurait plus à nous révéler les vérités immuables par l'intermédiaire d'une connaissance objective. Désormais, elle devrait nous expliciter la fonction et la valeur propres aux différentes interprétations créées par les humains. Ce que nous présente une interprétation n'est pas une « vérité objective », mais un point de vue et une évaluation propre à une quelconque expérience de la vie.

De ce côté, il est un fait significatif de remarquer l'existence d'un certain rapport entre l'avènement de la philosophie de l'interprétation et cette intention à doter l'homme du sens de la puissance créatrice et de l'être créateur[2]. Le contexte nietzschéen établit cette liaison par l'intermédiaire de la perspective de l'illusion. Autrement dit, l'illusion se comprend comme une perspective interprétative qui juge de la nature et de la fonction propres à ces

---

[1] Karl, Jaspers, *Nietzsche, introduction à sa philosophie*, Paris, Gallimard, 1950, p. 299.

[2] C'était au début l'œuvre magistrale de Kant qui a ancré cette idée que tout ce que nous disons sur le monde objectif est la propre création de notre raison. C'est elle qui lui impose ses propres lois et non l'inverse. En d'autres termes, Kant a instauré l'idée que notre connaissance est une propre création humaine. Cependant, il a continué à attacher cette connaissance à un idéal rationnel de la vérité objective. Nietzsche réemploie et interprète à sa propre manière cette idée kantienne : « Tout ce qui a *valeur* dans le monde actuel n'en a pas par soi-même, selon sa nature, - la nature est toujours sans valeur : - on lui a un jour donné et attribué une valeur, et c'est *nous* qui avons créé le monde *qui intéresse l'homme !* » (*Le Gai Savoir*, V, § 301, p. 179.)

créations. Toute création est une création d'illusions. Mais les illusions n'ont pas la même *valeur*. Elles diffèrent selon les *évaluations* qu'elles portent et la « valeur ajoutée » qu'elles procurent aux individus. Cela dit, la procédure de l'évaluation des créations humaines, comme procédure philosophique essentielle, devrait privilégier la perspective du sens et de l'intention. Elle nous propose de penser les questions suivantes : dans quelle perspective crée-t-on et qu'exprime-t-on par sa propre création ? Quelle est la nature de la volonté qui émane de l'acte créateur ?

Le point de vue interprétatif impose à la question de la création la primauté de la fonction évaluative. Les fictions créées par l'homme ne sont autre chose que différents types d'évaluation de soi et de la vie. La création humaine porte sur une évaluation ; elle instaure, ou encore : elle est une quête d'une signification et d'une valeur de l'existence. « C'est l'homme qui mit des valeurs dans les choses, afin de se conserver – c'est lui qui créa le sens des choses, en sens humain ! C'est pourquoi il s'appelle "homme", c'est-à-dire celui qui évalue. »[1] Nietzsche en arrive même à établir l'équivalence de sens entre l'acte de création et celui de l'évaluation : « Évaluer c'est créer. »[2] (*Schätzen ist schaffen*)

Évaluer les valeurs, chercher la valeur de toutes les valeurs, c'est s'interroger sur le sens propre à chaque procédure ou œuvre créée par l'homme. Dans le contexte nietzschéen, la question de l'évaluation des créations de l'homme devient une question philosophique principale qui intéresse l'évaluation de la valeur de toutes les valeurs. Gilles Deleuze, dans *Nietzsche et la philosophie*, a souligné l'importance de la problématique de l'évaluation pour l'ensemble de la philosophie nietzschéenne : « Le projet général de Nietzsche consiste en ceci : introduire en philosophie les concepts de sens et de valeur. » [3]

Mais quelle est la fonction de chaque valeur ? Et qu'est-ce qui est créé par les valeurs ?

La perspective de la création semble assurer une fonction heuristique essentielle qui attribue à la vie le sens de la transfiguration, du choix, du vouloir et de la qualité. Mais il faut remarquer également que cette signification reste tributaire de l'instauration de tout un projet nietzschéen d'une esthétisation de l'ontologie. Autrement dit, c'est dans une perspective de la création et de la recréation que la vie s'impose comme optique d'évaluation de toutes les valeurs. De même, c'est dans une perspective de l'art que la dynamique de la création trouve son paradigme interprétatif le plus important.

---

[1] *Ainsi parlait Zarathoustra*, I, *Mille et un buts*, p. 328.
[2] *Ibid.*
[3] Gilles Deleuze, *Nietzsche et la philosophie*, Paris, PUF, 1970, p. 1.

L'importance de cette perspective herméneutique est si grande qu'on pourrait même approcher la présentation de la cosmo-ontologie nietzschéenne comme une série d'implications résultant de cette transposition paradigmatique de la logique propre à la création de l'œuvre d'art au domaine de l'explication du processus vital. Le sens de l'esthétisme nietzschéen nomme exactement cet effort théorique qui cherche à instaurer une nouvelle cosmo-ontologie dans la perspective herméneutique de la création artistique.[1]

C'est ce sens de l'esthétisme que cette partie de recherche se propose d'étudier. Cependant, ce sens a connu un important développement durant l'évolution de la vie intellectuelle de Nietzsche. D'un esthétisme marqué par le thème de « la métaphysique d'artiste », à un affaiblissement de la solution esthétique dans *Humain, trop humain*, à l'esthétisme repris, mais dans la perspective de l'affirmation de la vie, il s'agit plutôt d'un développement paradoxal qui marque également le sens de l'appropriation de la perspective de la création artistique par Nietzsche. (Chapitre I)

La philosophie sera comprise à son tour comme une activité de création des interprétations et des valeurs. En un premier lieu, c'est le sens de l'ontologie nietzschéenne qui aura à procéder à une reconstruction symbolique et interprétative d'un monde en perpétuelle recréation. Les implications essentielles que nous aurons à discuter à ce propos seront la conception dynamique du monde et l'ontologie de l'apparence. (Chapitres II et III)

Le projet philosophique de Nietzsche est un projet qui s'intéresse au problème de l'évaluation de l'activité créatrice de l'homme. Cette évaluation se fait en premier lieu aux grandes fictions créatrices des valeurs et des interprétations, telle que la religion, la science, l'art et la philosophie. Certes, l'illusion est une perspective ontoépistémologique générale pour toutes ces fictions, mais la valeur et la fonctionnalité diffèrent énormément d'une fiction à une autre. (Chapitre IV)

La plus problématique de ces fictions est la philosophie. Pourrait-on admettre une fonction créative et donc positive de la philosophie ? Existe-t-il un sens de la création qui pourrait se comprendre indépendamment et en dehors de la création artistique ? (chapitre V)

---

[1] L'emploi du terme *esthétisme* dans le sens que nous avions spécifié (comme perspective philosophique générale dépassant le cadre limité d'une "théorie de l'art") est un emploi récurrent chez les interprètes de Nietzsche. Thomas Mann parle dans ce cadre d'un *esthétisme héroïque* chez Nietzsche (Thomas Mann, « La philosophie de Nietzsche à la lumière de notre expérience », in *Études — Goethe, Nietzsche, Joseph et ses frères*, trad. par Philippe Jaccottet, éditions Rencontre, Lausanne, 1965.) Alexandre Nehamas comprend le sens du perspectivisme nietzschéen comme *esthétisme* (Alexandre Nehamas, *Nietzsche : La vie comme littérature*, trad. Véronique Béghain, Paris, P.U.F, 1994.) Cf. encore : Jean-François Louette, *Sartre contra Nietzsche*, Presses Universitaires de Grenoble, 1996.

# CHAPITRE I

## La valeur paradigmatique de la création artistique et le développement du sens de l'esthétisme nietzschéen

## 1. Le sens de l'esthétisme nietzschéen

D'une manière générale, c'est autour de la théorie de l'art que se déploie l'essentiel de la philosophie nietzschéenne. Dans cette philosophie, l'art assure une fonction paradigmatique essentielle. Force est alors de dire que la fonction ontologique de l'art prime tout discours sur les pratiques artistiques. Dès l'abord, il serait important de préciser que le point de départ de cette approche présuppose la distinction entre l'art, en tant que concept philosophique, et les pratiques artistiques en tant que mise en œuvre de ce mode d'agir sur soi et sur le monde selon une technique artistique bien déterminée.[1]

L'esthétique est dans ce sens philosophie. Elle est en quelque sorte une perspective structurante qui assure à la pensée philosophique de Nietzsche deux fonctions essentielles :

– L'ontologisation de l'art qui répond à un souci philosophique majeur pour Nietzsche : l'affirmation du vouloir-vivre, de la vie elle-même.

– L'esthétique en tant qu'approche, assurant l'élévation du goût et l'éducation de la sensibilité, est la contrepartie de la méthode théorique et dialectique. Elle permettrait de mieux penser les problèmes posés à l'homme et à la culture.

C'est de cette manière que nous avons considéré comme esthétisme la philosophie nietzschéenne en tant qu'elle se pense généralement dans une perspective esthétique. L'esthétisme suppose alors la supériorité de l'art en tant que mode de communication avec soi et avec le monde. Toutefois, il en reste à préciser que ce qui attribue à l'art ce sens de la supériorité est non seulement sa nature en tant qu'activité créatrice de l'œuvre d'art, mais c'est surtout le sens paradigmatique de la création qu'il nous propose et comme il a été interprété par Nietzsche.

---

[1] La distinction entre ces deux sens de l'art et naturellement de l'esthétique est un fait révélé par plusieurs commentateurs. Mathieu Kessler, par exemple, distingue un sens générique de l'art et un autre plus spécifique et relatif aux pratiques artistiques : « Nietzsche est avant tout un philosophe de l'art, la philosophie de la volonté de puissance est une philosophie de l'art, celui-ci étant compris dans un sens générique différent de ce que Nietzsche appelle, un peu péjorativement, « l'art des œuvres d'art » ». *Nietzsche ou le dépassement esthétique de la métaphysique*, Paris, PUF, 1999, p. 18.

En effet, c'est toute la réflexion nietzschéenne qui est hantée par la question de la création. L'homme est l'être créateur. L'interrogation philosophique pose la question de la valeur et de la perspective de l'interprétation de ses œuvres créées. Les grands hommes sont les grands créateurs, ceux qui créent de grandes œuvres. C'est dans ce sens qu'ils sont des « artistes ». Dans l'éthique ou dans la politique et non seulement dans les pratiques artistiques, on est censé créer des œuvres. Pareillement aux œuvres d'art, ces œuvres sont censées exprimer les valeurs de la grandeur, de la distinction et de l'excellence.

Pour l'ontologie même, il s'agit d'interpréter le monde comme une création d'une œuvre d'art digne d'un grand artiste. Qu'il s'agisse d'un Zeus, qui s'enchante comme un enfant par le jeu de la création et de la destruction, ou d'un devenir qui implique le monde dans les cycles de l'éternel retour, toujours est-il question pour l'interprétation de *re-voir* le monde comme une œuvre d'art et de s'enchanter de la réalité que l'homme soit impliqué dans ce jeu extatique de la création artistique.

Le thème de la création traverse en effet toute l'œuvre de Nietzsche. Il culmine dans *Ainsi parlait Zarathoustra* d'une manière claire. Cette œuvre n'est en quelque sorte que le chant et l'hymne du créateur. Le chemin même de Zarathoustra n'est autre chose que le dur chemin des créateurs. Ce que Zarathoustra cherche, ce sont de vrais compagnons et non des « cadavres ». Le créateur cherche des créateurs comme lui : *« Die Mitschaffenden sucht der Schaffende »* :

« Des compagnons, voilà ce que cherche le créateur, et non des cadavres, des troupeaux ou des croyants. Des créateurs comme lui, voilà ce que cherche le créateur, de ceux qui inscrivent des valeurs nouvelles sur des tables nouvelles. »[1]

Cependant, la question de la création n'est pas pensée comme une problématique à part, Nietzsche ne nous propose pas une définition de ce concept (il s'agit là d'une attitude générale chez Nietzsche). D'autant plus, le concept de la création est porteur d'une forte connotation métaphysique et religieuse. Il en est chargé au point qu'il devienne indéfinissable : « L'hypothèse d'un monde *créé* ne doit pas nous préoccuper un instant. Le concept de “création” est aujourd'hui absolument indéfinissable, inapplicable : ce n'est qu'un mot qui subsiste à l'état rudimentaire, depuis les temps de la superstition ; par un mot, on n'explique rien. La dernière tentative pour concevoir un monde qui *commence* a été faite récemment de divers côtés, à l'aide d'un procédé logique – la plupart du temps, comme on peut le deviner, à partir d'une arrière-pensée théologique. »[2]

[1] *Ainsi parlait Zarathoustra, Le prologue de Zarathoustra,* § 9, p. 300.
[2] *Fragments posthumes*, XIV, 14 [188], p. 149.

En effet, ce refus de la définition illustre clairement la procédure nietzschéenne de la « désacralisation » et de la « désessentialisation » des concepts. Ceux-ci ne sont ni « genres non communicants » ni « universaux irréductibles ». Le travail nietzschéen sur les concepts se fait en quelque sorte à la manière d'une « pragmatique » linguistique : « par un mot on n'explique rien » comme il le dit dans ce même fragment. Le sens se crée à partir d'un contexte bien spécifique de l'interprétation et non par des mots isolés.

Problème ou refus de la définition ? Dans les deux cas, il s'agit chez Nietzsche d'un travail de déplacement de la problématique d'un plan théologique, préoccupé essentiellement par l'insoluble aporie de la création *ex nihilo*, à un plan philosophique qui « repense » le problème dans la perspective de la création artistique. D'où on peut dire que la perspective théologique qui a dominé une certaine philosophie est remplacée chez Nietzsche par la perspective esthétique.

La problématique que pose l'esthétisme nietzschéen est une problématique de la création. C'est pareillement que la théorie de l'art implique chez Nietzsche tout un projet philosophique. Toutefois, il est intéressant de noter que cette théorie, et naturellement le sens de l'esthétisme qu'elle implique, connaîtra un développement important au fil de l'évolution de la vie personnelle et intellectuelle de Nietzsche.

Ce développement pose en effet un sérieux problème, puisqu'il se fait essentiellement sur la base d'une rupture « radicale » et d'une sévère « autocritique » avec tout un parcours personnel et un héritage bien pesant pour Nietzsche. Ceci nous impose de clarifier le sens de l'esthétisme. L'esthétisme développé dans le dernier Nietzsche est-il en entière opposition avec son premier esthétisme ? Et qu'en est-il de l'impact de la thématique de la création sur ce changement ?

Pour interpréter le développement du sens de l'esthétisme nietzschéen et son rapport avec la perspective interprétative de la création, nous allons suivre une division, devenue classique, en France, depuis Charles Andler, de la philosophie nietzschéenne en trois grands moments : la période de « *La Naissance de la tragédie* » (1872), celle d'*« Humain, trop humain »* (1878) et celle de la philosophie tardive qui commence avec *Ainsi parlait Zarathoustra* et *Le Gai Savoir* (1882-1883).[1]

[1] Charles Andler, *Nietzsche sa vie et sa pensée,* Tome II, Paris, Gallimard, 1958. Cette division correspond aux trois grands moments du développement de la philosophie nietzschéenne. « L'habitude s'est prise de reconnaître trois périodes dans sa philosophie : 1° celle du pessimisme romantique (1869-1876) [...] 2° celle du positivisme sceptique (1876-1881) [...] 3° une période de reconstruction (1882-1888). » p. 13. La première période, plus proche de l'esprit de Schopenhauer et de Wagner mais « non au système » comme le soulignait Andler,

## 2. L'être comme artiste créateur dans « la métaphysique d'artiste »

L'esthétisme nietzschéen dans la période de « *La Naissance de la tragédie* » se développe autour du thème central de la justification (*Rechtfertigung*) esthétique de l'existence : « Au cours de ce livre se reproduit à différentes reprises cette provocante proposition, que l'existence du monde ne peut se justifier que comme phénomène *esthétique.* »[1] Nietzsche qualifie cette esthétique d'une « métaphysique d'artiste » (*Artisten-Metaphysik*) : Appellation sans doute, d'une résonance schopenhauerienne, puisque Schopenhauer lui-même qualifie son esthétique d'une « métaphysique de l'art ».[2] Cependant, l'interprétation de la réalité et de la finalité de l'être du monde se développe d'une manière très distinguée chez Nietzsche.

Selon cette métaphysique, l'être du monde en tant qu'il est « l'Un-primordial » (*Ur-Ein*) est équivalent à un « dieu ». Il est conçu comme un « fond » de l'existence, comme un équivalent de l'essence, mais ce dieu est également le dieu artiste (*Künstler-Gott*) et joueur. Le « dieu inconnu » (« *unbekannter Gott* »), comme l'appelle Nietzsche dans le paragraphe 2 de son « *Essai d'autocritique* » *(Versuch einer Selbstkritik)*, joue et jouit de sa propre création. La finalité ludique et extatique est la fin ultime de cet être : « Déjà, dans la préface à Richard Wagner, c'est l'art, – et non la morale, – qui est présenté comme l'activité *métaphysique* proprement dite de l'homme. »[3]

---

présente une nouvelle vision esthétique du monde basée sur ce qu'il appelait « la métaphysique de l'artiste ». La deuxième annonce un rapprochement de l'esprit scientifique et historique, mais qui s'attache à une attitude critique et à « l'esprit libre ». Dans la troisième, il s'agit d'une philosophie proprement nietzschéenne avec ses grands thèmes : la volonté de puissance, le surhomme et l'éternel retour.

Toutefois, Charles Andler évoque le caractère relatif d'une telle division, puisqu'il existe également d'autres divisions : en deux parties (Henri Lichtenberger, *La Philosophie de Nietzsche*, 1898) ou même en quatre parties (Carl-Albrecht Bernoulli, *Franz Overbeck und Friedrich Nietzsche*, 1908). Il existe également des lectures qui ne se limitent pas à ces divisions. Charles Andler cite l'exemple d'Ernst Bertram (Nietzsche, *Versuch einer Mythologie*, 1919). (*Ibid.*, p. 17.)

[1] *La Naissance de la tragédie, Essai d'autocritique*, § 5, p. 27.

[2] Selon Schopenhauer, l'œuvre d'art est l'occasion pour « contempler » et « admirer » la scène du monde qu'elle nous présente : « Ce côté purement connaissable du monde, sa reproduction par l'art sous une forme quelconque, est la matière sur laquelle travaille l'artiste. Il est captivé par la contemplation de la volonté dans son objectivation ; *il s'arrête* devant ce spectacle, *ne se lassant pas de l'admirer* et de le reproduire, mais, pendant ce temps, c'est lui-même qui fait les frais de la représentation ; en d'autres termes, il est lui-même cette volonté qui s'objective et qui reste seule avec son éternelle douleur. » Arthur Schopenhauer, *Le Monde comme volonté et comme représentation*, Livre III, trad. A. Burdeau, Paris, PUF, 1966, § 51.

[3] *Ibid.*

Le recours à une terminologie schopenhauerienne (volonté/représentation, l'art en tant qu'activité métaphysique, la contemplation esthétique) et le fait de déclarer avoir pensé « dans son esprit et tout à son honneur »[1] ne peuvent pas dissimuler le fait que l'analyse nietzschéenne, déployée dans l'œuvre sur la tragédie, a entrepris en réalité une voie plus personnelle et même opposée à l'esprit schopenhauerien.

La qualification de la nature et de la fonction de l'être du monde comme artiste créateur marque une démarcation essentielle avec la métaphysique de la résignation. Le « dieu artiste » de Nietzsche est un dieu enchanteur. Sa manifestation dans la belle apparence et son enchantement par la vision sont les conditions de son être. L'art dans ce sens générique ne fait que nous attacher de plus en plus à la vie :

« Ce même instinct, qui réclame l'art dans la vie, comme le complément et le couronnement de l'existence, comme le charme qui nous entraîne à continuer de vivre, engendra aussi le monde olympien, qui fut pour la "Volonté" hellénique le miroir où sa propre image se reflétait transfigurée. »[2]

Certes, Nietzsche emploie des termes schopenhaueriens de « déchirement » et de « souffrance », mais il en modifie le contexte d'analyse. Le déchirement de l'être n'a rien à voir avec la résignation et l'attachement à la volonté négatrice. La douleur et le plaisir sont les termes nécessaires pour ce jeu pathétique que joue l'être avec soi-même, afin de se procurer de la jouissance de sa propre existence. L'art est appréhendé comme un processus créatif, comme incitation et comme mise en œuvre des instincts créateurs de la vie. L'antagonisme n'est alors qu'une source de joie pour l'être.

L'analyse nietzschéenne rétablit la foi dans une rédemption par l'art, dans la solution esthétique. Cette solution n'est pas seulement une solution pour l'artiste créateur de l'œuvre. Elle l'est également pour l'existence elle-même. L'acte de la création artistique, sous les différentes formes d'art, est un acte de création d'œuvres par lesquelles l'artiste nous propose de surmonter le déchirement originel de l'être du monde. Par ces œuvres, il nous devient possible de « supporter » et même de « regarder » dans l'abyssal et l'horrible gouffre de l'être. Par ailleurs, la multiplicité des formes de création artistique exprime selon *La Naissance de la tragédie* différentes solutions esthétiques pour surmonter l'antagonisme originel propre aux instincts de la vie que Nietzsche appelle « instincts de l'art » et qu'il symbolise par deux figures mythiques : Apollon et Dionysos.

La perspective poïétique intervient pour marquer cette première différenciation vis-à-vis d'un maître encore vénéré pour son attitude poétique et son courage à proposer à la philosophie des problèmes et des perspectives

[1]*Ibid.*, § 5, p. 50.
[2]*Ibid.*, § 3, p. 43.

considérées jusque-là comme étant de l'ordre de l'impensable. Pour Nietzsche, le « dieu », l'« être », l'« un-originaire » est un dieu joueur ; la création est son propre jeu et le plaisir esthétique est sa propre finalité. C'est de cette manière qu'il arrive à distinguer sa métaphysique d'artiste de la métaphysique de l'art schopenhauerienne et de son attitude négative. L'importance de la perspective de la création dans la différenciation entre Nietzsche et Schopenhauer a été bien relevée par Eugen Fink. « La différence ontologique » se trouve interprétée, par Nietzsche, comme un jeu nécessaire pour la création et non comme scission irréparable dans la nature originelle de l'être :

« La différence ontologique que Nietzsche emprunte à Schopenhauer, entre "vouloir" et "représentation" ou bien entre "chose en soi" et "apparition", cette différence il ne la prend pas pour la démarcation de deux domaines séparés, mais il l'interprète plutôt comme un *mouvement*, comme un processus de création. Le monde est un jeu du fond originel qui produit la multiplicité de l'étant individualisé, de même que l'artiste produit son œuvre. Ou mieux encore : l'activité de l'artiste, sa création n'est qu'un reflet et une pâle répétition de la *poïésis* originelle de la vie cosmique. »[1]

On peut donc constater que dès *La Naissance de la tragédie* la perspective poïétique assure une fonction essentielle dans le déploiement de l'esthétisme nietzschéen. C'est l'image de l'artiste créateur lui-même qui nous informe sur la manière et la finalité propres à l'être du monde. D'une part, le monde est pour cet être un souci et une œuvre de création qui se fait selon les différentes manières de l'art. D'autre part, la finalité propre à ces actes créatifs n'est autre qu'une finalité extatique qui se conçoit comme un pur plaisir esthétique et qui attribue - nécessairement - à l'acte créatif une attitude ludique : « En effet, ce livre ne reconnaît, derrière tout advenir, qu'une pensée et arrière-pensée d'artiste, – un "Dieu", si l'on veut, mais, à coup sûr, un Dieu purement artiste, entièrement dénué de scrupule et de morale, à qui bâtir comme détruire, le bien comme le mal procurent le même plaisir et le même sentiment de toute-puissance. »[2] À ce niveau, le sens paradigmatique de la mimèsis grecque se trouve inversé : c'est le « Dieu » qui imite l'artiste et non l'inverse.

---

[1] Eugen Fink, *La Philosophie de Nietzsche*, trad. Hans Hildenberg et Alex Lindenberg, Paris, Minuit, 1965, p. 38.
Sur l'importance de la différence entre Nietzsche et Schopenhauer dans la période de *La Naissance de la tragédie* cf. encore : Michel Haar, *Nietzsche et la métaphysique*, 1993. (Le chapitre : « La rupture initiale avec Schopenhauer »)

[2]*La Naissance de la tragédie, Essai d'autocritique*, § 2, p. 27.

# 3. L'affaiblissement de l'esthétisme nietzschéen dans la période d'Humain, trop humain

## 3.1. L'effet rétrograde de l'art

Nietzsche, dans un fragment de la période de 1876-1877, annonce clairement sa décision de rompre avec les prises de position philosophiques de sa période de jeunesse : « Je veux expressément déclarer aux lecteurs de mes précédents ouvrages que j'ai abandonné les positions métaphysico-esthétiques qui y dominent essentiellement : elles sont plaisantes, mais intenables »[1]

Une telle rupture a été si radicale qu'elle n'a pas pu se passer sans ébranler la foi nietzschéenne dans la nature et le rôle de l'art. En effet, toute la période d'*Humain, trop humain* (1876-1881) était marquée par un affaiblissement de l'esthétisme nietzschéen, motivé par un intérêt spécifique pour les études historiques et scientifiques.

C'est dans un pareil esprit et dans une perspective plutôt historique que l'art se trouve renvoyé à une époque primaire de l'humanité, à son enfance. Il aurait alors un effet « rétrogradé » : « Lorsque l'art s'empare violemment d'un individu, il le ramène aux conceptions d'époques où l'art florissait avec le plus de force, il exerce donc une influence rétrograde. »[2]

Dans ce fragment, Nietzsche oppose ce caractère enfantin de l'art, sa spontanéité, sa soudaineté, son sentimentalisme et même son « animisme », à ce qu'implique l'esprit scientifique de signes de maturité, de rigueur, d'une méfiance foncière vis-à-vis des évidences et de la quête interminable de ce qui est absolument impersonnel et objectif :

« L'artiste s'engage de plus en plus dans la vénération des excitations soudaines, croit aux dieux et aux démons, anime la nature, prend la science en haine, devient d'humeur instable, comme les hommes de l'Antiquité, et souhaite un bouleversement de toutes les conditions qui ne sont pas favorables à l'art, et cela avec la violence et l'injustice d'un enfant. »[3]

C'est ce caractère enfantin qui condamne les artistes à rester en déphasage avec leur présent. Étrangement, un destin tragique les attend. Ils finissent par être étrangers par rapport à leur propre époque. Ils n'auront de sort que de

[1]*Fragments posthumes*, III, volume I, 23 [159], p. 515.
[2]*Humain, trop humain, De l'âme des artistes et des écrivains,* § 159, p. 531.
[3]*Ibid.*, p. 531-532.

sombrer dans la solitude et la mélancolie.[1] Dans ces passages, Nietzsche nous présente une image négative de l'artiste. Il en arrive même à lui attribuer un caractère « schizophrénique » en rapport avec sa propre réalité. Que reste-t-il alors pour l'artiste sinon de chercher une belle expression artistique pour son destin tragique :

« Ainsi finit par se produire un violent antagonisme entre lui et les hommes du même âge de son époque, et une triste fin ; ainsi, d'après les récits des anciens, Homère et Eschyle finirent par vivre et mourir dans la mélancolie. »[2]

Cette attitude rétrograde de l'art invoque l'insuffisance de la solution esthétique. Dès lors, il appartient plutôt à l'idéal de la science, en tant qu'il est du côté du présent historique, de s'imposer et de dissiper l'espoir romantique dans une renaissance tragique. Toutefois, l'intérêt pour les études scientifiques n'arrive pas à installer, chez Nietzsche, une confiance de type positiviste dans la valeur de la connaissance scientifique. Cette connaissance n'échappe pas, aux yeux de Nietzsche, au fait d'être une accumulation d'erreurs. Aussi, remarqua-t-il, que « la marche constante et pénible de la science » ne fait qu'« aboutir à cette proposition : ce que nous nommons actuellement le monde est le résultat d'une foule d'erreurs et de fantaisies, qui se sont mêlées au cours de leur croissance, et nous arrivent maintenant par héritage comme un trésor accumulé de tout le passé – comme un trésor : car la *valeur* de notre humanité repose là-dessus. »[3]

Même si la science permet de « nous élever, au moins pour quelques instants, au-dessus de tout processus », elle ne pourrait le faire que dans « une mesure minime ».[4] D'autant plus, elle ne fait que continuer dans la même lignée propre à la métaphysique classique, celle de vouloir chercher une quelconque vérité au-delà du monde de l'apparence, dans la chose en soi : « Peut-être reconnaîtrons-nous alors que la chose en soi est digne d'un rire homérique : qu'elle paraissait être tant, même tout, et qu'elle est proprement vide, c'est-à-dire vide de sens. »[5]

S'agit-il donc d'une science contre l'art, sans toutefois croire trop en la science ? L'idéal esthétique s'est-il vraiment éclipsé ?

[1] Le destin de Nietzsche lui-même, le prévoit-il ?
[2] *Ibid.*, p. 532.
[3] *Humain, trop humain I, Des choses premières et dernières*, § 16, p. 451.
[4] *Humain, trop humain, De l'âme des artistes et des écrivains*, § 159, p. 531.
[5] *Ibid.*

## 3.2. Idéal de la connaissance et idéal esthétique

Il est apparent qu'une attitude sceptique s'étend sur la totalité d'une œuvre destinée à être « un règlement de compte » rigoureux, rude et intransigeant avec soi-même et avec toutes les idées que Nietzsche a défendues dans un âpre enthousiasme de jeunesse. C'est également par la même attitude qu'il traite de toutes sortes de foi, dans l'art ou dans la science ou dans la religion ou dans toute autre chose. Voltaire, l'esprit libre qui s'érige en idéal !

Vraisemblablement, Nietzsche ne cherche pas, dans cette œuvre à vanter et à prendre le relais de la science contre l'art. Gianni Vattimo, dans son *Introduction à Nietzsche*, évoque cet aspect d'ambiguïté du « discours sur l'art en tant que phénomène du passé »[1] dans *Humain, trop humain.* Nous pouvons ajouter d'ailleurs que ce discours devient plus ambigu quand il s'agit d'établir le rapport entre l'art et la science. Nietzsche oppose l'art à la science, mais aussi la science à l'art. L'intérêt pour la rigueur et le dévouement implacable à l'idéal impersonnel de la connaissance s'imposent au jeu enfantin et passionnel de l'art. Cependant, et dans une perspective opposée à la science et plus proche de l'art, le consentement à l'illusion et l'attachement à l'apparence et à la tromperie esthétisante s'imposent à leur tour contre la recherche futile des vérités ultimes et dissimulées.

Dans ce jeu de confrontation, Nietzsche semble être en quête d'une connaissance qui assimile, à la fois, la force de l'art et la subtilité de l'esprit scientifique. Ce que cherchait Nietzsche, dans *Humain, trop humain*, comme le remarque Gianni Vattimo, c'est une autre image de la science :

« Il est clair que Nietzsche n'attend pas de la science une image du monde plus vraie, mais plutôt un modèle échappant au fanatisme, attentif aux méthodes, sobre, "objectif" seulement en ce sens qu'il est capable de juger en dehors de la pression la plus immédiate des intérêts et des passions. C'est le modèle de ce qu'il appellera aussi l'"esprit libre". »[2]

Certes, il s'agit d'un affaiblissement de la « solution esthétique ». Cependant, l'idéal de la connaissance vanté dans *Humain, trop humain* ne se détache pas totalement de toute perspective esthétique. Nous pourrions même dire qu'il s'agit d'une transposition de cette perspective dans un terrain de la connaissance. La science est vantée en tant que style, que qualité de l'esprit, et non en tant qu'elle est la forme la plus moderne de la pensée métaphysique.

Dans *Humain, trop humain*, la science et l'histoire semblent être des éléments critiques qui auraient à relativiser la croyance dogmatique dans la

---

[1] Gianni Vattimo, *Introduction à Nietzsche*, Paris, Bruxelles, De Boeck Université, 1999.
[2]*Ibid.*, p. 43.

renaissance de la mythologie grecque et dans un éventuel resurgissement de l'art rédempteur. Mais cela signifierait-il, pour Nietzsche, que la critique radicale du romantisme implique nécessairement la remise en question de l'importance du rôle de l'art et de l'espoir qu'on y doit attacher ? Une chose est sûre : c'est qu'au fur et à mesure du développement de la nouvelle philosophie nietzschéenne, cette relativisation de la « solution esthétique » semble être incompatible avec les nouveaux horizons tracés par sa réflexion. D'une part, elle est incompatible avec cet essai d'homogénéisation des niveaux de l'existence dans un seul monde de l'apparence et dans l'affirmation du caractère illusoire et métaphorique de notre perception de ce monde. D'autre part, elle est également incompatible avec l'aboutissement de la critique radicale de la métaphysique à une critique du caractère nihiliste de la culture moderne.

Dans cette nouvelle philosophie, la morale comme la religion comme la science seront toutes considérées comme des manifestations du nihilisme européen, d'où la nécessité de reprendre l'art en tant que perspective pouvant s'opposer à ce nihilisme dominant et permettant également d'installer dans la nouvelle philosophie l'horizon de l'affirmation. C'est ainsi que la philosophie nietzschéenne, depuis *Le Gai Savoir* et *Ainsi parlait Zarathoustra*, entreprendra une récupération de la solution esthétique et de la fonction paradigmatique de l'art.

## 4. L'esthétisme de la philosophie tardive

### 4.1. L'art comme forme de l'extrême affirmation

Dans le paragraphe 107 du *Gai savoir*, ressurgit la thèse principale de l'esthétisme nietzschéen : « En tant que phénomène esthétique, l'existence nous semble toujours *supportable*, et, au moyen de l'art, nous sont donnés l'œil et la main et avant tout la bonne conscience pour *pouvoir* créer, de par nous-mêmes, un pareil phénomène. »[1]. Mais il faut souligner également que cet esthétisme n'aura pas la même signification que celui de la première philosophie. De plus, l'idée de la création ne se pense plus dans un horizon métaphysique. Elle ne se conçoit plus comme un jeu d'un dieu caché dans le fond de l'être. De plus, l'art n'a plus pour rôle de nous « sauver », par l'attachement au monde de la belle apparence, face aux affres horribles du monde de l'un originaire. Et puisqu'il n'existe qu'un seul monde, et que celui-

[1]*Le Gai Savoir,* II, § 107, p. 119.

ci n'est qu'apparence pure, que fiction, l'art ne pourrait être que son affirmation la plus radicale et la plus transparente :

« Il n'existe qu'un monde unique, et celui-ci est faux, cruel, contradictoire, séducteur, dépourvu de sens... un monde ainsi conformé est le monde véritable... *Nous avons besoin du mensonge* pour arriver à vaincre cette réalité, cette "vérité", c'est-à-dire pour *vivre* [...] La métaphysique, la morale, la religion, la science – ne sont considérées dans ce livre que comme différentes formes du mensonge : c'est avec leur aide que l'on *croit* à la vie. "La vie doit inspirer confiance" : la tâche, ainsi définie, est énorme. Pour la résoudre, il faut que l'homme soit déjà par nature un menteur, il faut que plus que toute autre chose, il soit *artiste* [...] métaphysique, morale, religion, science - tout ceci rien que des progénitures de sa volonté d'art... »[1]

Ce changement de l'horizon philosophique de l'esthétisme nietzschéen dans la philosophie tardive modifie aussi le sens de l'emploi et de l'instauration de la perspective poïétique. Ce changement va orienter cet emploi selon deux idées essentielles :

– Le sens de la création se comprend comme effectuation, mise en œuvre du principe de l'affirmation comme perspective générale pour toute la nouvelle philosophie.

– La généralisation de la perspective poïétique sur toutes les activités fictionnelles de l'homme. Ces activités sont des créations humaines et elles sont évaluées selon la nature et la fonction de leurs propres créations.

Dans la nouvelle philosophie, la perspective de la vie s'impose comme étant l'opposé à la perspective métaphysique qui a marqué le premier esthétisme nietzschéen. Mais n'oublions pas, ici, qu'il s'agit aussi d'un esthétisme qui cherche dans l'art son horizon interprétatif. On pourrait ainsi, à travers l'art, déceler la réalité suprême de la vie.

C'est donc à partir d'un point de vue de l'artiste que Nietzsche va essayer de nous exposer sa propre conception de la vie. Ce point de vue lui permet de mettre l'accent sur les idées suivantes :

– À travers l'art, le vrai art, c'est le sentiment et la quête du sens de la puissance, propre à la vie, qui se déploie. « Le sentiment de puissance *prononce* le jugement "beau" même à l'égard de choses et de situations que l'instinct de l'impuissance ne saurait autrement apprécier qu'en tant que *haïssable*, que "laid". »[2] La valeur de l'art tragique, selon Nietzsche, réside dans son appropriation du sens de l'expérience esthétique comme une

---

[1]*Fragments posthumes*, XIII, 11 (415), p. 365-366.
[2]*Fragments posthumes*, XIII, 10 (168), p. 190.

expérience de l'extrême force de l'homme et de son courage indéfectible devant les scènes les plus terribles de l'existence :

« De là il résulte, tout compte fait, que la *prédilection pour des choses problématiques et terribles* est un symptôme de *force* ; tandis que le goût du *joli*, du *mignon* appartient au faible, au délicat. La *jouissance* éprouvée à la tragédie distingue les époques et les caractères *forts*. »[1]

Dans l'art, Nietzsche transpose toute la perspective interprétative du principe de l'affirmation et de l'ontologie qui le sous-tend. C'est ce principe philosophique qui fait appel à l'art tragique.

– L'art renforce et intensifie l'attachement à la vie. Cette action se fait de différentes manières : soit que l'art permette d'embellir la scène de l'existence, pour nous inciter à la vivre pleinement. « L'art doit avant tout *embellir* la vie, donc nous rendre nous-mêmes tolérables aux autres et agréables si possible », soit qu'il nous fasse supporter la scène de « l'épouvantable » et du « dégoûtant » par sa force de masquer ou même de « réinterpréter » : « De plus, l'art doit *cacher* ou *réinterpréter* tout ce qui est laid, ces choses pénibles, épouvantables et dégoûtantes qui, malgré tous les efforts, à cause des origines de la nature humaine, viendront toujours de nouveau à la surface. »[2]

– L'art nous propose un rapport plus simple, plus transparent et plus spontané avec le monde. Mais il n'en est pas moins révélateur de la riche signification. Il ne nous présente pas le monde comme un fardeau insupportable, comme il n'a pas la prétention vaniteuse de nous proposer de « solutions finales ». Dans l'art, il n'y a ni la prétention de la science ni le sérieux de la morale :

« Les luttes qu'il représente sont des simplifications des véritables luttes de la vie ; ses problèmes sont des abréviations du problème infiniment compliqué de l'action et de la volonté humaines. Mais, c'est en ceci que résident la grandeur et le caractère indispensable de l'art, qu'il fait naître l'apparence d'un monde simplifié, d'une solution plus prompte des énigmes de la vie. »[3]

L'art cultive la subjectivité de l'homme d'une manière libre et esthétique, c'est-à-dire sans qu'il s'impose comme éducateur ou précepteur : « L'art, à la vérité, n'est pas un précepteur ni un éducateur pour notre conduite immédiate ; l'artiste n'est jamais en ce sens un éducateur ni un conseiller. »[4]

---

[1] *Ibid.*
[2] *Humain, trop humain II, Opinion et sentences mêlées*, § 174, p. 763.
[3] *Considérations inactuelles IV, Richard Wagner à Bayreuth*, § 4, p. 375.
[4] *Ibid.*

## 4.2. Le développement thématique de la perspective poïétique dans la philosophie tardive

L'ancrage de la perspective poïétique se fait chez Nietzsche selon différents thèmes qui concourent ensemble pour donner à cette philosophie tardive une certaine cohérence. C'est ainsi que dans une perspective de l'art que Nietzsche arrive à esquisser le profil de ce qu'il appelle le *surhomme*. Le *surhomme* est une figure, une représentation plus ou moins schématique de ce que pourrait être l'homme synthétique de Nietzsche. Cette figure a été imposée par la nécessité d'un dépassement radical de différentes implications de la métaphysique occidentale et surtout de son aboutissement moderne à un nihilisme extrême exprimé par le résignationnisme schopenhauerien. Devant l'homme schopenhauerien, malade, affaibli, au bout de suicide (par dégoût et mépris à la vie), Nietzsche esquisse l'image de l'artiste comme image supérieure de l'être créatif. Ainsi, l'artiste devient-il le profil le plus représentatif de la visibilité du surhomme, son portrait le plus vraisemblable, ou peut-être encore, le surhomme serait-il lui-même l'artiste créateur de l'œuvre d'art total.

L'image de l'artiste s'apparente à celle du surhomme, en tant qu'image de l'extrême affirmation du principe de la vie. Sans doute, pour Nietzsche, l'art est affirmatif de point de vue de la nature de son activité et de la nature des rapports qu'il implique entre l'individu et le monde. À l'opposé de l'art se trouvent les autres fictions spirituelles (religion, morale, science, métaphysique) qui sont par nature négatrices et pathologiques. C'est pareillement que l'art est appelé à jouer un rôle essentiel dans l'élaboration et l'avènement de la réalité du surhomme. Mais ceci ne contredit pas la réalité que l'expression artistique pourrait refléter la décadence et la dégénérescence d'une époque ou d'un peuple ou d'un individu. Cependant, l'art même chez les esprits « affaiblis » et « autotorturés » reste potentiellement et réellement affirmatif. Aussi est-il intéressant d'établir une différenciation entre la fonction ontologisante de l'art (affirmative par principe) et la question des styles artistiques qui sont en rapport avec les références généalogiques qui les déterminent. La question du jugement sur le beau artistique se rapporte à la *force* de vivre, à un sentiment de *puissance* avant d'être une simple question d'une esthétique savante. « C'est une question de *force* (pour un individu particulier ou un peuple) que de savoir SI et OU < le > jugement : "beau" sera prononcé. »[1]

Le recours à l'art en tant que perspective d'interprétation se généralise, chez Nietzsche, à travers les différents thèmes de la nouvelle philosophie. Le développement du thème de la *volonté de puissance* se fait d'une manière

[1]*Fragments posthumes*, XIII, 10 (168), p. 190.

semblable au thème du surhomme. Il arrive même à Nietzsche d'identifier cette volonté en tant que *volonté d'art* ou directement comme art : « La volonté de puissance comme art ». C'est ainsi qu'elle a été désignée par le titre proposé dans le plan du travail projeté par Nietzsche pour une œuvre jamais arrivée à terme (l'œuvre de *la volonté de puissance*).

La volonté de puissance est donc une volonté d'art en tant qu'elle est force d'illusion, d'affirmation et de création. C'est ainsi qu'elle s'oppose à l'attachement morbide à la vérité, comme elle s'oppose à l'idéal ascétique : « L'art sanctifiant précisément le *mensonge* et mettant la *volonté d'illusion* du côté de la bonne conscience, est, par principe, bien plus opposé à l'idéal ascétique que la science. »[1]

Ce qui nous importe dans l'identification de la volonté de puissance à la force de l'art, c'est qu'elle se fait selon cette interprétation de la force de l'art en tant que force de création. La volonté de puissance est une volonté de création. Il convient mieux alors de préciser que cette appropriation interprétative de l'art se fait selon la perspective poïétique. Dans la notion du surhomme ou de volonté de puissance, c'est toujours la perspective de la création qui intéresse Nietzsche. Sans la création, le principe de l'affirmation se trouve, vraisemblablement, vidé de toute signification.

Les deux thèmes du surhomme et de la volonté de puissance contribuent d'une manière décisive à la reformulation du sens de l'esthétisme nietzschéen dans sa philosophie tardive. Mais, c'est à travers le thème de *l'éternel retour du même* que cet esthétisme va prendre une forme philosophique plus cohérente, pour ne pas dire plus systématique. L'éternel retour du même survient pour établir le fond ontologique d'une foi dans l'éternité. Il permet d'établir une interprétation de l'existence comme présence qui revient éternellement. Ainsi, la pensée de l'éternel retour concourt à ce que Nietzsche rompt avec le « scepticisme savant » d'*Humain, trop humain* qui a affaibli son esthétisme.

Par l'intermédiaire de l'idée de l'éternel retour, la perspective poïétique se procure d'une formule philosophique plus appropriée. En effet, le regard créateur exige cette vision de l'éternel. C'est le processus créateur qui est en quête perpétuelle de l'œuvre suprême. L'œuvre n'est autre chose que cette concentration à l'extrême de toutes les dimensions de l'être dans un moment fugitif. La beauté extrême de l'œuvre ne pourrait se montrer comme telle que si elle porte en soi-même cette capacité de résistance devant toutes les forces de la dégénérescence. Et c'est à travers l'idée de l'éternel retour qu'on pourrait voir dans tout instant une éternité qui revient sans cesse. Dans le moment de

---

[1]*La Généalogie de la morale, Quel est le sens de l'idéal ascétique ?*, § 25, p. 882.

la création, le corps intercepte et récupère les forces de l'univers pour les fusionner dans l'unité organique de l'œuvre.[1]

À travers ces thèmes développés dans la philosophie tardive, on s'aperçoit que l'ontologie nietzschéenne reste une ontologie esthétisante. C'est d'un point de vue herméneutique de l'art, que devrait être pensé le sens de l'existence. Au-delà de cette perspective, et surtout à travers la morale et la science, l'effort pour une saisie intellectuelle de la réalité de l'existence reste condamné par la perspective nihiliste de l'appauvrissement de la vie et de la négation du vouloir-vivre.

L'esthétisme nietzschéen implique l'activité du philosophe dans ce sens artistique de la création de l'œuvre. L'œuvre du philosophe est censée nous présenter une interprétation du monde. Mais à la manière de l'art, cette interprétation est une création de la valeur et de la signification. À la manière de l'art également, cette création devrait impliquer le travail de l'interprétation dans une autre perspective de valeurs : les valeurs de la belle apparence, de la distinction, de l'originalité du sens et de la subjectivité. Pour cette nouvelle perspective, il importe au philosophe de réinterpréter la réalité de la vie comme une dynamique de la création de l'œuvre d'art et la réalité de l'être comme une réalité de l'apparence.

---

[1] « Vous croyez que vous jouirez d'un long repos jusqu'à l'heure de la palingénésie – ne vous y trompez pas ! Entre le dernier instant de la vie consciente et la première lueur de la vie nouvelle, il ne s'écoule pas de « temps » – c'est un instant rapide comme l'éclair, bien que les créatures vivantes ne le dussent et même ne le pussent mesurer en billions d'années. L'intemporel et le successif concordent, dès que l'intellectuel est écarté. » Nietzsche, *La Volonté de puissance I,* trad. G. Bianquis, Paris, Gallimard, 1947, § 327, p. 298.

# CHAPITRE II

# L'interprétation dynamique du monde

## 1. La problématique de l'interprétation et de l'évaluation dans la perspective de la création

Comment serait-il possible pour le philosophe d'être un artiste créateur ?

À la manière de l'artiste, le philosophe devrait être préoccupé par la création de l'œuvre. Qu'il s'agisse d'interpréter le monde ou d'établir les valeurs qui orientent cette procédure d'évaluation, le philosophe est censé être fortement engagé dans le jeu de la création du sens. Il devrait également retravailler sa technique et ses manières d'agir sur les objets de sa création.

Au premier abord, il faut s'interroger sur la fonction propre de chaque valeur. De ce côté, il importe de soulever la double opération que cherche à établir toute procédure d'évaluation : la différenciation et la hiérarchisation. Cette opération suppose le jeu entre les deux versants de l'acte évaluatif, le positif et le négatif, le bien et le mal, le beau et le laid. Or, c'est dans cet « élément différentiel » – comme l'appelait Deleuze – que se trouve la valeur des valeurs : « Le haut et le bas, le noble et le vil ne sont pas des valeurs, mais représentent l'élément différentiel dont dérive la valeur des valeurs elles-mêmes. »[1]

S'interroger sur la valeur de toutes les valeurs, c'est poser la question de l'évaluation première qui oriente toute la procédure de l'évaluation et qui fonde toute la table des valeurs. Ainsi, la valeur de toutes les valeurs se trouve interprétée chez Nietzsche comme un élément interprétatif qui, à la fois, transperce toutes les formes de l'évaluation et les transcende. Cette évaluation première, Nietzsche la définit de la manière suivante : « Si nous parlons de valeurs, nous parlons sous l'inspiration, dans l'optique de la vie : la vie elle-même nous force à poser des valeurs, la vie elle-même évalue par notre entremise *lorsque* nous posons des valeurs. »[2]

Les évaluations, les préjugés expriment une certaine optique de la vie. Même les valeurs les plus décadentes, les plus contraires à la vie, celles de l'ascète ou de la « morale » chrétienne, expriment un point de vue de la vie elle-même. Mais c'est la vie en décadence, une vie qui se détériore, qui se désagrège, « la vie déclinante, affaiblie, fatiguée, condamnée. »[3]

---

[1] Gilles Deleuze, *Nietzsche et la philosophie,* Paris, PUF, 1970, p. 2.

[2] *Le crépuscule des idoles, La morale comme manifestation contre nature,* § 5, p. 972.

[3] *Ibid.*

C'est pareillement que la généalogie nietzschéenne parvient à instaurer la lutte des forces qui traversent la vie comme principe herméneutique de la normativité des valeurs. La dualité normative porte sur cette évaluation primaire de la nature du rapport avec la force de vivre : il s'agit ou bien d'un rapport d'intensification ou bien d'un rapport d'affaiblissement.

Contrairement à la perspective théologique, qui conçoit la valeur de toutes les valeurs, leur sens ultime, dans l'au-delà de cette vie et de ce monde, l'optique de la vie se présente chez Nietzsche comme un critère perspectiviste qui rend possible l'évaluation de la valeur de toutes les valeurs. Ceci ne signifie pas autre chose que la vie, en tant qu'évaluation première ou encore en tant qu'élément différentiel, devrait permettre d'assurer la fonction normative propre à tout acte évaluatif : distinguer le versant affirmatif du versant négatif. Et c'est la créativité qui distingue le versant positif du principe discriminatoire de la valeur de la vie. La créativité aurait ainsi le sens ici d'une autoaffirmation du principe de la vie elle-même, d'une reprise de l'acte vital. La vie, prise dans ce sens, ne serait qu'un processus interminable de la recréation et de la régénération. Elle serait le contraire de tout ce qui est non-vie, de toute stagnation, de toute inertie.

Aussi allons-nous nous intéresser à une implication majeure de cette perspective : la conception dynamique de la vie ou la conception de l'être comme devenir. Une conception qui se trouve dès l'abord confrontée au problème de la finalité évoquée par l'analogie de la création de l'œuvre d'art. En termes nietzschéens, la question se pose de la manière suivante : comment pourrait-on concilier, au sein de l'être lui-même, *devenir* et *volonté* (*Werden und Wille*) ?

## 2. La vie comme dynamique recréatrice

### 2. 1. La force au lieu de la cause

Appréhender la vie selon une approche dynamique était chez Nietzsche une première et nécessaire implication de cet essai d'ontologisation du discours de la création artistique. Ce discours semble être incompatible avec la manière statique et identitaire de concevoir le flux de la vie. Or, une telle affirmation nécessite une démarcation essentielle avec toute une attitude propre à la métaphysique classique, qui dans son extension par la science moderne, ou même dans sa forme la plus « matérialiste » avec l'atomisme,[1] ne voit dans le flux de la vie qu'une procédure de reproduction de l'identique (conçu comme essence, substance, âme ou même atome). Ainsi, de toute l'histoire de la philosophie, Nietzsche ne voit de discours qui lui soit proche que celui d'Héraclite :

« L'approbation de l'anéantissement *et de la destruction*, ce qu'il y a de décisif dans une philosophie dionysienne, l'acquiescement à la contradiction et à la guerre, le *devenir* avec la négation radicale de la conception même de l'"être", dans tout cela il faut que je reconnaisse, en tout cas, ce qui ressemble le plus à mes idées au milieu de tout ce qui fut jamais pensé. »[2]

En effet, Nietzsche réemploie toute une terminologie héraclitéenne, qui ne se limite pas au concept central du devenir. Il a fait recours également à la métaphore héraclitéenne du fleuve de la vie, à la guerre des antagonismes, à la dualité création/destruction comme jeu innocent de l'enfant *Zeus* :

« Là aussi, lorsque nous voulons descendre dans le fleuve de ce que notre nature possède en apparence de plus original et de plus personnel, il faut nous rappeler l'axiome d'Héraclite : on ne descend pas deux fois dans le même fleuve. – C'est là une vérité qui, quoique rabâchée, est demeurée aussi vivante et féconde que jadis. »[3]

La réappropriation nietzschéenne de la terminologie héraclitéenne est de grande utilité. Elle permet l'instauration d'une nouvelle approche de l'être qui ne se définit plus comme égalité à soi-même et comme identité achevée. L'être de la vie est plutôt le différent, le multiple. Ici, l'antagonisme et la contradiction sont constitutifs du sens de l'être en tant qu'éternel devenir et en tant que flux cosmique.

Cette réappropriation implique aussi une rupture avec l'appareil conceptuel propre à l'approche métaphysique et le recours à d'autres concepts plus adaptés à cette vision dynamique du monde. Et c'est autour de trois concepts fondamentaux que va se déployer la nouvelle ontologie nietzschéenne : la force, la puissance et la volonté.

La force (*Kraft*) est un concept fondamental dans toute vision dynamique du monde. Mais Nietzsche va au-delà de cette considération méthodologique. La force est ce qui pourrait se substituer à l'explication causale et à la notion de la cause qui est à la base de l'explication métaphysique et idéaliste du monde. Un présupposé métaphysique essentiel était l'objet de la critique nietzschéenne : l'idée de la cause présuppose l'antériorité et la différence

---

[1] « L'hypothèse des atomes *n'est* qu'une conséquence du concept de sujet et de substance : quelque part, il doit y avoir « une chose » d'où provient l'activité. L'atome est le dernier rejeton du concept d'âme. » *Fragments posthumes*, XII, 1 [32], p. 27.

[2] *Ecce Homo, pourquoi j'écris de si bons livres*, § 3, p. 1156.

[3] *Humain, trop humain II, Opinion et sentences mêlées*, § 223, p. 780.

ontologique entre la cause et l'effet. Elle suppose la scission entre deux mondes, l'un agit et l'autre pâtit, le premier vrai et l'autre faux :

« On ne doit user de la "cause" et de l'"effet" que comme de purs *concepts*, c'est-à-dire comme de fictions conventionnelles qui servent à désigner, qui permettent de s'entendre, mais qui *n*'expliquent *pas*. Dans l'"en-soi" il n'existe pas de lien de "causalité", de "nécessité", de "détermination psychologique" ; l'effet n'y suit pas la cause, aucune loi ne le gouverne. »[1]

Ainsi, pour Nietzsche, il ne s'agit pas tout simplement de substituer la force à la cause, mais également de dépasser cette scission catégorielle entre cause et effet. C'est pour cette raison qu'il parvient à établir une équivalence de sens entre « la cause » et « la quantité de force ». Il nomme « la cause de l'action en général » « une quantité de force accumulée qui attend d'être usée n'importe comment, à n'importe quoi » et « la cause de l'action particulière » ce qui permet à cette force de se dégager « d'une façon unique et déterminée ». Le rapport n'est autre ici que « le rapport de l'allumette au baril de poudre. »[2]

Cette seconde espèce de cause n'a rien de nécessaire, et « mesurée à l'étalon de cette première force, est quelque chose de tout à fait insignifiant, généralement un petit hasard »[3]. C'est ce deuxième type de cause qu'on appelle fin selon Nietzsche, et qui résulte d'une erreur ancienne : ne voir que la force dans sa présence active, « dans le but », ce qui conduit à négliger la force comme flux. Pour Nietzsche, le but c'est la force elle-même qui s'exerce selon une direction. Il n'est pas une fin extérieure qui vient pour imposer aux choses inertes un mouvement et une finalité d'action qui les transcendent. Le but, la direction, Nietzsche les appelle « la force dirigeante » (*die dirigierende Kraft)* : « On est habitué à voir la force *active* dans le but (la fin, la vocation, etc.), conformément à une erreur ancienne, - mais le but n'est que la *force dirigeante*, on a confondu le pilote avec la vapeur. »[4].

Il résulte de l'analyse nietzschéenne que la vie est le lieu d'un interminable antagonisme des forces. Les différentes appellations formulées par l'esprit religieux et métaphysique ne sont que des signes qui témoignent d'une disponibilité propre à la communauté des humains de concevoir la réalité du monde. Leur « valeur de vérité » ne devrait pas dépasser cette fonctionnalité conventionnelle. Mais entre-temps, cette analyse ne se limite pas au simple fait d'affirmer l'existence de « forces » au lieu de « causes ». La question reste posée : Qu'en est-il de la réalité de ces forces ? Comment pourrait-on l'interpréter ? Et quel est l'apport de la perspective de la création dans cette interprétation ?

---

[1]*Par-delà le bien et le mal, Des préjugés des philosophes*, § 21, p. 577.
[2]*Le Gai savoir, Livre cinquième*, § 360, p. 230-231.
[3]*Ibid.*, p. 231.
[4]*Ibid.*

## 2.2. La puissance créatrice et la force intensifiée

Comme on l'a souligné, la force chez Nietzsche n'est pas l'équivalent d'une cause, ni d'une quelconque essence ou encore d'une finalité qui impose à la matière une certaine forme de mouvement. Elle se conçoit plutôt dans sa dimension énergétique, puisqu'elle est dépense d'une énergie. En tant que telle, elle est exercice et effectuation de sa propre force. À la définition substantielle, Nietzsche substitue une définition intentionnelle, puisque la force se conçoit nécessairement comme une *tendance à la domination.* Ce qu'elle veut dominer n'est autre chose qu'une autre force. C'est ainsi que toute force serait évaluée *par rapport* à une autre force. Si l'on peut dire, la force elle-même n'est qu'un rapport.

Deleuze, dans *Nietzsche et la philosophie,* insiste sur le sens de la « physique » nietzschéenne comme une ontologie de la différence. La force suppose le rapport et la différenciation, suppose nécessairement la pluralité, ou comme le disait Deleuze, « l'être de la force est le pluriel. »[1] D'autant plus, l'élément différentiel ne se conçoit pas, dans la lecture deleuzienne, comme étant un agent extérieur à la force, mais plutôt comme un élément constitutif de sa propre action : « Une pluralité de forces agissant et pâtissant à distance, la distance étant l'élément différentiel compris dans chaque force et par lequel chacune se rapporte à d'autres : tel est le principe de la philosophie de la nature chez Nietzsche. »[2]

En effet, le texte nietzschéen est explicite quant à l'affirmation que l'intention de la domination constitue le propre de l'action de la force : « L'excédent de force prouve seul la force. »[3] La tendance de la force n'est autre chose que la quête d'un surplus de force, la quête de l'intensité. Ce qu'elle cherche c'est s'exercer, elle cherche sa propre dépense, la dépense de son énergie. Elle n'est donc pas statique, puisqu'elle n'est pas égale à elle-même. La présence en acte de la force n'est pas une conservation de sa quantité, elle est plutôt accroissement et intensification. Cela veut dire que la tendance propre à la force se conçoit comme une tendance positive et affirmative. Mais en ce disant, on devrait s'interroger sur la signification que pourrait prendre une force conçue dans une tendance contraire, dans une tendance négative.

La tendance négative de la force, c'est la tendance vers sa propre dissolution, vers la déperdition et l'affaiblissement. La faiblesse serait donc une force qui perd sa puissance, qui se désapprouve comme telle (comme force). C'est lorsqu'elle échoue à dominer et à assujettir qu'elle cesse d'être

[1] Gilles Deleuze, *Nietzsche et la philosophie,* Paris, PUF, 1970, p. 7.
[2] *Ibid.*
[3] *Le Crépuscule des idoles, Avant-propos, p. 947.*

une force. Elle serait plutôt l'objet d'une domination. Le travail du philosophe ne devrait pas confondre les deux perspectives contradictoires de l'interprétation de ce phénomène, quoique la morale veuille le contraire :

« Exiger de la force qu'elle ne se manifeste *pas* comme force, qu'elle ne soit pas une volonté de terrasser, d'assujettir et de dominer, une soif d'ennemis, de résistances et de triomphes, c'est tout aussi insensé que d'exiger de la faiblesse qu'elle se manifeste comme force. »[1]

C'est cette acception spécifique qui pousse à faire intervenir les notions de puissance et de volonté, ou même à rapporter l'une à l'autre dans une seule notion « la volonté de puissance » (*der Wille zur Macht*). C'est à ce niveau intentionnel que se présente l'importance de la perspective poïétique. En effet, le sens de la puissance se comprend, dans cette perspective, comme un sens d'un processus créateur. Autrement dit, la puissance n'est pas la quantité de force, mais ce qui dans cette quantité est direction et but. La puissance est dans ce sens volonté :

« Ce concept victorieux de la "force" grâce auquel nos physiciens ont créé Dieu et l'univers, a besoin d'un complément ; il faut lui attribuer un vouloir interne que j'appellerai la "volonté de puissance", c'est-à-dire l'appétit insatiable de manifester la puissance ; ou encore l'usage et l'exercice de la puissance, l'instinct créateur, etc. »[2]

L'acte de la puissance est en soi-même un acte poïétique. De même, la volonté de la création s'identifie à la volonté de puissance en tant qu'elle est concentration et orientation de la force. Cet acte de concentration et d'orientation permet à la force de s'intensifier, de se mouvoir vers la puissance et de vouloir dominer d'autres volontés. La lutte, le conflit s'exercent entre les volontés puisque « la "volonté" ne peut naturellement agir que sur une "volonté", et non pas sur une "matière" (sur les "nerfs", par exemple). »[3] La volonté qui monte en puissance, qui s'intensifie le plus est celle qui domine. L'ontocosmologie nietzschéenne opère selon une dynamique de la puissance optimale.

Contrairement à Aristote, pour qui, l'acte poïétique est dans *l'energeia*, dans l'acte finaliste qui mène l'être de son être-en-puissance à son être-en-acte, à son achèvement, Nietzsche conçoit la « *dunamis* » (la puissance) comme étant le processus général de la poïésis, de la création et de l'achèvement du sens et de l'existence de l'être. Il est en soi-même *dunamis*

---

[1]*La Généalogie de la morale*, « *Bien et mal* », « *Bon et mauvais* », § 13, p. 793.
[2]*La Volonté de puissance*, § 309, 1885, Tome I, p. 293.
[3]*Par-delà le bien et le mal*, *L'esprit libre*, § 34. p. 591-592.

et *energeia.* Ainsi la différenciation métaphysique établie par Aristote entre les deux termes se trouve révoquée.[1]

La puissance, en tant qu'elle s'oriente vers la concentration et l'intensification, est l'élément poïétique de la force. Les forces déclinantes sont celles qui échappent à cette volonté et que la volonté désagrège en vue de la sélection des plus pertinentes dans une diversité de forces. Ceci n'implique pas un anéantissement de la quantité de la force déclinante, mais il ouvre la porte sur une éventuelle possibilité de sa récupération dans un autre processus poïétique, là où sa force lui serait convenable.

Pour Nietzsche, la volonté de puissance procède à la division de sa propre force (de sa force de concentration) quand celle-ci devient incapable de dominer tout ce que lui appartient et ce qu'elle a acquis, afin de ne pas le perdre définitivement :

« L'appropriation et l'assimilation consistent en une volonté de dominer ce qui est extérieur, de lui donner une forme, de le modeler et de le transformer, jusqu'à ce qu'enfin la substance vaincue soit entièrement passée dans le domaine de l'attaquant et soit venue l'augmenter. – Si cette assimilation échoue, l'organisme s'effondre, et la *division* apparaît comme la conséquence de la volonté de puissance ; plutôt que de laisser échapper ce qu'elle a conquis, la volonté de puissance se divise en deux volontés (parfois sans renoncer au lien qui unit ces deux parties d'elle-même). »[2]

La création est puissance, elle est une intensification à l'extrême de l'ensemble de forces d'un organisme ou d'un individu ou d'un peuple. Cette intensification aurait comme conséquence nécessaire la transfiguration

---

[1] Dans la *Physique* (livre II, 199a), Aristote précise que la poïésis artistique n'est pas seulement une mimèsis, elle est aussi un accomplissement d'un acte créateur resté manqué de la nature : « L'art ou bien exécute ce que la nature est impuissante à effectuer, ou bien l'imite. » (*Physique*, Tome I, Trad. Henri Carteron, Société d'Édition « LES BELLES LETTRES », Paris, 1983,199a, p. 77.) Les deux actes ne sont pas nécessairement opposés, puisque la mimèsis dans ce contexte aristotélicien ne signifie pas une imitation d'une Idée ou d'une Forme figée. Elle signifie plutôt une reprise de l'acte créateur de la nature. Ce qui est imité est essentiellement l'acte, le processus par lequel les choses viennent au monde, c'est-à-dire ce passage de la matière à la forme par lequel la nature mène les choses à leurs propres finalités : « d'autre part la nature étant double, matière d'un côté, forme de l'autre, et celle-ci étant fin et les autres en vue de cette fin, celle-ci sera une cause, la cause finale ». (*Ibid.*, 199a, p. 78.) Mais il n'en reste pas moins que cette conception demeure une conception finaliste, non seulement en tant qu'elle implique le sens de la différence ontologique entre les deux termes de ce passage, mais en tant qu'elle implique également le sens que ce passage se fait « en vue d'une fin », qui n'est autre que la réalisation et la perfection du sens de l'être.

[2] *La Volonté de puissance, I, op. cit.*, § 73, p. 222. Nietzsche illustre l'exemple de la scission du protoplasme qui se fait par la division du centre de gravité en deux points : « [...] La division du protoplasme dans le cas où une forme naît, où le centre de gravité se répartit en deux points. Chaque centre exerce une force de concentration, de resserrement, la masse intermédiaire se déchire. Donc : l'égalité des relations de force est l'origine de la génération. » *Ibid.*, p. 223.

créatrice. Mais il reste à préciser que la création, en tant qu'intensification, exige cet élan interminable (de point de vue de la temporalité) et inépuisable (de point de vue de la quantité de forces cosmiques).

## 3. La volonté de création et le problème du finalisme

### 3.1. Le paradigme créateur et le problème du finalisme

Comment interpréter le sens et la manière selon lesquels agit la puissance créatrice ? L'idée de la puissance créatrice impose à Nietzsche d'affronter le problème du finalisme. La perspective poïétique invoque le sens de la « qualité » et celui de la « forme » qui oriente, ou du moins, à laquelle aboutit l'acte créateur. Ne risque-t-on pas de tomber dans les mêmes problèmes de la métaphysique classique ?

Il revient surtout à Platon, d'avoir pensé le problème de la poïésis en tant qu'il est essentiellement un problème paradigmatique. Créer selon quel modèle ? On devrait imposer à la puissance une direction, une visée et une vision claire, une Idée ou une forme achevée qui inspire la puissance créatrice dans la manière de modeler sa propre matière.

Dans le *Timée*, Platon explicite le sens paradigmatique dans l'acte de création du monde de la manière suivante : « Aussi, chaque fois qu'un démiurge fabrique quelque chose en posant les yeux sur ce qui toujours reste identique et en prenant pour modèle un objet de ce genre, pour en reproduire la forme et les propriétés, tout ce qu'il réalise en procédant ainsi est nécessairement beau ; au contraire, s'il fixait les yeux sur ce qui est engendré, s'il prenait pour modèle un objet engendré, le résultat ne serait pas beau. »[1]

L'idée de la création invoque la question du modèle. La beauté qu'elle produit n'est autre chose que la mesure et la proportionnalité. Mais dans ce texte, le sens du paradigme créateur dépasse le sens du modèle et de l'exemple essentiellement en deux choses :

– *La totalité du regard* : le Démiurge ne crée qu'« en posant les yeux » sur l'être parfait. Cette création nécessite une vision de la totalité de l'Être et c'est cette idée du regard total qui va guider Platon dans son discours sur la création. Ainsi le paradigme du Démiurge n'est pas le même que le modèle de l'artiste, car celui-ci pourrait se suffire dans son modèle par une vision partielle ou une perspective ou de tout ce qui pourrait faire illusion à l'image à laquelle le

[1] Platon, *Le Timée*, trad. L. Bresson, Flammarion, 1996, 28a-b, p. 116.

modèle fait référence. Le modèle suppose une certaine distance entre l'image et la copie contrairement au paradigme qui nécessite la présence et la vision claire et totale de l'image.

- *La perfection et l'originalité de la référence* : dans l'acte paradigmatique de la création la référence équivaut nécessairement au sens de l'Être identique et immuable. Toute référence à ce qui est engendré, c'est-à-dire qui n'est pas beau par soi-même, n'a rien de ce sens originel de la beauté. Il s'ensuit que pour Platon, et même s'il emploie le terme poïésis pour les deux types de production divine et humaine, le sens de l'originalité dans la création reste tributaire de ce sens divin et paradigmatique. Mais il paraît bien que le sens humain de la création s'apparente beaucoup plus à ce que l'on entend, dans nos jours, par production en opposition avec le sens esthétique de la création.

Dans ce sens paradigmatique, la création représente un acte/*energeia* par lequel l'Être déploie sa propre vérité. Et de la sorte, nous trouvons avec Platon la formulation la plus achevée de ce que pourrait être une métaphysique de la création. Elle prend ici le sens d'une double affirmation :

- *L'affirmation de sa propre finalité en tant que finalité éthique*. La création est présentée par Platon comme acte de générosité et de bonté. « Dépourvu de jalousie, il souhaita que toutes choses devinssent le plus possible semblables à lui. Voilà, donc quel est précisément le principe tout à fait premier du devenir, c'est-à-dire du monde »[1]. Le créateur est nécessairement généreux parce qu'il donne de soi-même. Un sens qui restera essentiel aussi pour Nietzsche.

- *L'affirmation du mode de son acte qui se présente d'une manière esthético-formelle* : le moyen de faire dans la création se rapporte à tout ce qui est censé établir l'harmonie formelle. Elle se fait selon le modèle géométrique de l'égalité/*isotès* et de l'analogie/*analogia*. Cela dit, la beauté se comprend dans cette position intermédiaire entre la science et la morale, c'est-à-dire comme étant ce qui résulte de cette harmonie formelle, mais qui se rapporte à une finalité éthique. La langue grecque utilise une même racine pour le beau et le bon (*kalon*/*kalos*). De ce fait, se dégage chez Platon un sens métaphysique essentiel de la notion de la création : le passage du chaos à l'ordre, de l'informe à la forme : « Il l'amena (le monde) du désordre à l'ordre, ayant estimé que l'ordre vaut infiniment mieux que le désordre »[2]. Le sens de la création comme création de la forme, de l'ordre fait épargner la philosophie grecque de l'absurde problématique chrétienne de la création *ex nihilo*. Pour les Grecs, la poïésis ne se fait pas à partir d'un néant qui est en soi-même impensable, mais à partir de l'informe, du chaos qui n'est pas l'équivalent d'un non-être.

---

[1]*Ibid.*, 29d.

[2]*Ibid.*, 30a.

Il nous apparaît donc que le sens de la création se détermine par la nature du regard qu'elle possède de l'Idée. D'ailleurs, le sens de l'originalité s'attribue à ce pouvoir d'avoir un regard total et parfait. Par conséquent, le créateur comme agent d'un acte/*energeia* de *poïésis* n'est pas tout à fait maître de son acte. La poïésis s'effectue selon un paradigme métaphysique auquel participe le créateur. Toute poïésis est mimèsis, mais une mimèsis qui se définit comme participation/*methexis* (à l'Idée et non à l'apparence). Cette participation se dit dans les deux sens de la création : en tant que rapport mimétique entre le monde sensible et le monde intelligible et en tant que processus intelligible de création de l'univers. « C'est à la suite de ces réflexions qu'il mit l'intellect dans l'âme, et l'âme dans le corps, pour construire l'univers. »[1] La mimèsis chez Platon ne se présente donc pas comme un simple concept esthétique, elle est essentielle pour toute sa philosophie. Elle représente en quelque sorte un schéma explicatif pour le mouvement créateur de l'ensemble de l'univers.

La création-imitation dans son sens platonicien aboutit à une difficulté, celle d'attribuer l'originalité et la liberté entière à l'acte de la création artistique. Et même dans l'acte divin du Démiurge, l'imité ne s'identifie pas à son imitation. Il y a une distance infranchissable entre le référant et le référé, et puisque le modèle de la création précède l'œuvre, la perfection serait donc dans le modèle et non dans l'œuvre produite.

La pensée platonicienne de la question de la création en tant que mimèsis/methexis nous présente une métaphysique qui serait incompatible avec ce que l'art moderne a développé : l'originalité, la liberté et la perfection de l'œuvre, un sens que Nietzsche pousse à son extrême aboutissement théorique : le renversement de la dualité ontologique.

## 3.2. « La volonté est créatrice »

Nietzsche ne néglige pas l'importance de ce sens paradigmatique qu'invoque la problématique de la création. Cependant, c'est dans le cadre des notions de la volonté de puissance et de l'éternel retour que se pense la question du sens et de la finalité de la puissance créatrice. La puissance comme volonté est une puissance qui impose au chaos initial propre aux forces brutes du cosmos un processus de sélection qui se fait selon différents niveaux de la qualité de forces. Ainsi, selon le point de vue de la volonté de puissance, la force n'est pas déterminée seulement par la quantité qui la compose. Elle est également déterminée par le rapport qu'elle établit avec les autres forces, autrement dit par la « qualité » de sa force. Cependant, la qualité n'est pas une

[1] *Ibid.*, 30b.

essence prédéfinie métaphysiquement. Elle n'implique pas une différence ontologique et catégorielle avec la quantité. Au contraire, elle n'est pas autre chose qu'une puissance suprême de la quantité : « Mais la quantité, à son plus haut degré, *agit* comme qualité. »[1]

La qualité, ainsi définie, évoque, comme le remarque Thierry Lenain, la nature intentionnelle de l'acception nietzschéenne de la notion de la force dans l'optique de la volonté de puissance : « la notion de "volonté de puissance" nomme précisément cette essence intentionnelle de la force. »[2] Il est à même de dire que ce qui est désigné par la volonté de puissance est cette qualité, cette intention qui détermine et gère la dynamique intérieure d'une force.

L'acte poïétique de la volonté de puissance consiste dans ce pouvoir d'imposer la qualité à la quantité. Il est un acte d'organisation, de séparation et de distinction. Il impose la forme à l'informe, comme il distingue pour sélectionner et choisir le mieux. De ce point de vue, les formations de la matière, les organismes vivants représentent ce niveau élémentaire de la volonté créatrice. Les œuvres de la création naturelle représentent différentes possibilités de la sélection des forces et de leur organisation selon une qualité de l'être, selon une « volonté ». Pour l'organisme et pour la créature, c'est ce niveau de nivellement entre une diversité de forces qui leur donne une « qualité commune », à savoir une qualité de concentration et d'intensification qui représente une « propre manière » de manifester et d'exercer la « puissance » :

« Tout être organique qui "juge" agit comme *l'artiste* : sous l'action de certaines excitations, de certains stimulants, il crée un tout, il élimine de nombreux détails et crée une simplification, il pose une identité et affirme que sa création *existe.* »[3]

### 3.3. Peut-on dépasser le finalisme ?

Le discours nietzschéen sur la puissance de la création, on l'a vu déjà, évolue vers une conception plus intentionnelle, plus finalisée. Plus encore, la terminologie utilisée nous rappelle tout un registre finaliste (volonté, choix, sélection, forme…). Mais cela dit, ne serait-il pas étrange de remarquer que la conception nietzschéenne de la volonté de puissance tombe dans une apparente contradiction, dans une tension entre deux types de discours, entre un premier discours qui opère selon une perspective antimétaphysique et qui

---

[1] *Humain, trop humain II, Opinion et sentences mêlées,* § 162, p. 756.
[2] Thierry Lenain, « L'affect et sa trace, l'expérience créatrice selon Nietzsche », *op. cit.*, p. 72.
[3] *La Volonté de puissance, I, op. cit.*, § 296, p. 289.

est donc censé discréditer les penchants finalistes de la métaphysique classique, et un deuxième qui opère selon une perspective poïétique et qui laisse à supposer l'existence d'une certaine « logique », d'une « forme » ou encore d'une « intention », donc supposer une certaine finalité propre au monde de la volonté de puissance ?

En rapport avec cette visée intentionnelle, Nietzsche refuse même d'accepter que « le fleuve du devenir » soit une fin en soi-même. Et de la sorte, il modifie le sens du thème héraclitéen du devenir qu'il lui fait imposer la volonté de puissance comme perspective de sens et de valeur, la volonté de puissance comme « fin » :

« Vous avez lancé votre volonté et vos valeurs sur le fleuve du devenir ; une vieille volonté de puissance me révèle ce que le peuple croit bon et mauvais. [...] Ce n'est pas le fleuve qui est votre danger et la fin de votre bien et de votre mal, ô sages parmi les sages : mais c'est cette volonté même, la volonté de puissance, – la volonté vitale, inépuisable et créatrice. »[1]

Le devenir n'est pas une fin en soi-même. Ce qu'il déploie est une volonté de puissance définie ici comme étant propre à l'acte vital lui-même. Et en tant qu'une volonté de vie, la volonté de puissance est une volonté créatrice. Mais la récupération nietzschéenne du penchant finaliste ne s'arrête pas à ce niveau. Tel est le cas par exemple dans le paragraphe 36 de *Par-delà le bien et le mal*, où Nietzsche affirme l'existence d'une « seule forme fondamentale de la volonté », et ce après avoir à maintes reprises évoqué la pluralité et le conflit interminable des volontés :

« À supposer enfin qu'on réussisse à expliquer l'ensemble de notre vie instinctive comme le développement interne et les diverses branches *d'une seule* forme fondamentale de volonté – de la volonté de puissance, comme c'est ma thèse –, à supposer que l'on puisse ramener toutes les fonctions organiques à cette volonté de puissance, et que l'on trouve en elle aussi la solution du problème de la procréation et de la nutrition – c'est le même problème –, on aurait par là acquis le droit d'appeler *toute* force agissante, sans ambiguïté, *volonté de puissance.* ».[2]

Comment peut-on interpréter cette apparente contradiction ?

Nous pensons que cette récupération de l'idée de la finalité fut imposée par la perspective poïétique comme perspective d'interprétation du sens et de la valeur du monde de la volonté de puissance. On peut même dire que la finalité représente un horizon nécessaire pour qu'une pensée originale de la création soit possible. C'est dans cette perspective poïétique que la physique

[1]*Ainsi parlait Zarathoustra II, De la victoire sur soi-même*, p. 371.
[2]*Par-delà le bien et le mal, L'esprit libre*, § 36, p. 592.

nietzschéenne n'aboutit pas à un pur dynamisme dénué de toute visée, de toute signification et de toute structure.

Ainsi, l'affirmation nietzschéenne de l'existence d'une forme unique de la volonté de puissance s'explique par une nécessité opératoire d'établir le sens de l'unification, un sens qui se fut lui-même imposé par le besoin de finaliser et de condenser l'acte poïétique pour qu'il parvienne à sa fin : la création de l'œuvre. Il devient donc clair que la forme unique et fondamentale désigne ce mode de faire qui distingue l'acte de volonté : d'une part, elle désigne la tendance de la force vers la puissance et la domination d'autres forces ; de l'autre, elle désigne la volonté elle-même en tant qu'impliquant le choix, la qualité et la sélection.

Dès lors, il importe bien de préciser que la dynamique des forces ne contredit pas le besoin d'une explication de leurs flux et mouvements selon une forme et une finalité. Ce besoin est plutôt propre à la procédure herméneutique en tant qu'elle est une procédure de la création du sens. Ceci est valable pour l'homme aussi bien que pour les choses du monde. Ce n'est pas là le vrai problème pour Nietzsche, il est plutôt dans la perspective qui devrait orienter une telle interprétation.

Sur ce point, la problématique nietzschéenne s'attache à esquisser une perspective d'interprétation affirmative, plus pénétrante et plus clairvoyante. Cette perspective s'inspire de la création de l'œuvre d'art, là où cohabitent le mieux les différentes significations de la création, qui cependant concourent avec une extrême symbiose pour l'enfantement de l'œuvre achevée. La dynamique s'y associe à la forme par laquelle s'achève la réalisation de l'œuvre.

Ce qu'il faut souligner chez Nietzsche, c'est que l'interprétation de la fonction poïétique de la volonté de puissance n'implique en rien sa considération comme une finalité extérieure. En effet, la volonté ne devrait pas être comprise comme étant ce qui existe en dehors de la force, de la quantité de force propre à un organisme. C'est cette considération que Nietzsche tient à souligner dans ce paragraphe de *La généalogie de la morale* :

« Une quantité déterminée de force correspond exactement à la même quantité d'instinct, de volonté, d'action – bien plus, elle n'est pas autre chose que justement cet instinct, cette volonté, cette action même, et il ne peut en paraître autrement que par la séduction du langage (et des erreurs fondamentales de la raison qui s'y sont pétrifiées) qui tient tout effet pour conditionné par une cause efficiente, par un "sujet", et se méprend en cela. »[1]

Cette équivalence établie par Nietzsche entre la volonté et la quantité de force fait allusion à ce que le référent ontologique de la signification ne

---

[1]*La Généalogie de la morale, « Bien et mal », « Bon et mauvais »*, § 13, p. 793.

pourrait admettre que sa réalité effective comme force agissante et comme instinct de vie. Mais c'est le travail de l'interprétation qui impose la différenciation des perspectives pour accroître nos possibilités de compréhension de cette dynamique universelle. Dans ce cadre d'interprétation, on pourrait suggérer chez Nietzsche un refus qui s'impose au finalisme métaphysique et non au besoin théorique et méthodique (même encore pratique) de supposer une certaine finalité propre aux phénomènes du monde : c'est-ce que Nietzsche appelle « volonté de puissance ».

De ce point de vue, « l'apparente finalité » qu'on suggère le plus souvent dans l'observation des phénomènes naturels n'est « que la conséquence de cette *volonté de puissance* qui joue dans tous les phénomènes. » [1]. La hiérarchie des forces et l'organisation des « êtres » représentent l'acte même de la volonté de puissance. C'est dans la volonté de la création que la finalité apparentée à la volonté de puissance devient plus manifeste. La volonté de la création est la forme la plus finalisée de la volonté de puissance. À travers l'œuvre de la création se réalise le dépassement de la volonté de puissance comme un autoexercice et une autodépense de la force à la volonté de puissance comme acte de transfiguration et de métamorphose, mais également comme acte d'identification multiple et illimitée.

Nietzsche reprend le sens de l'analogie propre à la métaphysique classique d'appliquer une analogie entre l'œuvre de la création naturelle et celle de la création artistique, mais il inverse la perspective de l'interprétation : c'est la nature qui agit comme un artiste et non l'inverse. « La force plastique inconsciente se révèle dans la génération ; il y a bien là un instinct artiste à l'œuvre. Il semble qu'un même instinct esthétique pousse l'artiste à idéaliser la nature et l'homme à s'envisager, lui et la nature, sous une forme imagée. Finalement, c'est cet instinct qui a dû causer la construction de l'œil. L'intellect apparaît comme une conséquence d'un appareil qui était esthétique à l'origine. »[2]

Dès lors, il devient clair que la perspective qui justifie l'attribution de la signification et de la valeur au monde est une perspective esthétique. Ainsi, ce monde se conçoit comme le produit de la volonté d'un artiste, et la volonté de puissance elle-même comme une volonté d'art.

Cette perspective rend possible l'instauration d'une signification propre à l'existence de l'homme et du monde (une fonction interprétative essentielle

---

[1] Dans ce fragment, « le plan de finalité » exprime l'acte de la volonté de puissance : « Le fait *de devenir plus fort* entraîne une ordonnance qui ressemble à un plan de finalité ; les *fins* apparentes ne sont pas intentionnelles mais dès que la prédominance est acquise sur une force intérieure, et que celle-ci travaille en fonction de la plus grande, une hiérarchie de rang et d'organisation éveille l'apparence d'une hiérarchie de moyen et de fin. » *La Volonté de puissance,* § 80, p. 224.

[2]*La Volonté de puissance, I, op. cit.,*§ 97, p. 228.

pour le travail du philosophe), sans qu'elle tombe toutefois dans le finalisme métaphysique ou dans le sérieux de la morale. Ainsi, il ne s'agit plus d'un idéal de la connaissance vraie et ultime, au contraire, cette nouvelle ontologie nous invite davantage à la curiosité et à l'admiration vis-à-vis de l'énigme du monde. Elle nous invite à la « re-création » de leur propre signification. Nietzsche, dans *Ainsi parlait Zarathoustra*, commente cette signification de la manière suivante : « "La volonté est créatrice." Tout ce "qui fut" est fragment et énigme et épouvantable hasard – jusqu'à ce que la volonté créatrice ajoute : "Mais c'est ainsi que je le voulais !" » [1]

L'énigme et le hasard, c'est ce qui devrait être pensé dans notre rapport – à la fois appréciatif et contemplatif – avec le monde et non la « nécessité » qui sert d'un soubassement à l'idée métaphysique de la finalité. L'horizon du hasard propre à la volonté de la création nous pousse à examiner les implications suivantes vis-à-vis du problème du finalisme :

1- Le refus de toute finalité métaphysique qui s'impose de l'au-delà de l'acte poïétique lui-même.

2- Le caractère endogène du processus créateur : il ne se comprend et ne se justifie que par soi-même, par son propre jeu.

3- Le hasard se comprend dans une perspective ludique propre à la finalité du monde : l'autojouissance de l'être à travers le jeu qu'il pratique avec soi-même.

4- L'énigme et le hasard du monde fondent l'idée selon laquelle notre « connaissance » n'est qu'un produit d'un jeu d'interprétation qui reste toujours ouvert à une multiplicité interprétative.

Mais a-t-on encore vaincu le finalisme ?

Il est encore difficile de répondre par l'affirmative. L'ontologie nietzschéenne de la création a encore besoin de trouver une solution à la question de la nature et du sens du mouvement du monde. Nietzsche répond à ce besoin par une « vision » qui vient illuminer son esprit et qui serait annoncée dans les paroles de Zarathoustra : c'est l'ancienne idée de l'éternel retour. Cette idée paraîtrait aux yeux de Nietzsche d'une grande utilité. Il est à même de dire qu'elle vient pour achever la cosmo-ontologie nietzschéenne et pour accomplir le cercle de l'interprétation en lui assurant une certaine cohérence logique. L'éternel retour permet de penser la vie cosmique comme

---

[1] *Ainsi parlait Zarathoustra II, De la rédemption*, p. 394. Cf. encore *La généalogie de la morale, la « faute », la mauvaise conscience*, § 16, p. 825. « Depuis lors, l'homme *compte* parmi les coups heureux les plus inattendus et les plus passionnants que joue le « grand enfant » d'Héraclite, qu'on l'appelle Zeus ou bien le Hasard, – il éveille, en sa faveur, l'intérêt, la curiosité, l'espérance, presque une certitude, comme si quelque chose s'annonçait par lui, se séparait, comme si l'homme n'était pas un but, mais seulement un cheminement, un incident, une passerelle, une grande promesse… »

cycles des recréations perpétuelles sans tomber dans le finalisme. La métaphysique de la ligne droite, introduite par la science moderne et par l'historicisme, qui distancie et sépare la fin du processus vital se trouve remplacée par l'ontologie du cercle qui roule par elle-même, qui revient de nouveau à chaque instant. C'est dans ce sens du « revenir » que la vie justifie et réalise sa propre fin, qu'elle s'autofinalise :

« Tout va, tout revient, la roue de l'existence tourne éternellement. Tout meurt, tout refleurit, le cycle de l'existence se poursuit éternellement.

Tout se brise, tout s'assemble à nouveau ; éternellement se bâtit le même édifice de l'existence. Tout se sépare, tout se salue de nouveau ; l'anneau de l'existence se reste éternellement fidèle à lui-même. »[1]

---

[1] *Ainsi parlait Zarathoustra, Le convalescent,* § 2, p. 456.

# CHAPITRE III

## Monde d'apparences et création d'illusions

# 1. Création et réalité de l'apparence

## 1.1. L'Être véritable est l'apparence

Outre la vision dynamique du monde, la perspective de la création implique dans l'ontologie esthétique de Nietzsche une dimension de grande importance philosophique : le dépassement de la dualité classique de l'essence et de l'apparence et l'affirmation que la réalité du monde n'est qu'une réalité de l'apparence.

Dans *« Le Crépuscule des idoles »*, Nietzsche nous présente son ontologie abrégée en quatre propositions principales. La *première* nous annonce que « les raisons qui firent appeler "ce" monde un monde d'apparence prouvent au contraire sa réalité, - une *autre* réalité est absolument indémontrable. »[1]

En effet, l'affirmation que l'apparence est réalité n'est pas quelque chose d'étrange à la tradition philosophique. Chez Platon ou Schopenhauer, la réalité de ce monde est aussi apparence. Cependant, cette affirmation implique une perspective négative de l'interprétation.

Dans *La République* de Platon, l'affirmation de la réalité de l'apparence avait pris une forme de « dégradation ontologique » par rapport à l'Être-vrai, puisque le monde de l'apparence est une « mimèsis » de deuxième degré, à savoir une mimèsis du monde réel qui est en soi-même une mimèsis du monde intelligible, celui des Idées immuables. À ce niveau d'éloignement, on est bien séparé de la vérité pour se rapporter au monde de l'illusion, de même pour l'art qui s'attacherait à reproduire le monde de l'apparence, l'art de la peinture est cité en exemple par Platon, ne serait habileté qu'à la création des illusions[2].

---

[1]*Le Crépuscule des idoles, La raison dans la philosophie*, 6, p.965.

[2] « Glaucon – L'apparence est différente, quoique l'objet soit le même.
Socrate – Pense maintenant à ce que je vais dire ; quel est l'objet de la peinture ? Est-ce de représenter ce qui est tel, ou ce qui paraît, tel qu'il paraît ? Est-elle l'imitation de l'apparence, ou de la réalité ?
Glaucon - De l'apparence.
Socrate – L'art d'imiter est donc bien éloigné du vrai ; et la raison pour laquelle il fait tant de choses, c'est qu'il ne prend qu'une petite partie de chacune ; encore ce qu'il en prend n'est-il qu'un fantôme. Le peintre, par exemple, nous représentera un cordonnier, un charpentier, ou tout autre artisan, sans avoir aucune connaissance de leur métier ; mais cela ne l'empêchera pas, s'il est bon peintre, de faire illusion aux enfants et aux ignorants, en leur montrant du doigt un

Schopenhauer, grand admirateur de Platon, ne se détache pas, dans sa dualité volonté/représentation, de l'aspect exclusif propre à cette dualité ontologique. La volonté, l'équivalent catégoriel de l'essence vraie, comme la chose en soi kantienne, est inconnaissable et inaccessible. Mais peut-on espérer une quelconque consolation de ce qui est par soi-même inaccessible ?[1]

Nietzsche ne s'attarde pas à évoquer cette incohérence : « Le monde vrai – inaccessible ? En tous les cas pas encore atteint. Donc, en tant que tel, *inconnu.* C'est pourquoi, il ne console, ni ne sauve plus, il n'oblige à rien : comment une chose inconnue pourrait-elle nous obliger à quelque chose ?... »[2]

Le monde de l'apparence est la réalité de la représentation sans être toutefois une réalité de « l'Être-vrai ». Le voile de Maya, de la belle apparence, qui nous sépare du fond horrible du monde de la volonté, n'est selon Schopenhauer qu'une suspension momentanée et illusoire de la douleur originelle dont souffre éternellement la volonté.

Ainsi, et d'un point de vue cognitif, l'apparence se comprend comme synonyme de l'illusion et de la tromperie. De même, et d'un point de vue pathétique, elle se conçoit d'une manière négative, dans le sens que le plaisir que nous procure l'attachement à l'apparence, dont l'art représente sa forme supérieure, n'a pas de contenu positif. Ce plaisir n'est en réalité qu'une suspension, limitée dans le temps, de l'éternelle souffrance de l'être du monde. Par les désirs qu'ils ressuscitent en nous, ce plaisir limité engage la volonté de plus en plus dans le chemin de la vie, et du coup il ne fait qu'augmenter le sentiment de la souffrance.

Le chemin du salut se trouve dans la résignation au vouloir-vivre, dans ce dépassement de l'éphémère et du monde de l'apparence. S'opposer à la vie elle-même, voilà ce que peut représenter aux yeux de Nietzsche le degré extrême du nihilisme :

« Schopenhauer est pour le psychologue un cas de premier ordre : je veux dire en tant que tentative méchamment géniale de faire entrer en campagne, en faveur d'une dépréciation complète et nihiliste de la vie, les instances contraires : les grandes affirmations de soi du vouloir-vivre, les formes exubérantes de la vie. Il a interprété l'un après l'autre, *l'art*, l'héroïsme, le

---

charpentier qu'il aura peint, de sorte qu'ils prendront l'imitation pour la vérité. » Platon, *République*, Livre X, 598a-d, Trad. Victor Cousin, Paris, Ray et Gravier, Librairies, 1833.

[1]« Donc, la volonté étant la chose même en soi, le fond intime, l'essentiel de l'univers, tandis que la vie, le monde visible, le phénomène, n'est que le miroir de la volonté, la vie doit être comme la compagne inséparable de la volonté : l'ombre ne suit pas plus nécessairement le corps ; et partout où il y a de la volonté, il y aura de la vie, un monde enfin. » Arthur Schopenhauer, *Le Monde comme volonté et comme représentation*, Paris, PUF, 2004, p. 350.

[2]*Le Crépuscule des idoles, Comment le « monde vrai » devint enfin une fable*, § 4, p.967-968.

génie, la beauté, la grande compassion, la connaissance, la volonté de vérité, la tragédie comme conséquence de la "négation" ou le besoin de négation de la "volonté" – le plus grand cas de faux-monnayage psychologique qu'il y ait dans l'histoire, abstraction faite du christianisme. » [1]

Pour Nietzsche, et contrairement à cette attitude négative et négatrice, la réalité de l'apparence est la seule vraie et il n'en existe pas d'autres. La longue tradition métaphysique ne fait qu'accumuler une ancienne erreur, celle d'attribuer à la qualité de la permanence qui distingue l'apparence primitive une catégorie qui déguise sa propre réalité : l'essence.

« L'apparence primitive finit par devenir presque toujours l'essence, et fait l'*effet* d'être l'essence. »[2]

La critique nietzschéenne essaye donc d'établir une double affirmation de la réalité de l'apparence :

- L'affirmation de l'apparence en tant que « réalité empirique » éprouvée par notre expérience de vie avant d'être l'objet d'une quelconque argumentation « logique ».

- L'affirmation de la belle apparence, de l'apparence apollinienne qui aurait à attribuer à cette réalité une fonction interprétative positive.

Au lieu de la « division », de la « scission » et de la « contradiction ontologique », chose qui avait comme conséquence philosophique essentielle la disqualification du monde réel, le monde de l'apparence au profit du néant, Nietzsche procède à un « nivellement » ontologique pour affirmer que l'essence, si l'on peut dire, est apparence, ou encore est dans l'apparence. Il n'existe plus de distance infranchissable entre le « noumène » et le « phénomène », la « volonté » et la « représentation ».

Le sens de ce renversement est exprimé initialement par l'assertion suivante : « Le "monde des apparences" est le seul réel : le "monde vrai" est seulement *ajouté par le mensonge*. » [3] La catégorie de *l'Être*, comme qualification ontologique de l'étant vrai, porte selon Nietzsche sur le monde de l'apparence, à savoir le monde qui se présente à notre perception et que nous éprouvons réellement. Cependant, il en va autrement pour la métaphysique classique, pour qui, les différentes significations de « l'Être-vrai » se disent d'une manière diamétralement opposée aux attributs du monde réel et essentiellement à sa qualification comme « monde d'apparences ». Ce qu'elle désigne par cette attribution n'est pas un monde réel, elle ne le pense

---

[1]*Le Crépuscule des idoles, Flânerie d'un inactuel*, § 21, 1001-1002.
[2]*Le Gai Savoir*, II, § 58, p. 88.
[3]*Le Crépuscule des idoles, La raison dans la philosophie*, § 2, p.963.

même pas, puisqu'elle ne fait en réalité que *dés-attribuer* et *disqualifier* : bref, elle nie, elle pense la négation.

Ainsi, la deuxième proposition nietzschéenne annonce que les attributs de « l'Être véritable » sont des attributs du néant :

« *Deuxième proposition* : les signes distinctifs que l'on a donnés de l'"Être" véritable "des choses" sont les signes caractéristiques du non-être, du *néant* ; de cette contradiction, on a édifié le "monde vrai" par opposition au monde réel : et c'est en effet un monde des apparences, en tant qu'illusion *d'optique morale*. »[1]

À l'encontre de la tradition platonicienne, qui s'attache à ancrer une procédure d'essentialisation de l'essence, la procédure nietzschéenne s'intéresse à ce que Michel Haar appelle une « généralisation de l'apparence », qui – selon lui – le distingue, dès la période de *La Naissance de la tragédie*, du sens schopenhauerien de la dualité : « L'apparence est donc le concept le plus général dont la volonté devient un cas particulier : ainsi se trouve annulée la différence fondative de la métaphysique schopenhauerienne. »[2]

Dans ce contexte d'analyse, la distinction qui se comprend comme une contradiction ontologique n'est plus concevable, ni entre être et phénomène ni entre apparence et phénomène. Au contraire, c'est par l'équivalence entre les termes apparence et phénomène que Nietzsche va dépasser la problématique kantienne, qui par la séparation entre les deux termes ne fait en réalité que sacrifier l'apparence au profit d'un rachat ontologique du phénomène.

Kant a essayé de se distinguer des idéalistes qui confondent phénomène et apparence. Le phénomène se dit de cet acte de donner une forme d'unité aux représentations sensibles propres à une expérience possible selon les catégories de l'entendement. Il dénote la présence des choses du monde objectif dans notre perception. En tant que tel, il dénote une certaine réalité effective (*Wirklichkeit*), contrairement au « noumène » qui dénote la chose comme elle est « en soi » et non comme elle se présente à nous c'est-à-dire comme phénomène :

« Les prédicats du phénomène peuvent être attribués à l'objet même dans son rapport avec notre sens, par exemple la couleur rouge ou l'odeur à la rose ; mais l'apparence ne peut jamais être attribuée comme prédicat à l'objet, précisément parce qu'elle attribue à l'objet *en soi* ce qui ne lui convient que

---

[1]*Le Crépuscule des idoles*, *La raison dans la philosophie*, 6, p.965.
[2] Michel Haar, *Nietzsche et la métaphysique,* Paris, Gallimard, 1993, p.73.

dans son rapport avec les sens ou en général avec le sujet, comme par exemple les deux anses que l'on attribuait primitivement à Saturne. »[1]

Par conséquent, le phénomène (*Phaenomenon*, *Erscheinung*) n'est pas une illusion, celle-ci est plutôt dans l'apparence (*Schein*, *Apparenz*) qui porte non sur une réalité des choses, mais sur un jugement que nous lui attribuons. Le phénomène se dit par rapport à notre perception d'une chose, ce qu'il exprime, c'est notre perception et non la « réalité » de la chose *en soi*. C'est l'apparence qui transgresse cette limite et attribue aux phénomènes ce qui se rapporte seulement aux noumènes, aux inconnaissables choses *en soi* :

« Au contraire, quand j'attribue à la rose *en soi* la couleur rouge, à Saturne des anses, ou à tous les corps extérieurs l'étendue *en soi*, sans avoir égard à un rapport déterminé de ces objets avec le sujet et sans restreindre mon jugement en conséquence, c'est alors que naît l'apparence. » [2]

Dès lors, l'apparence dans ce sens kantien se trouve privée de toute réalité pour s'identifier à une fiction ayant un rôle négatif et illusoire, celui de tromper le jugement. Et elle ne le trompe pas seulement dans son emploi empirique, mais aussi dans son emploi transcendantal (puisqu'elle n'est pas une réalité). Dans les deux cas, il s'agit d'une extension illégitime de l'emploi de l'entendement au-delà de ses propres limites. On ne se méprendrait peut-être pas en constatant que, dans la critique de l'idéalisme, le kantisme réussit à « sauver les phénomènes », mais c'est au prix cher de la perte métaphysique des « noumènes », de la chose en soi et du sacrifice total de l'apparence.[3]

Faire dégrader l'apparence à un statut plus infime que celui du phénomène aurait pour conséquence la difficulté de penser l'originalité de la création artistique comme création de la belle apparence. Il devient donc clair que le « rachat » de l'apparence ne peut pas passer chez Nietzsche sans l'abolition de cette cloison ontologique, et par là même, attribuer au phénomène le même statut de l'essence, de l'en-soi. Dans l'apparence, c'est l'Être qui se manifeste pour soi-même et par soi-même, et non par un autre terme qui porte le sens de sa propre négation, de sa propre dissolution dans le non-être.

---

[1] Emmanuel Kant, *Critique de la raison pure*, trad. de Jules Barni revue par P. Archambault, Paris, Flammarion, 1987, p. 103.

[2] *Ibid.*

[3] Hegel dans son *Esthétique*, et malgré son attachement à la dualité intelligible/sensible, essaye de se démarquer de Kant tout en distinguant « l'apparence pure » à laquelle l'art fait référence, et la « réalité immédiate des objets naturels. » : « C'est pourquoi le sensible est élevé dans l'art à l'état de pure apparence, par opposition à la réalité immédiate des objets naturels. » (Hegel, *Esthétique*, trad. S. Jankélévitch, Paris, Aubier, 1945, p. 63.). Ainsi, l'apparence pour lui n'est pas le synonyme de l'illusion. La « pure apparence » dans l'art est le sensible qui se détache de son immédiateté pour devenir le lieu de la manifestation de *l'Esprit*. Mais l'apparence condamne en fin de compte la « vérité » de l'art par le cadre du sensible qu'elle peut le « spiritualiser », mais non point dépasser sa propre « matérialité ».

Entre les différents termes de la dualité essence/apparence, Nietzsche établit un autre type de rapports. Au lieu de l'ordre hiérarchique platonicien, il place ce que Geisenhanslüke appelle « le concept cyclique apparence-réalité-apparence » et qu'il interprète comme un déplacement et un replacement :

« Le déplacement de la métaphysique platonicienne chez Nietzsche consiste donc en un remplacement de l'ordre de l'apparence : si Platon établit un ordre hiérarchique qui se résume par la série "étant-vrai – première apparence (le menuisier) – deuxième apparence (l'artiste-peintre)", Nietzsche déstabilise cet ordre en favorisant un concept cyclique qui se compose des trois éléments "apparence – réalité – apparence". Selon Nietzsche, c'est l'apparence qui commande la réalité empirique et qui prend la place de la vérité platonicienne : il n'y a que des apparences. »[1]

La généralisation de l'apparence n'aurait pas seulement comme conséquence l'inversion du contenu métaphysique qui avait longtemps déterminé le concept de l'Être, elle aurait également comme conséquence la remise en question du concept de l'Être lui-même et de sa validité pour déterminer la réalité de l'apparence. Autrement dit, si l'apparence devient le concept le plus général, a-t-on besoin dans ce cas de la catégorie de l'Être pour désigner sa propre réalité ? Ne risque-t-on pas par cette attribution de ne faire que remplacer l'essence par l'Être ? La catégorie de l'Être n'est-elle pas en complète contradiction avec le principe d'*autoréférentialité* qui distingue l'apparence nietzschéenne ?

## 1.2. L'apparence au lieu de l'Être

Dans ce qui a été avancé, on aperçoit bien que Nietzsche ne se lasse pas d'affirmer que le monde de l'apparence est la seule réalité possible et la seule acceptable, et que le sens attribué par la métaphysique classique à « l'Être-vrai » n'est en réalité que le sens du non-être, du néant. Cependant, la critique nietzschéenne ne se limite pas à une simple transposition des contenus référentiels propre à l'essence à ceux de l'apparence.

D'ailleurs, il ne se suffit pas du même cadre référentiel pour établir l'inversion. Il fait plutôt éclater ce cadre ; il fait éclater la référence elle-même. C'est ainsi que le passage par la critique du langage était quasiment nécessaire. Le problème de la métaphysique est avant tout (et non entièrement pour ne pas le confondre avec le néopositivisme) un problème de langage.

Ce détachement de la problématique métaphysique se fait par le biais de *l'autoréférentialité* et de la *généralisation* de l'apparence. Cette généralisation

[1] Achim Geisenhanslüke, *Le Sublime chez Nietzsche*, Paris, l'Harmattan, 2000, p.64.

implique une conséquence essentielle soulignée par Nietzsche : le déclassement de l'« *Être* » lui-même, qui désormais ne constituerait plus un équivalent catégoriel ni non plus un contraire à l'apparence :

« Qu'est désormais pour moi l'"apparence" ! Ce n'est certainement pas l'opposé d'un "être" quelconque – que puis-je énoncer de cet être, si ce n'est les attributs de son apparence ? Ce n'est certes pas un masque inanimé que l'on pourrait mettre, et peut-être même enlever, à un X inconnu ! »[1]

Il faut déclasser l'Être par rapport à l'apparence, parce que l'Être est dans l'antipode du mode de faire de l'apparence, c'est-à-dire de l'apparition. Celle-ci a certes besoin de masques, mais tout en étant éclat et transfiguration, elle serait entièrement incompatible avec un masque invariable et inanimé. L'apparition a besoin d'une variété de masques, des masques animés et non le fantôme de l'Être, puisque l'apparition n'est qu'une éternelle métamorphose.

L'Être n'est ni un équivalent ni un contraire pour l'apparence, il n'est qu'une « abstraction » de la réalité des « attributs de *son* apparence ». En d'autres termes, il est une *possibilité d'attribution* propre à la réalité de l'apparence. Mais même de ce côté, il s'agit toujours d'une manière vague, voire paradoxale, de dire le sens de cette réalité. En tant que tel, c'est-à-dire en tant qu'attribution possible, l'être ne peut en aucun cas désigner la « totalité » de la réalité de l'apparence. C'est l'apparence par elle-même qui désigne et la « totalité » et la réalité, et par là même le concept Être perd sa valeur heuristique.

Le déclassement de la catégorie de « l'Être » signifie que l'apparence se définit d'une manière différente et que même les attributs connotés par cette catégorie devraient être interprétés dans une nouvelle perspective. Quelle serait donc cette perspective ?

Dans « *Le Gai Savoir* », Nietzsche nous présente la définition suivante :

« L'apparence est pour moi la vie et l'action elle-même qui, dans son ironie de soi-même, va jusqu'à me faire sentir qu'il y a là apparence et feu-follet et danse des elfes et rien de plus – que, parmi ces rêveurs, moi aussi, moi "qui cherche la connaissance", je danse ma propre danse, que le "connaissant" est un moyen pour prolonger la danse terrestre, et qu'en raison de cela il fait partie des maîtres de cérémonie de la vie, et que la sublime conséquence et le lien de toutes les connaissances sont et seront peut-être le moyen suprême d'assurer l'universalité de la rêverie et l'entente de tous ces rêveurs entre eux et, par cela même, *d'entretenir la durée du rêve.* »[2]

L'apparence est la vie. C'est par *la perspective de la vie* que la définition se distingue véritablement de la perspective nihiliste de la dualité métaphysique essence/apparence, qui fait ériger le « néant » comme vérité ultime de l'Être.

[1]*Le Gai Savoir*, I, § 54, p. 85.
[2]*Ibid.*

Par ailleurs, il importe de noter que cette perspective est d'une grande utilité fonctionnelle pour cette démarche d'analyse. Son importance interprétative pourrait être soulevée dans les points suivants :

- La vie donne à l'apparence l'aspect de la « *totalité* » nécessaire pour sa généralisation ontologique comme plan unique de l'existence.

- Elle lui garantit son *autoréférentialité*, puisqu'il ne s'agit plus d'un terme qui vient de l'extérieur et qui porte nécessairement le sens de la délimitation et de la négation. La vie est dans l'apparence ainsi que l'apparence est obligatoirement une apparence vivante.

- L'apparence en tant que vie est une *réalité effective*, c'est-à-dire éprouvée et vécue. Autrement dit, cette procédure affirmative de la définition n'impose pas l'arme de la « logique » contre la puissance de vie.

C'est de cette manière que ce recours nietzschéen à la « vie » semble assurer une certaine homogénéité à l'univers du discours propre à l'apparence, de même qu'il nous propose, chose qui n'est pas moins importante, un fondement ontologique approprié pour une esthétique de la création artistique. Cependant, il en reste à ajouter, qu'entre la vie et l'apparence, il s'agit plutôt d'un rapport dialectique, par lequel s'accomplit le « cercle herméneutique » de la théorie nietzschéenne de l'apparence.

Par conséquent, ce qui est dit pour la définition de l'apparence dans la perspective de la vie vaut également pour la définition de la vie dans la perspective de l'apparence. À son tour, l'apparence représente l'« autre » nécessaire pour que la « vie » ne soit pas un concept simplement général. Elle porte, dans le contexte nietzschéen, un ensemble de significations bien précises, telles que :

-Le sens de *la légèreté* qui est symbolisé par la danse et le feu-follet. La vie n'est pas un fardeau qu'il faut supporter désespérément ni une dette qu'on ne peut s'acquitter éternellement. Elle est tout simplement « apparence et feu-follet et danse des elfes et rien de plus ».

-Le sens de *l'art et du jeu* qui se dégage de cette « danse terrestre » prolongée par la danse nietzschéenne.

-Le sens de *la surface et de la félicité* qui se manifeste dans l'émergence de la vie sur la surface de l'apparence comme un rêve et dans son acceptation cérémoniale.

## 1.3. Transfiguration et autosuppression de l'apparence

L'implication esthétique de la dualité métaphysique est en quelque sorte incompatible avec le besoin de l'instauration d'une ontologie de la création artistique. La réhabilitation du monde de l'apparence était ainsi une condition nécessaire pour libérer la théorie esthétique d'une terminologie qui s'oppose à la procédure nietzschéenne de la radicalisation esthétique et philosophique de la thématique de la création. Nietzsche avait saisi assez tôt la contradiction qui existe entre l'attitude nihiliste de la dualité métaphysique essence/apparence et l'aspect affirmatif et générique propre à la définition de l'art comme création. Une telle exigence l'avait conduit à introduire la perspective philosophique de l'affirmation et de la généralisation de l'apparence comme plan unique de l'existence.

Mais en faisant valoir cette nouvelle signification philosophique de l'apparence, Nietzsche ne risque-t-il pas de ne faire que déplacer le sens de l'absolu de la vérité de l'Être-vrai d'un terme à l'autre, de l'essence à l'apparence ?

Dans *Le crépuscule des idoles*, un tel risque ne semble pas tout à fait absent de l'esprit de Nietzsche, puisqu'il ne s'attarde pas à annoncer une autre proposition qui soulève une apparente contradiction avec toute la précédente analyse :

« Le monde vrai, nous l'avons aboli : quel monde nous est resté ? Le monde des apparences peut-être ?... Mais non ! *Avec le monde vrai nous avons aussi aboli le monde des apparences !*

(Midi ; moment de l'ombre la plus courte ; fin de l'erreur la plus longue ; point culminant de l'humanité ; INCIPIT ZARATHOUSTRA.) »[1]

Comment pourrait-on alors interpréter le sens de cette abolition ?

Dans le paragraphe 54 du *« Gai Savoir »,* on a déjà vu[2] que l'identification de la réalité de l'apparence à la réalité de la vie et non à la réalité de « l'Être », vise à en établir une autre optique d'analyse qui opère selon un mode de la transfiguration et de la métamorphose, et non selon un mode de l'identité et de l'immuabilité.

Que toutefois on ait saisi cette nouvelle signification propre à l'apparence, il resterait dès lors à interpréter le sens de cette « abolition » comme une intention de se détacher de toute la problématique posée par la dualité métaphysique. Au premier chef, on peut admettre que la négation d'un terme d'une opposition

[1]*Le Crépuscule des idoles, Comment le « monde vrai » devint enfin une fable*, 6, p.968.
[2] Cité dans le présent chapitre : 1.2. L'apparence au lieu de l'Être.

implique la négation de l'autre. Mais le sens profond de « l'abolition » chez Nietzsche dépasse les simples exigences logiques. En effet, l'apparence n'étant ni l'Être, ni sa vérité ultime, devient ce qui devrait être supprimé conséquemment avec la suppression de son terme opposé : l'essence vraie. Mais en ce disant, la suppression de l'apparence s'avère être la suppression de sa « vérité » ou plutôt de sa « non-vérité » et non la suppression de sa *« réalité »*. Il s'agit donc d'une négation d'une certaine vérité : de la vérité comme « *volonté de la mort* », comme vérité nihiliste. Cette négation est bien commentée par Michel Haar :

« Cependant, la généralisation de l'apparence ne résulte pas d'une haine ou d'une indifférence à l'égard de la vérité. Elle résulte au contraire du refus d'une origine possiblement haineuse de la vérité, c'est-à-dire recelant une "volonté cachée de mort". S'il s'agit d'aimer la vérité à la façon de l'artiste, "avec ses voiles", en révélant et admirant ce qui après chaque apparition demeure caché, tout nivellement nihiliste semble exclu. »[1]

L'apparence renvoie à une réalité qui demande à être interprétée. Elle n'est pas l'Être, puisqu'elle n'est ni une « essence », ni une « substance », ni non plus une unité formelle ou une synthèse. L'apparence nietzschéenne ne se conçoit pas comme une « totalité » ou une « vision » qui surplombe l'incommensurable diversité phénoménale. L'apparence est une apparence « par rapport à » ou « selon un point de vue ». Elle n'est pas une forme figée, elle est plutôt un surgissement d'une force dans le cours interminable des flux et reflux. Elle est ce qui est vu, senti, éprouvé selon une certaine manière et un certain rapport. Elle est un rapport et non une identité, un rapport de différenciation et non d'identification. En tant que telle, elle serait à comprendre comme une multiplication de la différence, le reflet de *l'éternel différend* : « L'"apparence" est ici le reflet (*Widerschein*) de l'éternel différend (*Widerspruch*) qui est le père des choses. »[2]

## 2- Le masque : la création comme force de métamorphose

### 2.1. Le masque de l'apparence

Ce qu'on découvre dans une apparence n'est ni un fond (*Grund*) ni une essence, on y découvre son apparition, son « masque », sa forme éternellement changeante. C'est pour cela que notre rapport à l'apparence est un rapport d'illusion et de mensonge. Voilà comment la problématique de l'Être-vrai se

[1] Michel Haar, *Nietzsche et la métaphysique*, *op. cit.*, p. 88-89.
[2] *La Naissance de la tragédie*, § 4, p. 45.

trouve renversée, mais également voilà comment s'établissent les perspectives philosophiques d'une nouvelle ontologie de la création artistique.

Le masque, métaphore bien récurrente dans le texte nietzschéen, intervient pour exprimer cette acception de la réalité de l'apparence comme force de transfiguration et de métamorphose.[1]

Le masque de l'apparence, c'est l'apparence qui n'est plus une pure réceptivité, un miroir fixe qui ne fait que représenter un fond ultime, une vérité première ou une Idée. Il devient plutôt créateur. Mais dans quel sens le masque est-il créateur et de quelle manière ?

Le masque permet d'interpréter le sens de la force de la création d'une manière bien spécifique. Il permet d'ailleurs d'attribuer à cette force les significations suivantes :

- *Le sens de la profondeur* : le masque permet la rupture avec la référence. Dans le masque, il n'y a pas de contenu métaphysique parce qu'il n'y a même pas de contenu. Il n'y a pas de fond parce qu'il n'y a même pas de surface. Aux présupposés métaphysiques de la notion du fondement, Nietzsche nous propose la fonction interprétative et esthétique de la notion de profondeur propre au masque :

« Tout ce qui est profond aime le masque… Tout esprit profond a besoin d'un masque ; bien plus : un masque se forme sans cesse autour de tout esprit profond, grâce à l'interprétation continuellement fausse, c'est-à-dire *plate*, donnée à chacun de ses mots, de ses pas, des moindres manifestations de sa vie. » [2]

- *L'énigme et la force de l'illusion* : par le même acte le masque fait montrer et cacher. Ce qu'il montre n'est pas un contenu, mais sa propre transfiguration. À travers le masque, le contenu manifeste sa volonté de paraître, de se montrer, de se créer. Mais ce qu'il nous montre, c'est sa propre façon de se cacher et de se dérober. Le masque n'a pas de vérité parce qu'il n'a même pas de face. Il aime l'énigme, ou, peut-être, il est en soi-même énigme. Ce que nous avons du masque n'est pas une vérité ou même une quelconque idée. Ce qu'on a de lui est une simple *illusion* :

---

[1] Karl Heinz Bohrer, dans son article « Esthétique et historisme, le concept nietzschéen d'apparence », (in *Théories esthétiques après Adorno*, Textes édités et présentés par Rainer Rochlitz, trad. Achim Geisenhanslüke, Arles, Actes Sud, 1990) souligne l'importance de ce recours à la métaphore du masque : « Pour maintenir l'importance esthétique du concept d'apparence dans le contexte transformé de la réflexion historique, Nietzsche a actualisé sa vieille métaphore du « masque ». De même que le « sublime » provenait de l' « horreur » inspirée par les dieux, de même la beauté qui nous reste provient elle aussi d'une énigme : elle provient du « masque ». » p.158-159.

[2] *Par-delà le bien et le mal*, *L'esprit libre*, § 40, p. 593-594.

« Enfin ne négligeons pas ici cette assez inquiétante disposition de l'esprit à duper d'autres esprits, à user avec eux de faux-semblants, cette pression et cette poussée continuelles qu'exerce une force créatrice, apte à façonner et prête à toutes les métamorphoses : l'esprit y jouit de la diversité de ses masques et de sa ruse, il y jouit aussi du sentiment d'être en sécurité - ces talents de Protée. »[1]

- *La multitude* : le masque de l'apparence n'est pas un masque unique et invariable comme celui de « l'Être-vrai ». En tant que transfiguration et métamorphose, il ne pourrait être que multitude. La variation des perspectives est une dimension essentielle pour la radicalisation esthétique de l'idée de la création.

À travers le masque, l'idée de la création se libère de la tyrannie de la *Forme* fortement ancrée par le classicisme. Elle aurait désormais à se définir comme *force de métamorphose*, c'est-à-dire c'est elle qui à la fois crée la forme et la transfigure.

## 2.2. Les miroirs de l'apparence et le jeu de l'interprétation

L'apparence n'est plus chez Nietzsche un fond ou une réalité ultime. Au contraire, elle s'avère être un jeu de multiplication des miroirs qui impose à son tour le jeu de l'interprétation, le jeu de créer les perspectives, de les différencier et de choisir la plus distinguée.

Dès ses premiers écrits, Nietzsche multiplie les strates de l'apparence et joue sur leurs différentes significations : l'apparence, la belle apparence, l'apparence apollinienne, l'apparence comme rêve, l'apparence comme illusion ou comme masque. Mais qu'en est-il alors du sens de cette stratification ?

Dans *La Naissance de la tragédie*, Nietzsche emploie la dualité volonté et représentation, sans qu'il la conçoive d'une manière totalement schopenhauerienne. Dans l'apparence, c'est la volonté elle-même qui se voit et qui se libère. À travers elle, la volonté jouit d'elle-même. Ainsi, le sens profond qui se dégage de la dualité Apollon/Dionysos est celui d'une rivalité esthétique, mais qui se représente comme un jeu extatique, là où se mêlent douleur et plaisir dans la création et la recréation de l'extrême jouissance : « La "volonté" voulait se contempler elle-même, dans la transfiguration du génie de l'art. »[2]

---

[1]*Par-delà le bien et le mal*, *Nos vertus*, § 230, p. 677. Protée : dieu marin qui prend plusieurs figures.

[2]*La Naissance de la tragédie*, § 3, p.44.

L'interprétation de la réalité de l'apparence va effectivement se développer dans un sens qui dépasse les cloisons ontologiques et catégoriques entre les termes. Plutôt, c'est dans une perspective de l'équivalence que va se penser le rapport entre les termes volonté, phénomène, représentation et apparence. Cependant, la question n'est pas une simple question de terminologie. Ce qui est plus intéressant dans la procédure de l'interprétation, c'est la *valeur* de sa perspective philosophique. De ce côté, l'apparence n'est pas seulement une qualification de la qualité de l'être en tant qu'il est conçu selon un mode de la présence et de la perception, elle est surtout *l'affirmation* du monde réel et de l'existence perceptible. L'être se définit dans sa présence. L'apparence est en quelque sorte la présence de l'être dans le monde.

L'apparence (*Schein*) désigne la réalité de ce qui se montre, ce qui communique sa propre réalité par-delà soi-même (le rayonnement). Elle implique dans l'Être et le sujet et l'objet. Dans l'acte de perception de cette réalité, non seulement l'objet apparaît, mais c'est aussi le sujet qui apparaît à soi-même comme sujet percevant.

Mais il reste à rappeler qu'une telle interprétation de la réalité de l'apparence se justifie essentiellement par une généralisation philosophique de sa valeur esthétique. Autrement dit, dans la notion de l'« apparence », les deux dimensions ontologique et esthétique se trouvent fortement corrélées. Ajoutons également que la fonctionnalité esthétique de l'« apparence » se détermine à son tour par sa fonction créative. L'apparence est un monde des miroirs créatifs. Dès lors, la multiplication se déchaîne.

De l'apparence, se génère l'apparence de l'apparence symbolisée par le *rêve*. Celui-ci représente l'apparence plutôt dans sa fonction *psychoesthétique*. Il est en quelque sorte le niveau qui relie le principe extatique de l'apparence à la fonction imaginaire :

« Si nous faisons momentanément abstraction de notre propre "réalité", si nous concevons notre existence empirique, et celle du monde en général, comme une représentation suscitée à tout instant de l'Un-primordial, alors le rêve devra nous apparaître comme *l'apparence de l'apparence*, et, en cette qualité, comme une satisfaction plus haute encore de l'appétence primordiale d'apparence. ». [1]

Cependant, le rêve, par sa fonction proprement illusoire, ne représente pas une propre dégradation dans la réalité de l'apparence. Au contraire, c'est par l'image, représentation sensible de l'apparence, que celle-ci se réalise comme processus d'autojouissance. L'illusion dans l'image de rêve n'est pas synonyme de la non-réalité. Elle est plutôt créatrice de la belle forme qui se

[1]*La Naissance de la tragédie*, § 4, p.45.

présente comme une récompense pulsionnelle à la quête de la jouissance inhérente à la force débordante de l'apparence.

Sans doute, par cette procédure, *l'image* ne serait plus en opposition avec la forme, puisqu'il n'y aurait plus d'opposition entre la représentation sensible de l'apparence et les schèmes idéels de l'entendement. Il ne serait plus question pour l'image de jugements errants qui ont perdu le sens des limites. Au contraire, par sa fonction *cognitivo-esthétique*, elle offre non seulement une clairvoyante vision de soi, mais également, et par sa contemplation, elle permet à l'élément pathétique de se dissoudre dans la parfaite délectation de soi.

Si l'on veut reprendre le schéma de la théorie nietzschéenne de l'apparence, on peut le retracer sous un double aspect : les principes fondateurs de la dynamique de l'apparence et les miroirs qu'elle produit et par lesquels se fait leur libre jeu.

Ce jeu des miroirs n'a rien à voir avec le paradigme classique de la vérité/adéquation. Au contraire, il ne fait créer que des illusions. L'introduction de l'illusion dans le cadre de cette théorie de l'apparence est une dimension innovante et révolutionnaire qui mérite d'être interprétée.

## 2.3. Le jeu des miroirs et la création des illusions

Concevoir l'être dans la réalité de l'apparence, et de celle-ci dans les images du rêve, et valoriser par la suite l'illusion comme perspective d'interprétation de la valeur de ses créations : c'est dire qu'il s'agit d'un déplacement de la problématique philosophique d'un plan de la connaissance déterminé par une perspective idéaliste et rationaliste, à un plan psychophysiologique déterminé par une perspective esthétique.

L'activité de l'illusion est une activité créatrice des fictions qui, tout en embellissant la vie, accroissent la force vitale de sa propre régénération. Par conséquent, l'importance de ce recours au concept de l'illusion se conçoit dans sa valeur herméneutique, c'est-à-dire dans la fonction de l'interprétation de la nature et du sens de l'activité créatrice qu'elle assure.

Il devient donc clair que l'illusion prend avec Nietzsche un sens nouveau : la fiction découle d'un besoin vital d'autoconservation et représente une certaine interprétation évaluative d'un rapport spécifique avec la vie. C'est pour cela qu'elle crée des croyances, des mensonges : elle crée justement la religion, la science, la métaphysique… :

« Ici[1] manque l'antagonisme entre un monde vrai et un monde apparent : il n'existe qu'un monde unique, et celui-ci est faux, cruel, contradictoire, séducteur, dépourvu de sens... un monde ainsi conformé est le monde véritable... *Nous avons besoin du mensonge* pour arriver à vaincre cette réalité, cette "vérité", c'est-à-dire pour *vivre*... Que le mensonge est nécessaire pour vivre, c'est ce qui relève encore de ce caractère redoutable et douteux de l'existence...

La métaphysique, la morale, la religion, la science – ne sont considérées dans ce livre que comme différentes formes du mensonge : c'est avec leur aide que l'on *croit* à la vie. "La vie doit inspirer confiance" : la tâche, ainsi définie, est énorme. Pour la résoudre, il faut que l'homme soit déjà par nature menteur, il faut que plus que toute autre chose, il soit *artiste*... »[2]

En guise de conclusion, on pourrait dire que l'illusion est une perspective d'évaluation des fictions créées par l'homme. Ce que nous propose l'illusion pour cette évaluation, ce sont essentiellement deux critères :

- Le *critère de la vitalité* : l'activité créatrice se rapporte à un besoin vital, au besoin de s'attacher à la vie et à la supporter. L'illusion exprime ce besoin par la création des fictions et des croyances qui justifient et qui font supporter la vie. C'est pour une telle raison que l'illusion ne s'évalue pas selon Nietzsche par rapport à l'idéal de la connaissance.

- Le *critère métaphorique* : L'illusion n'est pas une représentation qui se suffit par elle-même pour constituer sa propre vérité. Au contraire, elle est du type de ce qui émane d'une certaine réalité, mais qui la déguise et la transfigure. C'est dans ce sens qu'elle est supposée être l'opposé de ce qui est vrai. En d'autres termes, et puisque le besoin de croire impose la négation de tous les éléments qui viennent du dehors de la croyance elle-même et qui sont susceptibles d'avoir un effet de délimitation ou de relativisation sur les contenus de ces croyances, l'illusion masque ses propres références pour s'imposer par elle-même comme seule référence. *L'autoréférence* et *l'autosuffisance* sont des traits caractéristiques pour le mode de faire de l'illusion. Ils lui attribuent également cette force de dissimulation. Par contre, le besoin de l'interprétation impose la référence à ce qui dépasse les propres limites de l'illusion pour pouvoir déceler les facteurs génériques qui la produisent. Le contraire de l'illusion n'est donc plus la vérité (celle-ci en est une forme plus « élevée » et plus « purifiée »), mais l'interprétation, l'effort herméneutique. Mais même cet effort devrait se faire, selon Nietzsche, dans une perspective esthétisante qui vénère et respecte la profondeur et l'énigme du masque : « C'est une marque d'humanité un peu délicate de respecter "le

[1] Allusion à l'œuvre projetée : *La Volonté de puissance*.

[2] *Fragments posthumes*, 11 [415], XIII, p. 365-366.

masque" et de ne pas pratiquer à tort et à travers la psychologie et la curiosité. »[1]

Les nouvelles significations assignées à l'apparence semblent donc être incompatibles avec tout ce qu'a accumulé la longue tradition métaphysique dans le domaine. Qu'il s'agisse du reflet platonicien ou du voile infranchissable schopenhauerien, l'apparence était généralement privée de la puissance de la création, puisqu'elle se concevait comme un « attribut » qui renvoie à une vérité qui à la fois la dépasse et la fonde. L'ontologie de l'apparence instaure la perspective de l'illusion comme perspective de la création pour l'homme. Cependant, cette perspective ne se limite pas dans la création des œuvres d'art, elle s'étend également à la création des autres fictions qui distinguent la vie des humains : la religion, la science et même la philosophie. Dès lors, la philosophie nietzschéenne de la création aurait à interpréter et évaluer le sens de ces créations et les comparer à ce qui distingue la force de la création dans l'art.

[1]*Par-delà le bien et le mal, Qu'est-ce qui est noble ?*, 270, p.722.

# CHAPITRE IV

## La création des fictions humaines et le problème de l'idéal ascétique

# 1. Sens cosmique et sens humain de la création

## 1.1. La création humaine : Une forme de la dynamique cosmique de la création

Depuis longtemps, l'homme a accumulé l'illusion que sa force de création est une force « contre nature », qu'elle peut échapper aux lois nécessaires et immuables. De même, les produits de sa propre création ont été considérés comme des signes de son appartenance à un monde différent de la nature, le monde de l'esprit, de la conscience et de la liberté. Pour Nietzsche, et contrairement à cette illusion, l'activité créatrice de l'homme se conçoit en tant que faisant partie d'une activité cosmique en perpétuelle recréation. La dynamique créative est en réalité une dynamique propre à tout un inconscient cosmique. Ce sens prime d'un point de vue ontologique sur le sens proprement humain et conscient de la création :

« Vieux sophisme de la cause première, du Dieu cause de l'univers. Mais notre propre attitude envers l'univers, notre activité infiniment créatrice à chaque instant démontre beaucoup mieux que *l'activité créatrice* est une qualité inaliénable et constante de l'univers lui-même, s'il est permis de ne pas faire fi du langage des mythologues. »[1]

C'est cet inconscient cosmique qui incarne en soi-même le vouloir créateur et non une simple faculté consciente ou spirituelle. De ce côté, il est important de noter qu'il s'agit chez Nietzsche d'une inversion dans le sens classique du rapport de l'homme avec l'universel : l'homme participe à ce sens de l'universel par la réalité de son propre inconscient et non par une étrange faculté consciente :

« Longtemps on a considéré la pensée consciente comme la pensée par excellence : maintenant seulement nous commençons à entrevoir la vérité, c'est-à-dire que la plus grande partie de notre activité intellectuelle s'effectue d'une façon inconsciente et sans que nous en ayons la sensation. »[2]

Certes, la conscience ou encore l'esprit sont des moyens pour la *re-création*. Mais qu'est-ce qui est censé être recréé dans ce processus ? Ce qui

[1] *La Volonté de puissance, I, op. cit.*, § 310, p. 210.
[2] *Le Gai Savoir*, V, § 332, p. 194.

serait recréé ce n'est pas un « être », mais c'est la lutte elle-même, la lutte des forces antagonistes de la vie. La réalité de la création n'est autre chose que ce processus interminable et pluriel propre à cette lutte dont le but n'est que la puissance. La vie consciente est le simple produit d'un processus vital inconscient. Par conséquent, elle ne serait en effet qu'un terrain sur lequel se pratique le jeu incessant de la domination mutuelle entre les différents instincts de la vie.

Dans cette optique de la réhabilitation du sens de la vie naturelle et physique, la conscience se trouve nécessairement réduite à une dimension secondaire, à une forme possible de l'inconscient élémentaire de la vie organique. Mais ce qu'il faut ajouter également, c'est que la secondarité de la vie consciente de l'homme n'implique pas nécessairement la futilité et l'insignifiance du phénomène de la conscience dans la vie humaine. Au contraire, pour un travail interprétatif qui se fait dans une perspective poïétique, il y a de l'intérêt à mettre l'accent sur ce caractère intentionnel de l'activité humaine.

La perspective poïétique établit un rapport de continuité entre la dynamique de la création humaine et celle de la création de la vie en général. L'activité créatrice propre à l'homme se conçoit comme une reprise de l'acte créatif originel, mais non dans le sens d'une simple production. L'homme recrée la scène de l'incessant devenir de la vie cosmique, mais il la recrée selon son propre point de vue, sa propre manière de voir et ses propres perspectives. La conscience, le point de vue contemplatif désignent en réalité une manière propre à l'humain de créer. Il témoigne de cette possibilité propre à la vie de se représenter pour soi-même sa réalité de lutte. Mais par quoi se distingue cette force humaine de la création selon Nietzsche ?

## 1.2. Illusion contemplative et force de la création

L'homme ne peut subsister sans la création d'illusions qui lui font embellir et supporter sa propre vie. En tant qu'animal condamné à vivre dans le troupeau, dans une communauté à laquelle il devrait s'identifier pour qu'il puisse être accepté, l'homme a créé ses premières formes d'illusion pour justifier et assurer la continuité de toute une communauté humaine, quitte à sacrifier l'individu lui-même. De ce côté, ce qui est appelé une activité « consciente » n'est qu'une forme supérieure de l'activité organique développée en rapport avec un besoin sans cesse croissant de la communication entre individus humains : « La conscience n'est en somme qu'un réseau de communications d'homme à homme, – ce n'est que comme telle qu'elle a été forcée de se développer : l'homme solitaire et bête de proie aurait pu s'en passer. »[1]

Dans le cadre de la vie commune, les grandes formes d'illusions, telles que la religion, l'art, la philosophie et même la science dans une période plus avancée de l'histoire de l'humanité, se trouvent nécessairement rapportées à ce rôle régulateur de la vie des individus dans le cadre d'une communauté. C'était surtout à travers ces fictions créatrices que les peuples et les individus ont procédé à la création de leurs propres valeurs et interprétations de la vie[2], mais également, et par le même acte, à la création de la grande illusion de la faculté « surnaturelle », de la faculté consciente, de la force contemplative. Mais qu'est-ce qui est ajouté réellement à la force humaine de la création par cette activité « consciente » ?

Il est sous-entendu que ce qu'ajoute la force de la conscience, comme produit supérieur de la vie organique, au vouloir créateur de l'inconscient cosmique n'est pas une nouvelle « vérité », mais plutôt la force de l'illusion en tant que force métaphorique et transfiguratrice. Elle ajoute à la force créative cette possibilité de « voir » et de « se voir », de créer les images.

L'image réfléchie de la conscience est l'image à travers laquelle la lutte des instincts prend « conscience » d'elle-même. « Ce que nous appelons le "conscient" et "l'esprit", n'est qu'un moyen et un instrument grâce auquel ce n'est pas un sujet, mais une lutte qui tâche à se conserver. »[3] Cependant, cette force « représentative » n'a rien d'objectif. Au contraire, sa fonction c'est de transfigurer la réalité selon le propre besoin et le point de vue spécifique de son créateur. La nature de la conscience est donc relative et proprement anthropomorphique. Elle n'est pas un miroir, mais plutôt un prisme qui fait recréer les images selon sa propre manière d'assumer les forces cosmiques agissantes sur son existence. Elle ne crée ni des copies fidèles ni des figures véridiques des objets de sa propre représentation ; ce qu'elle crée ce sont des illusions. « La conscience contient toujours une double réfraction, – il n'y a rien d'immédiat. »[4]

Parmi ces illusions, il y en a une qui s'avère fondamentale, puisqu'elle est fondatrice de l'acte conscient lui-même. Cette illusion, qui émane en effet directement de sa nature parfaitement égoïste et narcissique, est la croyance

---

[1]*Le Gai Savoir*, V, § 354, p. 219.

[2] « Quand le besoin, la misère ont longtemps forcé les hommes à se communiquer, à se comprendre réciproquement d'une façon rapide et subite, il finit par se former un excédent de cette force et de cet art de la communication, en quelque sorte une fortune qui s'est amassée peu à peu, et qui attend maintenant un héritier qui la dépense avec prodigalité (ceux que l'on appelle des artistes sont de ces héritiers, de même les orateurs, les prédicateurs, les écrivains : toujours des hommes qui arrivent au bout d'une longue chaîne, des hommes tardifs au meilleur sens du mot, et qui, de par leur nature, sont des *dissipateurs*) » *Ibid.*

[3]*La Volonté de puissance, I, op.cit.*, § 50, p. 215.

[4]*Ibid.*, *I*, § 21, p. 207.

en une opposition fondamentale qui sépare l'homme du « monde naturel » auquel il appartient, et de « l'animal » qu'il est réellement. Nietzsche, dans le paragraphe 301 du *Gai Savoir*, appelle cette illusion « illusion des contemplatifs » et la désigne comme élément créateur propre à cet « animal supérieur qu'est l'homme »[1]. Dans le cadre de cet élément contemplatif, l'illusion créatrice se déploie et prend son élan le plus illusoire et le plus distinctif. Par le biais de cet élément, Nietzsche essaye de nous présenter les perspectives qui distinguent la nature de cet acte créateur propre à l'humain.

La première perspective est celle de *l'illusion de la différence* vis-à-vis de la nature, de la vie naturelle elle-même. Cette illusion est nécessaire pour la création de différentes significations et valeurs, comme elle est nécessaire également pour la création de tout un autre monde qui n'est qu'un simple produit de notre imagination, et sur lequel se reflète l'image de l'homme et de sa « *vis creativa* », sa force créative.

L'illusion contemplative établit non seulement une différence entre l'homme et la nature, elle permet aussi d'établir l'échelle de la distinction entre les valeurs, entre le supérieur et l'inférieur : « les hommes supérieurs se distinguent des inférieurs par le fait qu'ils voient et entendent infiniment plus, et ils ne voient et n'entendent qu'en méditant – et cela précisément distingue l'homme de l'animal et l'animal supérieur de l'inférieur. »[2]

Ce critère de la distinction et de la hiérarchisation des valeurs et des significations, de la distinction entre le « supérieur » et « l'inférieur », se comprend essentiellement dans sa fonction herméneutique. Il se conçoit comme une capacité plus grande de « voir » et d'« entendre », c'est-à-dire comme capacité de créer des possibilités interprétatives plus profondes et plus élevées.

Le caractère méditatif devient donc un élément de distinction qui juge de la qualité d'évaluation et de signification créées par l'homme. Mais la méditation ne se dote de cette signification positive qu'en se rapportant à une perspective poïétique. Ce qui est créatif dans l'acte méditatif, ce sont essentiellement les dimensions suivantes :

-*La dimension de l'ouverture* : celle d'avoir la vision claire et lointaine. Il s'agit là d'une dimension perspectiviste qui s'intéresse à donner à l'horizon de l'acte interprétatif son élan le plus élargi.

-*La dimension de la profondeur* : celle d'entendre « infiniment plus ». Cette dimension fait référence plutôt à la composante intellectuelle, qui désigne la capacité de concevoir le sens le plus intime de la vie. Ceci demande une transparence et une lucidité de l'esprit qui creuse profondément dans les

---

[1]*Le Gai Savoir*, IV, § 301, p. 179.
[2]*Ibid.*

strates les plus abyssales de la signification, et qui ose offenser les dogmes faciles et reposants propres à l'esprit de troupeau.

-*La dimension de la supériorité* : cette dimension nomme la composante éthique qui exprime le sentiment de la force (le supérieur) qu'éprouve un individu (ou un peuple) et qu'il exprime dans des choix des valeurs et des interprétations de la vie.

En effet, à travers l'illusion de la contemplation et de la méditation nous apparaît la nature du jeu créatif comme supposant cette possibilité de différenciation et comme supposant l'élément différentiel. La différenciation originelle est une condition de toute création de valeurs. Sans doute, l'illusion contemplative est créative par le fait même qu'elle est illusoire. Toutefois, l'illusion de la différence ne se conçoit pas, dans cette perspective, comme une simple représentation de soi et du monde, au contraire elle se conçoit essentiellement comme une transfiguration.

La transfiguration nomme le mode de faire et la visée de l'illusion. En tant que telle, elle implique l'illusion de la contemplation dans une double signification :

-Cet acte transfigure la nature en lui imposant des normes, des évaluations, des interprétations qui font que l'homme ne voit en réalité que sa propre nature, sa propre vision des choses imposée à la nature extérieure.

-Cette transfiguration implique à la fois le monde extérieur et le monde intérieur de l'homme. Dans ce dernier cas, elle se comprend comme une *autotransfiguration*. Celle-ci aurait comme conséquences non seulement la dissimulation de la nature illusoire de ses propres productions, en les présentant comme des évaluations « vraies » et « objectives », mais également la dissimulation de l'aspect créatif de son propre acte, de son agir. Elle représente l'acte contemplatif comme étant un pur acte d'intellection, de passivité et de réception. La contemplation a toujours tendance à se distinguer, en tant que pur acte théorique, de l'action, de la création effective. Cette dissimulation de la nature créative de l'action ne fait que pousser la force de l'illusion vers son maximum, vers sa propre négation comme illusion pour qu'elle puisse se présenter comme le lieu de la manifestation des vérités objectives et immuables. C'est de cette manière que l'illusion contemplative paraît aussi importante parce qu'elle attribue à la création la force extrême de la croyance et de la foi. Sa force d'illusion est aussi grande à un point même que « si nous la saisissons un instant, aussitôt elle nous échappe l'instant d'après. »[1]

Il devient donc clair que contrairement à ce qui est conçu généralement, à savoir que la force de la contemplation impose à l'homme la position du

---

[1]*Ibid.*, p. 179.

spectateur et que par cet acte même elle devient le contraire de la force de l'action et de l'acte même de créer, Nietzsche établit une équivalence de sens entre l'illusion « contemplative » et la force créative. La « *vis contemplativa* » est en soi-même une « *vis créativa* ». C'est là que la force de la création humaine se manifeste beaucoup mieux que dans le simple acte d'agir : « Il a certainement en propre, étant poète, la *vis contemplativa* et le retour sur son œuvre, mais, en même temps, et avant tout, la *vis creativa* qui manque à l'homme qui agit, quoi qu'en disent l'évidence et la croyance reçue. »[1]

La force de la création n'est pas une simple force d'agir comme elle n'est pas non plus une quelconque maîtrise technique. Elle est essentiellement une question de perspective, de cette compétence à voir clair, loin et profondément. C'est ainsi que l'intérêt manifesté par Nietzsche à cette force contemplative humaine se comprend dans le cadre de cet effort théorique, qui tente d'attribuer à l'activité de la création une perspective supérieure, qui réaffirme son aspect à la fois illusoire et perspectiviste. C'est pourquoi ce critère méditatif, le critère du « supérieur », devrait être conçu dans son rapport avec cette possibilité *d'intensification* des excitations vitales. Autrement dit, l'élément méditatif n'est pas créatif par le simple fait qu'il suppose la médiation, la distance avec son propre objet, avec la vie elle-même. Le sens de la distance est tout simplement un sens herméneutique et n'implique pas une signification métaphysique et ontologique qui suppose la distance catégorielle et ontologique entre le sujet et le monde objectif qui l'entoure.

Toutefois, il en reste à préciser davantage, que cette considération de l'élément contemplatif comme un élément créateur se démarque de toute interprétation rationaliste. Au contraire, c'est l'élément pathétique qui est créatif, et qui se trouve, par ce jeu de différenciation, intensifié dans ses possibilités de produire les états de plaisir et déplaisir, de se trouver ainsi plus heureux ou plus malheureux. « Le nombre de ses excitations croît sans cesse, comme croissent dans la même proportion ses catégories de plaisir et de déplaisir, – l'homme supérieur devient toujours en même temps plus heureux et plus malheureux. »[2]

Entre la « *vis contemplativa* » et la « *vis activa* » se tracent les niveaux de l'interprétation : le premier niveau concerne le sens générique de la création comme création des évaluations et des interprétations, comme force de création de cet élément contemplatif propre à l'humain. Le deuxième niveau est celui des produits et des œuvres créées par ce premier acte. Les deux niveaux représentent deux points de vue différents de la problématique de la création : le premier est le point de vue de l'interprétation, de la valeur propre de cette interprétation (le point de vue de la religion par exemple, ou de la

---

[1]*Ibid.*
[2]*Ibid.*

science, ou de la philosophie), le deuxième est le point de vue de l'œuvre comme visée de la création.

Pour ces deux niveaux de l'interprétation, et plus généralement dans l'herméneutique nietzschéenne, c'est l'art qui se distingue comme perspective privilégiée, en raison de sa nature foncièrement créatrice et de la valeur « supérieure » qu'il ajoute à la vie. Mais l'aboutissement à un tel résultat a nécessité chez Nietzsche tout un travail de comparaison entre ces grandes fictions, à travers lesquelles les peuples et les individus ont procédé à la création de leurs propres valeurs et interprétations de la vie. Ce travail comparatif nous intéresse non seulement pour essayer de connaître les différents types de perspectives créatives dans l'activité fictionnelle de l'homme, mais aussi pour essayer de savoir s'il s'agit vraiment d'une opposition radicale entre ces différentes significations de la création du sens et de la valeur.

## 2. Idéal ascétique et fictions négatrices

### 2.1. L'affirmation et la négation : les perspectives de l'interprétation

L'illusion contemplative, en tant que produit supérieur de la culture humaine, nous présente quatre « natures » de la « *vita contemplativa* » : les religieux, les artistes, les philosophes et les scientifiques[1]. L'interprétation de ces différents niveaux de la « *vita contemplativa* » se fait selon deux grandes perspectives représentées par deux modes d'agir et de créer les valeurs et les interprétations :

-La perspective de l'extrême affirmation : l'art.

-La perspective de l'extrême négation : la religion.

Ces deux types de perspectives désignent deux types de créateurs et deux sources de la création : d'une part, on trouve ce que Nietzsche appelait dans *La généalogie de la morale*[2] l'idéal ascétique et de l'autre, la volonté de la vie conçue comme volonté de puissance. Et dans des termes plus « épistémologiques », Nietzsche oppose deux types de volontés propres à chaque perspective : la volonté de *vérité* propre à l'idéal ascétique et la volonté de *mensonge* propre à la volonté de puissance. L'opposition est aussi une opposition entre deux figures : le saint et l'artiste.

---

[1] Cf. *Aurore*, I, § 41, p. 994.
[2] Cf. à ce propos : *La Généalogie de la morale, Troisième dissertation : Quel est le sens des idéaux ascétiques ?* p. 837 et sqq.

Dans *La généalogie de la morale,* Nietzsche place le problème au niveau de *l'idéal ascétique*, pour désigner l'ensemble de ces formes créatrices qui ne font engendrer que les valeurs de la décadence et de l'appauvrissement de la vie. Cette perspective négative de la création est interprétée par Nietzsche comme exprimant une force déclinante d'une forme affaiblie de la vie. En raison de son impuissance à résister, par la seule force qu'elle a, à la puissance jaillissante et débordante de la vie, cette force déclinante se retourne contre la vie elle-même. Elle est en quelque sorte une force déclinante qui se pose contre la force ascendante, ou encore une vie agonisante qui se pose contre la vie surgissante. « Il s'agit d'une tentative d'user la force à tarir la source de la force ; on voit le regard haineux et mauvais se tourner même contre la prospérité physiologique, en particulier contre l'expression de cette prospérité, la beauté, la joie. »[1]

## 2.2. La religion et la science : la création et le problème de l'idéal ascétique

La science, la religion, la morale sont toutes au service de l'idéal ascétique. La problématique essentielle de cet idéal (en même temps le signe majeur de sa morbidité) est sa quête pathologique et interminable de la vérité, d'une vérité supérieure, sublime et sans préjugés. La négation, le détachement et même l'oubli de la vie terrestre seront vraisemblablement les expressions les plus manifestes des valeurs de la décadence créées par l'idéal ascétique.

La religion représente la forme de l'idéal ascétique la plus ancienne et la plus dominante parmi les humains : « Les natures dites *religieuses* qui, par leur nombre, prédominent parmi les contemplatifs et en fournissent, par conséquent, l'espèce la plus commune. »[2] Dans la religion, l'idéal ascétique exprime son extrême hostilité contre la vie et contre la terre. Mais la religion ne se suffit pas de la négation du monde réel et effectif au profit d'un autre chimérique et fallacieux, elle y ajoute ce sentiment de culpabilité qui tient la vie comme une faute dont l'homme doit payer le prix éternellement. Par ce sentiment, la religion engendre la morale, cette arme monstrueuse et redoutable qui domine les masses. La religion trace une perspective de l'extrême violence envers la vie naturelle, envers soi et envers les autres. Ainsi, la création qui se fait dans cette perspective implique toutes les significations de l'obscurité, de l'inertie, de l'aveuglement, du dégoût, de la lourdeur, de la chasteté et de la négation du vouloir-vivre :

---

[1]*La Généalogie de la morale, op. cit.*, § 11, p. 854.
[2]*Aurore, op. cit.*, § 41, p. 994.

« Elles (les natures religieuses) ont, de tout temps, agi de façon à rendre la vie difficile aux hommes pratiques, à les en dégoûter si possible : obscurcir le ciel, éteindre le soleil, rendre la joie suspecte, déprécier les espérances, paralyser la main active, – c'est ce à quoi elles se sont entendues, tout comme elles ont eu, pour les époques et les sentiments misérables, leurs consolations, leurs aumônes. »[1]

La science est aussi considérée par Nietzsche comme une manifestation plus moderne de la force créative de l'idéal ascétique. Elle est distinguée par son attachement aux idées de la probité et de l'objectivité qui font pousser cet esprit de l'abstraction, de la logique, de l'impersonnel à son extrême. « Les penseurs et les travailleurs scientifiques ; ils ont rarement cherché à produire des effets, se contentant de creuser en silence leurs trous de taupe, ce qui fait qu'ils ont suscité peu de chagrin et de plaisir. »[2]

Pour Nietzsche, la science est foncièrement une activité contemplative. Ce qui est devenu dominant de nos jours dans la réalité de la science, à savoir son aspect pratique, son rapport à la *vita activa*, n'est qu'un fait tardif dû aux grands succès qui ont accompagné l'exploitation technique des théories scientifiques. Il n'est donc point cet aspect d'utilité qui intéresse Nietzsche en premier lieu. Ce qui l'intéresse est essentiellement la valeur de l'interprétation du monde et de la vie que la science nous présente. De ce point de vue, la science se pose sur le même niveau que l'idéal ascétique comme l'a insisté Nietzsche : « Tous deux, la science et l'idéal ascétique, se tiennent sur le même terrain [...] ils se rencontrent dans une commune exagération de la valeur de la vérité [...] c'est ensemble seulement qu'on peut les combattre et les mettre en question. »[3]

La science est évaluée négativement par Nietzsche à cause de ce rapport intime qu'elle entretient avec l'idéal ascétique et sa volonté de vérité. Il est à même de la considérer comme « la force qui entraîne l'évolution intérieure de cet idéal »[4], dans le sens qu'elle incarne profondément cette volonté de la vérité propre à l'idéal ascétique et la pousse à l'extrême. Mais ce qui paraît pour Nietzsche plus problématique, c'est le fait que la science ne crée pas par elle-même son fondement de valeur. Cette dépendance vis-à-vis de l'idéal ascétique et de l'esprit religieux marque la science d'une certaine impuissance créatrice :

« Pour un tel rôle la science est loin d'être autonome, elle a besoin elle-même, en tout état de cause, d'une valeur idéale, d'une puissance créatrice de

---

[1]*Ibid.*, p. 994-995.
[2]*Ibid.*, p. 995.
[3]*La Généalogie de la morale, op. cit.*, § 25, p. 882.
[4]*Ibid.*, p. 881.

valeurs qu'elle puisse *servir* et qui lui donne la *foi* en elle-même, car par elle-même, elle ne crée aucune valeur. »[1]

La valeur qui fonde la science, la valeur de la vérité et sa finalité éthique, est une valeur de type métaphysico-moral. Elle est un objet de foi, un *a priori* nécessaire. Cette valeur est déjà forgée et approuvée par une longue histoire de la religion et de la métaphysique, par la force de l'idéal ascétique. La science consent et approuve dogmatiquement cette croyance. Elle la généralise et la présente dans sa forme la plus logique et la plus cohérente.

La science reste plus dépendante, parce qu'elle n'avait pas cette vision globale des choses. Elle puise son effort dans l'esprit de détails, dans la quête de l'utilité la plus particulière. « L'esprit de la science puissant dans le détail non dans le tout »[2] reste dominé par cette perspective du singulier. Par contre, c'est la perspective générale qui est plus importante dans la connaissance, « car l'importance de la connaissance pour la vie doit apparaître aussi grande que possible. »[3]

La science n'est pas « indépendante » parce qu'elle emprunte cette perspective à la philosophie, à la métaphysique essentiellement. Dès lors, on s'aperçoit que la problématique de la création impose la vision du tout et du général. C'est dire que l'œuvre se crée par un mouvement global qui assujettit les détails pour ses propres fins. De ce côté, l'art et la philosophie excellent par rapport à la science parce qu'ils veulent « donner à la vie et à l'action le plus possible de profondeur et de signification »[4]. Par contre, dans les sciences « on cherche la connaissance et rien de plus – quelque chose qui doive en sortir. »[5]

## 3. La réinterprétation poïétique de l'idéal ascétique

### 3.1. Le sens relatif de la supériorité de l'art

Sans doute, l'art se présente comme étant le contraire et l'opposé à l'idéal ascétique. Mais une telle opposition est-elle aussi schématique et absolue ?

Certes, toute force de création est une force d'illusion, mais ce qui distingue cette force dans l'art c'est qu'elle se présente dans son aspect

---

[1] *Ibid.*
[2] *Humain, trop humain I, Des choses premières et dernières,* § 6, p. 444.
[3] *Ibid.*
[4] *Ibid.*
[5] *Ibid.*

affirmatif. En d'autres termes, elle devient dans l'art une volonté, une volonté de mensonge. Ce que Nietzsche appelle la transparence de l'art c'est cette intention déclarée et non dissimulée de tromper, d'illusionner, de mentir.

L'art est une affirmation non seulement en tant qu'il est – par sa propre expérience de beauté – une incitation au vouloir-vivre, mais aussi par « les natures artistes » qui sont les plus proches des antagonismes des instincts vitaux. Ces natures représentent « une espèce de la *vita contemplativa* plus rare que la religieuse, mais encore assez fréquente ; en tant qu'individus ils ont généralement été insupportables, capricieux, envieux, violents, querelleurs : cette impression est à déduire des influences rassérénantes et exaltantes exercées par leurs œuvres. »[1].

Ce qu'on peut remarquer dans cette interprétation nietzschéenne de la réalité de l'art, c'est qu'elle se fait dans le cadre d'une procédure d'évaluation de toutes les formes de la création humaine. Certes, il existe chez Nietzsche une préséance pour la perspective créative de l'art. Mais cette considération n'est pas si absolue. Elle est plutôt conditionnée par une certaine interprétation philosophique de la réalité de l'art.

Ceci dit que l'art est employé, dans ce contexte d'analyse, en tant qu'il est une représentation symbolique plus proche de la nature de la perspective affirmative. En d'autres termes, l'art vanté par Nietzsche n'est pas une quelconque pratique réelle, mais un idéal, une idée philosophique qui interprète une réalité supérieure de l'art. De ce côté, il nous importe de remarquer que le sens de l'opposition entre ces deux perspectives antagonistes (la perspective de l'idéal ascétique et celle de la vie) n'est pas aussi schématique. Au contraire, il est beaucoup plus compliqué et paradoxal qu'il mérite davantage d'interprétation. En effet, Nietzsche, et à partir de ces deux perspectives, s'intéresse à établir le jeu de l'interprétation propre à l'acte créateur. Et c'est ce jeu même qui invite à réévaluer la fonction poïétique de l'idéal ascétique.

Au premier abord, on pourrait suggérer le fait que l'idéal ascétique se trouve condamné d'un point de vue philosophique en rapport avec cette perspective générale de l'évaluation : le rapport au vouloir-vivre. Ainsi, la condamnation d'une certaine philosophie, de la science comme une pratique distinguée de la connaissance, de la religion elle-même se fait selon cette même perspective d'évaluation. Cependant, cette condamnation n'implique pas nécessairement la méconnaissance de la force créative de l'idéal ascétique. Ceci pose un problème plus général : comment évaluer l'idéal

---

[1]*Aurore*, § 41, p. 995.

ascétique lui-même ? Peut-on se suffire d'une simple condamnation de cet idéal ?

Le jeu de l'interprétation admet nécessairement la variation des perspectives de l'évaluation. De ce côté, l'idéal ascétique n'est pas une simple absurdité dénuée de toute signification profonde. Au contraire, c'est autour de cet idéal qu'on peut découvrir la nature spécifique de l'activité consciente et créative de l'homme. Plus encore, cet idéal nous présente une perspective essentielle de l'activité créatrice : *l'autonomie* et la *distance*.

Dans *« La généalogie de la morale »*, on s'aperçoit que Nietzsche, et tout en dévoilant la nature hostile au vouloir-vivre de l'idéal ascétique, procède à une récupération symbolique de la force créatrice de cet idéal. D'une part, le travail de l'artiste n'est pas nécessairement sans rapport avec l'idéal ascétique. Il pourrait être corrompu par les méfaits de ce même idéal. L'artiste n'est pas en soi-même exempt de cette dégénérescence. Dans ce cas, son art ne serait autre qu'un hymne à la négation du vouloir-vivre et à la logique de la résignation. Dès lors, on aurait à traiter avec un art de la sentimentalité fragile, de l'âme souffrante cherchant dans l'art l'oubli et l'attendrissement d'une angoisse et d'une haine incurable de la vie. Un art romantique comme il était bien incarné par le dernier Wagner.[1]

Mais d'une autre part, dans la force de la création propre à l'idéal ascétique, il existe une dimension positive : celle du sens de l'autonomie et de la distance. L'artiste pourrait aussi bien incarner cette force créatrice de l'idéal ascétique sans perdre de vue cet attachement à la vie et à la terre. Cette force est nécessaire pour l'artiste lui-même, parce qu'elle lui apprend le sens de la maîtrise de sa propre matière et le sens aigu de la distance vis-à-vis des objets de sa création. Cette distance est synonyme de force chez l'artiste parce qu'elle est une condition pour la maîtrise du jeu et de la pratique continue de l'ironie. La force d'un Homère ou d'un Goethe c'est exactement cette aptitude à ne pas se confondre totalement avec leurs héros. Ainsi remarque Nietzsche, « un Homère n'aurait pas créé un Achille, un Goethe n'aurait pas créé un Faust, si Homère avait été Achille et Goethe Faust. »[2]

Chez l'artiste, il existe un refus « instinctif » du réel. Le réel est toujours problématique, il est l'objet d'un sentiment aigu de l'insatisfaction. L'acte créateur est une quête interminable d'un monde propre à l'artiste lui-même, un monde si intime qu'il ne puisse, peut-être, exister réellement en dehors de sa propre imagination :

« Un artiste parfait et complet est à tout jamais séparé de la "réalité" ; on comprend d'autre part que parfois il se sente las jusqu'au désespoir de

---

[1] Cf. à ce propos : *Le Gai Savoir*, V, § 370.

[2] *La Généalogie de la morale, op. cit.*, § 4, p. 840.

l'éternelle "irréalité", de l'éternelle fausseté de son existence la plus intime, – et qu'alors il fasse parfois la tentative de passer dans un monde qui précisément lui est le plus interdit, le monde réel, d'être réellement. »[1]

## 3.2. Idéalité et ici-bas : la création comme jeu interprétatif

La problématique de la création s'avère donc être essentiellement une problématique de perspective interprétative. Le jeu propre à cette interprétation aboutit à l'affirmation de la double nature de cette perspective : une perspective de transcendance et une autre d'appartenance à la terre. Ceux qui savent garder cette tension entre ciel et terre et la transformer en un objet d'art, comme un Goethe ou un Hafiz, sont les grands artistes de l'humanité :

« Il semble en être ainsi de tous les mortels sains de corps et d'esprit qui sont loin de compter, sans plus d'examen, cet équilibre instable entre "l'ange et la bête" au nombre des objections à l'existence, – les plus fins et les plus clairs comme Hafiz, comme Goethe y ont même vu un attrait de la vie de plus. Ce sont précisément de telles oppositions qui font aimer l'existence. »[2]

Nous trouvons donc, d'une part, l'idéal ascétique qui nous présente une perspective de l'idéalité, de la distance et de la différence. Cette perspective est symbolisée par la dimension de la hauteur, de l'élévation et de la supériorité. De l'autre, le vouloir-vivre nous présente une perspective de l'appartenance à la terre, à la vie et au devenir. Elle est symbolisée par la dimension de l'ici-bas, de la présence et de l'immanence.

C'est par le jeu entre les deux perspectives opposées que s'accomplit le cercle herméneutique. Le sens du supérieur empêche la perspective de la terre et de l'ici-bas de tomber dans la pure futilité de l'instant et l'éphémère du superficiel, comme il la libère également de la soumission à la tyrannie des forces aveugles qui nous entourent et nous transpercent. De même, le sens de la terre empêche la perspective du supérieur d'aboutir à une pure négation de la vie, de ce monde-là. Il l'empêche de retourner contre la vie elle-même.

L'élucidation de ce sens du jeu interprétatif nous semble être une étape essentielle pour poser une question importante : comment évaluer l'acte

---

[1]*Ibid.*
Le rapport névrotique de l'artiste vis-à-vis de sa propre réalité va représenter chez Freud un objet d'intérêt spécifique dans son interprétation psychanalytique de la création artistique. Cf. Sigmund Freud, Introduction à la psychanalyse, Paris, Payot, 1983.
[2]*La Généalogie de la morale, op. cit.*, § 2, p. 838.

créatif propre à la philosophie ? Entre un art supérieur et créateur de la signification la plus transparente de l'affirmation, mais qui n'est pas totalement affranchi des risques de la dégénérescence, et les formes les plus négatrices de l'idéal ascétique (la religion et la science), la philosophie se trouve dans une position intermédiaire si problématique et paradoxale qu'elle mérite d'être étudiée à part.

# CHAPITRE V

## Philosophie et création

# 1. Philosophie et force de l'idéal ascétique

## 1.1. L'extrême illusion de l'élément dialectique dans la philosophie

Concernant les philosophes, Nietzsche leur assigne une nature à mi-chemin, entre l'art et la religion : « Les philosophes, une espèce où se trouvent réunies des forces religieuses et artistiques, pourtant de façon qu'un troisième élément s'y puisse placer, l'élément dialectique, le plaisir de disputer. »[1] Entre les deux perspectives de l'idéal ascétique et du vouloir-vivre, de l'extrême affirmation (l'art) et de l'extrême négation (la religion), la philosophie occupe une position intermédiaire et paradoxale.

À un premier plan de la problématique, la philosophie se trouve désignée non simplement comme incarnant l'idéal ascétique, mais d'autant plus comme le lieu le plus représentatif de la force de cet idéal. « Car pendant très longtemps, la philosophie n'aurait *pas du tout été possible* sur terre sans un masque et un travestissement ascétique, sans un malentendu ascétique. »[2]

Tous les éléments de cette force : la quête du supérieur, de l'idéal, de la distinction, de l'indépendance figurent d'une manière particulière dans la philosophie. Force est de constater que cet idéal représente le terrain dans lequel naît et prospère la philosophie elle-même :

« À un sérieux examen historique on s'aperçoit que le lien entre l'idéal ascétique et la philosophie est encore plus étroit et plus fort. On pourrait même dire que c'est tenue en lisières par cet idéal que la philosophie a appris à faire ses premiers pas, ses tout petits pas sur la terre. »[3]

La philosophie est par excellence une activité contemplative qui pousse l'illusion de la différence et de la supériorité à son maximum. En d'autres termes, c'est l'acte contemplatif lui-même qui devient, dans la philosophie, un objet de réflexion et non le simple fait de distinguer l'homme de tout le monde objectif qui l'entoure. L'idée de la différence, de la distance qui s'édifie comme

---

[1]*Aurore*, I, § 41, p. 995.
[2]*La Généalogie de la morale, Troisième dissertation : Quel est le sens des idéaux ascétiques ?* § 10, p. 852.
[3]*Ibid.*, § 9, p. 849.

un objectif supérieur pour la réflexion philosophique ne signifie pas autre chose que ce sens de l'autodifférenciation et l'autodistinction.

À ce niveau, le retour sur soi-même de l'acte contemplatif l'éloigne de plus en plus du caractère vital propre à l'illusion, celui de maintenir la vie de l'individu dans le cadre d'une communauté des humains. Un tel phénomène pourrait expliquer le fait que le sens de la distinction et de la supériorité évolue dans la perspective d'un spiritualisme qui, grâce à un bon dispositif logique et conceptuel déjà établi, prospère énormément dans le terrain de la philosophie. L'idée de la transcendance en est une bonne illustration. Cette idée, dans ses formes les plus métaphysiques, n'est en quelque sorte qu'une manière philosophique de la récupération d'un sens supérieur d'un tel spiritualisme. La force de l'idéal ascétique attache l'activité philosophique (par la nature même de son propre acte) à une spiritualité supérieure, qui ne se présente pas comme un simple but, mais également comme les conditions dans lesquelles prospère une telle activité :

« Un certain ascétisme, nous l'avons vu, un renoncement de plein gré, dur et serein, fait partie des conditions favorables d'une spiritualité supérieure, c'est aussi une des conséquences les plus naturelles de cette spiritualité : on ne s'étonnera donc pas dès l'abord que l'idéal ascétique ait toujours été traité avec quelque prévention favorable par les philosophes. »[1]

La philosophie pourrait se donner comme un moyen pour aboutir à l'objectif propre à l'idéal ascétique : le renoncement au vouloir-vivre. C'est pour cela qu'elle est bien placée pour ancrer cette illusion d'être une pure activité théorique détachée des contraintes et des besoins de la vie pratique. Cependant, la philosophie, même avec ce rapport intime à l'idéal ascétique, ne se situe pas au même niveau que la religion ou la science. L'illusion contemplative, dans la philosophie, et par sa quête excessive de l'illusion pure, abstraite et immuable mène le pouvoir de l'illusion à son terme opposé, à sa propre négation : la *désillusion.*

Mais il reste à préciser que ce pouvoir de la désillusion ne désigne pas l'idéal de la vérité, il désigne plutôt « l'élément dialectique » qui distingue vraiment la philosophie. La force de la philosophie n'est pas dans la simple foi dans la vérité, elle est essentiellement dans cette arme redoutable qui fait de la vérité une construction toujours inachevée. L'élément dialectique établit la procédure critique, il établit la force de la désillusion comme condition pour toute vérité possible. C'est cette procédure critique qui devient dangereuse, car c'est en la poussant à son extrême qu'elle parvient à ce pouvoir de la désillusion totale. Un tel aboutissement nihiliste ne fait que désarmer les humains de leur moyen de recréer le sens de la vie et de s'y attacher davantage : l'illusion.

---

[1]*Ibid.*, p. 849.

Ici, c'est le caractère illusoire qui risque de se retourner contre soi-même, par le fait d'augmenter la dose de l'illusion jusqu'au degré qui l'éloignera de son propre but, de sa fonction vitale. Dans ce cas, la fonction illusoire change de statut de moyen pour la recréation de la vie, pour devenir pour elle-même une simple fin. L'extrême produit de l'illusion c'est de croire à la désillusion.

Ce qu'on peut constater de cet aboutissement de l'illusion contemplative dans la philosophie, c'est qu'elle implique la force de métamorphose propre à l'illusion dans la démarche suivante : de l'illusion de la différence on aboutit à l'illusion de l'autonomie, et de l'illusion de la vérité on aboutit à l'illusion de la critique. Dans cette dernière forme (la critique), l'illusion contemplative aboutit à l'extrême degré de sa propre force, qui n'est autre que le début de sa propre dissolution dans la pure désillusion.

## 1.2. La désillusion ou la philosophie comme danger

Par ce risque d'un grave affaiblissement de la fonction vitale de l'illusion, la philosophie devient dangereuse, désapprouvée généralement par la culture, par les masses et par les pouvoirs, parce qu'elle ajoute trop de sérieux au jeu de l'illusion, parce qu'elle impose l'arme critique contre les croyances et les dogmes qui maintiennent la vie des individus, de leurs cités et de leurs États. C'est par là précisément que ce trop de sérieux devient mortel, nuisible à l'instinct de vivre, et c'est par là également que se crée cette méfiance culturelle et populaire vis-à-vis de la philosophie. Vraisemblablement, c'est ce rapport particulier avec l'idéal ascétique qui laisse Nietzsche, dans *La Philosophie à l'époque tragique des Grecs*, affirmer que la philosophie est une arme dangereuse et qu'elle pourrait être nuisible à son utilisateur :

« Dès qu'un homme a eu l'intention de se mettre à l'écart et de se clôturer pour se suffire à lui-même, la philosophie a toujours été prête à l'isoler davantage et à le détruire par cet isolement. La philosophie est dangereuse lorsqu'elle n'est pas en pleine possession de ses droits et seule la santé d'un peuple, mais pas non plus de n'importe quel peuple, lui confère une telle légitimité. »[1]

Cependant, il ne faut pas oublier que la fonction de l'illusion est une fonction de transfiguration et de métamorphose. Les croyances et les dogmes en tant que produits de l'illusion humaine ne sont pas éternels. Ils connaissent à leurs tours des cycles de vie et de mort. L'illusion change toujours de contenu. D'ailleurs, c'est ce qui explique le fait communément perceptible dans les différentes

[1]*La Philosophie à l'époque tragique des Grecs*, Paris, Gallimard, textes et variantes établis par G. Colli et M. Montinari, trad. J-L Backes, Michel Haar et Marc B. de Launay, 1990.p. 12-13.

cultures, que c'est la culture populaire elle-même – et non la philosophie – qui crée et accumule les différentes expressions et formes de révolte, d'impiété, d'hérésie, de toutes sortes de refus et même de non-respect vis-à-vis des cultes et des dogmes publics. Et c'est par l'art, surtout l'art populaire que s'expriment généralement ces tendances. C'est pour cela que la philosophie n'est pas le témoin nécessaire d'une « bonne santé » d'un peuple : « Il y a certes de bons exemples d'une santé qui s'est maintenue sans s'aider aucunement de la philosophie ou en usant d'elle de façon très modérée, en faisant d'elle presque un jeu. Les Romains ont ainsi vécu leur meilleure époque sans philosophie. »[1]

La vie des peuples a besoin de cette fonctionnalité vitale des illusions. Et c'est cette même fonctionnalité qui impose à l'illusion son caractère ludique, comme étant un jeu entre la foi suprême et l'incroyance totale. De ce côté, il est important de déceler une distinction nécessaire : l'illusion n'est pas un dogme, ni même une croyance, elle est ce qui les nourrit, ce qui incite à leur propre production. Elle est une incitation à la création.

Les dogmes et les croyances sont les produits de l'institution sociale ou même de ce qui rend cette institution possible, ce qui assure sa stabilité et sa continuité. Mais contrairement aux dogmes, l'illusion se distingue par son aspect dynamique qui intensifie l'attachement à la vie. Ainsi, le jeu d'antagonismes propre à l'illusion, le jeu de la croyance et de l'incroyance, pourrait être explicité de la manière suivante : d'une part, l'illusion exprime ce besoin de l'homme de maintenir ses chances de vie dans un cadre collectif, c'est-à-dire dans le cadre des institutions, des croyances et des dogmes (besoin de conservation) ; d'autre part, elle exprime le besoin de la vie elle-même de se mouvoir, de se transfigurer dans un perpétuel devenir.

Dès lors, une bonne utilisation de la philosophie demande une « bonne santé » et des instincts « forts » et bien fortifiés contre tous les méfaits de l'idéal ascétique. Les Grecs en sont un bon exemple : « Les Grecs en revanche ont su commencer à temps ; et cet enseignement qui détermine à quel moment il faut commencer à philosopher, ils l'ont prodigué plus clairement qu'aucun autre peuple. »[2]

## 2. Le problème de l'évaluation de la dimension critique dans la philosophie

Le danger de la philosophie, évoqué par Nietzsche, pose le problème de la perspective en vue de laquelle la philosophie devrait être pratiquée. Comment

[1]*Ibid.*, p. 12.
[2]*Ibid.*, p. 13.

peut-on penser une perspective positive et affirmative à la philosophie tout en insistant sur ce rapport spécifique avec l'idéal ascétique ? Comment peut-on penser la possibilité d'une fonction créative propre à la philosophie ?

Certes, Nietzsche a bien insisté sur le rapport intime entre la philosophie et l'idéal ascétique. Cependant, la position de la philosophie, comparée à celle de la religion ou de la science, garde une nature plus paradoxale : d'une part, la philosophie est mieux placée pour incarner l'esprit et la force de l'idéal ascétique, mais elle a en même temps cette compétence d'établir la distance critique vis-à-vis de ses propres croyances. Elle a cette vertu dialectique, redoutée par les masses, qui établit la force de la critique. Mais par la seule force de la critique, la philosophie reste condamnée par la perspective négative de l'idéal ascétique. La critique est aussi génératrice de ses propres illusions : les illusions de l'objectivité, de la vérité et du désintéressement (Kant comme modèle !).

Ce qui fait la force d'une philosophie chez Nietzsche, ce n'est pas une simple attitude critique, mais c'est surtout la perspective affirmative et créative. À ce niveau, Nietzsche fait intervenir l'art comme une représentation symbolique de la perspective de l'extrême affirmation. Cependant, le fait de désigner l'art comme une perspective de l'affirmation et de la création n'a cessé de poser de sérieux problèmes quant à l'évaluation de la fonction critique de la philosophie. Le problème devient parfois celui de l'interprétation de la portée et de la signification d'une philosophie qui s'est voulue être, avant tout, une critique radicale de toutes les évidences accumulées pendant une longue histoire de l'humanité. La radicalité de cette critique impliquerait-elle nécessairement l'impossibilité de penser une quelconque perspective créative propre à la philosophie ? Et qu'en est-il de cette distinction qui se présente parfois d'une manière très schématique entre une fonction critique de la philosophie, aboutissant -potentiellement- à une perspective nihiliste, et une fonction créative et affirmative de l'art ?

Le sens de cette distinction se trouve parfois exagéré par les commentateurs au point de faire assigner à la philosophie nietzschéenne une seule dimension négative. Une telle implication se trouve approuvée par exemple par Mazzino Montinari qui parle d'un Nietzsche qui n'est pas créateur, mais destructeur des mythes : « Nietzsche critique tous les projets sociopolitiques : Nietzsche détestait certes le présent depuis le nationalisme germanique jusqu'à l'antisémitisme, jusqu'au socialisme et à l'anarchisme, mais ne laissa pas une seule ligne qui pût apporter une solution alternative aux phénomènes politiques, sociaux, moraux et culturels qu'il critiquait. Nietzsche n'est pas créateur, mais plutôt destructeur des mythes. »[1]

---

[1]Mazzino Montinari, *Friedrich Nietzsche*, PUF, Paris, 2001, p. 108.

Mattieu Kessler, dans *L'Esthétique de Nietzsche*, interprète le rapport art/philosophie dans l'optique d'une séparation radicale établie chez Nietzsche depuis 1876. « Après l'été 1876, la fonction de l'art doit être clairement distinguée de la fonction de la philosophie. Tout mélange est farouchement condamné. »[1]

À la philosophie, il assigne une fonction « négative » celle de pousser le nihilisme à son terme ultime. Contrairement à l'art, à qui il assigne une fonction « positive », celle d'une maîtrise du chaos et d'un attachement à l'apparence. La philosophie est pessimiste tandis que l'art est optimiste :

« On comprend mieux comment Nietzsche justifie la nécessité de distinguer radicalement les fonctions artistique et philosophique : l'art doit représenter une interprétation positive du monde où surtout le chaos est maîtrisé, tandis que la philosophie doit se préserver exclusivement la tâche de "voir clair dans ce qui est" en dehors de toute interprétation humaine et selon la méthode fatalement nihiliste de la probité philologique. »[2]

L'interprétation de la philosophie nietzschéenne et de la fonction assignée à la critique philosophique selon une optique aussi négative nous paraît excessive en raison de considérations suivantes :

-Le développement de la philosophie tardive de Nietzsche s'est orienté vers l'affirmation d'une fonction affirmative de la philosophie. Dans l'*Ainsi parlait Zarathoustra* ou dans *Par-delà le bien et le mal,* la tâche de la philosophie est bien explicitée : non pas seulement détruire les anciennes tables de valeurs, mais aussi, et surtout, de créer et de « légiférer » les nouvelles valeurs.[3]

-Le danger de la philosophie ne se dote pas d'une signification absolue chez Nietzsche. Il est conditionné par l'attachement aux valeurs nihilistes propres à l'idéal ascétique. L'alternative pour Nietzsche n'est pas la dévaluation totale de la philosophie, mais une nouvelle philosophie affirmative qui s'applique comme art. Cette nouvelle pratique n'est pas sans aucun antécédent historique : les Grecs présocratiques sont l'exemple d'une bonne utilisation de la philosophie.

-L'art prôné par Nietzsche reste, en dernière analyse, une conception philosophique. Autant dire que malgré la référence nietzschéenne à une sélection d'œuvres d'art, il s'agit d'une récupération philosophique de la signification de la création artistique pour se tracer une perspective de l'affirmation.

---

[1] Mattieu Kessler, *L'Esthétique de Nietzsche*, PUF, Paris, 1998, p. 234.
[2]*Ibid.*
[3]« Voyez les bons et les justes ! Qui haïssent-ils le plus ? Celui qui brise leurs tables des valeurs, le destructeur, le criminel : - mais c'est celui-là le créateur. »*Ainsi parlait Zarathoustra,* I, *Le prologue de Zarathoustra*, § 9, p. 299.

Toutefois, l'image de l'artiste n'est pas aussi idéale. La réalité de l'art génère ses propres maladies et ses propres faiblesses. Dans cette réalité, il manque une perspective essentielle de la création, celle de l'autonomie et de l'indépendance : « éliminons tout d'abord les artistes : leur indépendance dans le monde et face au monde n'est pas assez grande pour que leurs appréciations méritent, par eux-mêmes, de l'intérêt ! »[1].

L'art, contrairement à la philosophie, reste plus dépendant des exigences et des contraintes de la pratique sociale. Il a donc besoin de chercher cette perspective dans la philosophie, qui incarne beaucoup mieux ce sens de l'autonomie propre à l'idéal ascétique. L'art prôné est un art très proche de la philosophie ou disant même un art philosophant.

À l'opposé de cette lecture négative de la tâche de la philosophie, la lecture deleuzienne a le privilège d'avoir essayé d'interpréter la philosophie nietzschéenne comme une philosophie de la création. Pour Deleuze, la philosophie nietzschéenne opère un dépassement de la problématique kantienne de la critique vers une autre problématique, celle de l'évaluation. Ce dépassement aboutit à l'instauration du principe évaluatif comme étant un principe différentiel qui permet non seulement la différenciation entre les valeurs, mais aussi qui relie à la fois critique et création : « L'évaluation se définit comme élément différentiel des valeurs correspondantes : élément critique et créateur à la fois. »[2]

Mais, faut-il le rappeler une autre fois, cet art se conçoit dans sa dimension philosophique, c'est-à-dire comme une conception philosophique du monde avant d'être une désignation spécifique d'une quelconque pratique de l'art.

## 3. Pour une philosophie de la création

### 3.1. L'avenir comme perspective de l'affirmation dans la philosophie

La philosophie affirmative opère selon la dualité destruction/création. La tâche de la destruction dépasse le sens de la critique déjà établi par le criticisme kantien. Elle n'a pas à prétendre être motivée par le seul motif désintéressé de la connaissance objective et le vouloir de la vérité. Comme il ne s'agit plus d'une critique qui se fait aux seuls « noms ». Ces noms, en eux-mêmes, ne disent pas trop de choses, même au contraire, ils peuvent être

[1]*La Généalogie de la morale, Quel est le sens des idéaux ascétiques ?* § 5, p. 841.
[2] Gilles Deleuze, *Nietzsche et la philosophie,* Paris, PUF, 1970, p. 1.

interprétés autrement pourvu qu'on se détache de la croyance (fortement ancrée par le temps) dans leur opposition radicale :

« On peut même considérer comme possible que *ce qui* fait la valeur des choses réputées bonnes et honorées consiste précisément en ce qu'elles sont insidieusement apparentées à ces autres choses mauvaises et en apparence opposées, qu'elles leur sont liées, agrégées, et que peut-être leur essence est la même. »[1]

Le travail de la destruction creuse beaucoup plus dans les profondeurs des choses. Il prend pour objet les croyances et les interprétations auxquelles s'attachent fortement ces valeurs et ces « noms ». Il s'intéresse surtout à ce que Nietzsche appelle, dans la première partie du *Par-delà le bien et le mal*, « *le préjugé type des métaphysiciens* » et qui se distingue par deux choses essentielles :

-Penser les valeurs comme des antinomies absolument opposées et contradictoires. « La croyance fondamentale des métaphysiciens, c'est *la croyance à l'antinomie des valeurs.* »[2]

-L'attribution du principe fondateur à un autre monde caché, qui se conçoit d'une manière complètement opposée par rapport à ce monde. C'est cette manière propre aux métaphysiciens qui postule que « les choses de la plus haute valeur ont nécessairement une autre origine, et qui leur est *propre.* Ce monde futile et périssable, plein de faux-semblants et d'erreurs, ce pêle-mêle d'illusions et d'appétits ne saurait leur donner naissance. Non, c'est au sein de l'Être, dans l'Impérissable, dans le Dieu caché, dans la "chose en soi", c'est là qu'est nécessairement leur principe et nulle part ailleurs. »[3]

Le même acte, qui détruit et qui « décompose », rétablit le sens de la hiérarchie dans ce jeu d'interprétations. Le travail de la création de valeurs dans la philosophie s'intéresse à établir cette première évaluation qui aurait le sens d'un principe instaurateur de la hiérarchie des valeurs. Cette première évaluation établit, comme perspective supérieure, le sens de l'attachement à la vie et de tout ce qui permet de l'*intensifier* et de l'*affirmer* :

« Quelle que soit la valeur qu'on veuille accorder au vrai, à la véracité, au désintéressement, il se pourrait qu'il faille attribuer à l'apparence, à la volonté de tromper, à l'égoïsme et aux appétits grossiers une valeur plus haute et plus fondamentale par rapport à toute vie. »[4]

---

[1]*Par-delà le bien et le mal, Des préjugés des philosophes*, § 2, p. 562.
[2]*Ibid.*
[3]*Ibid.*, p. 561-562.
[4]*Ibid.*, p. 562.

Dans la philosophie, les deux niveaux (destruction/création) sont bien corrélés. La distinction, même théorique, pourrait générer l'illusion de l'objectivité, l'illusion d'un acte purement théorique qui croit dans la possibilité de vider l'esprit de toute croyance et de tout préjugé. Si Nietzsche parle de « destruction », c'est parce que cet acte émane d'un désir et d'une volonté, contrairement à l'acte de la simple critique qui a une résonance plutôt logique et théorique. L'acte de destruction est un acte motivé et intéressé. En tant que tel, il ne part pas du néant, de l'absence de l'évaluation, au contraire il admet une certaine et une première évaluation. Celle-ci n'est pas un simple point de départ ou une nécessité méthodologique. Au contraire, elle est une évaluation dominante, un horizon ou une perspective qui assure l'orientation de toute la démarche critique. C'est cette perspective qui est créatrice. Il s'en suit que la problématique pour Nietzsche n'est plus une question d'une dualité méthodologique (critiquer pour fonder) et qui suppose une alternance dans le temps (réelle ou supposée théoriquement), elle se rapporte plutôt à un même acte qui se conçoit dans son unité et sa totalité : l'acte de la destruction est lui-même un acte de création. Voilà ce qui distingue la pensée créatrice de Nietzsche de la quête interminable, propre à la pensée classique, d'un fondement premier et de toute la métaphysique qui le sous-tend.

Mais le problème qui se pose, c'est que cette évaluation première n'est pas le fruit d'un hasard, comme elle n'est pas le produit d'une intuition première et suffisante par soi-même. Au contraire, elle est le fruit d'une réflexion précédente, d'une certaine expérience de la vie et de la pensée. Ceci implique la transposition de la problématique de la création dans la philosophie d'un plan proprement théorique à un autre, qui est celui de l'expérience. La création est une expérience totale. C'est ce sens même de la totalité qui est effectivement créateur. Toutefois, c'est dans l'expérience de la création artistique que la philosophie pourrait trouver le sens profond d'une telle expérience.

En tant qu'elle exige une expérience de vie bien particulière, la tâche de la destruction/création n'est pas donnée à n'importe qui. Il s'agit là d'une tâche difficile et même dangereuse. Elle n'est pas la tâche de n'importe quelle philosophie, mais d'une certaine philosophie appelée par Nietzsche une *philosophie de l'avenir*.

Par cette qualification, Nietzsche instaure dans la philosophie la perspective de l'extrême affirmation. L'avenir est la perspective de la création toujours renouvelée. Cette perspective nous illumine également quant à la nature de la figure du *surhomme* en tant qu'il est l'homme « à venir ». La figure du surhomme, en tant que figure perspectiviste, assure une fonction représentative de l'avenir, plutôt qu'elle dénote une quelconque réalité effective. La figure du surhomme est une figure qui nous présente le point de vue de l'avenir comme un point de vue de la création. C'est selon cette perspective de l'avenir que l'acte créateur présuppose la négation du présent et la projection dans des symboles et des fictions qui transfigurent la réalité existante. Le créateur, le philosophe-artiste, est par nature *intempestif.*

La philosophie de l'avenir est une philosophie qui accepte le risque et le danger, elle ose dire peut-être, mettre tout en question au risque de perdre le sens profond de toute chose, de se perdre. Et si elle est un jeu dangereux, c'est parce qu'elle met en risque ce qui se rapporte à l'instinct vital de l'homme, à l'instinct de sa propre conservation. Elle met en jeu les croyances et les valeurs qui confortent et rendent l'existence supportable pour l'homme :

« Mais qui est prêt à se soucier d'aussi dangereux "peut-être" ? Il faudra pour cela attendre la venue d'une nouvelle espèce de philosophes, dont le goût et les tendances différeront, jusqu'à l'opposition, de ceux de leurs prédécesseurs – des philosophes du dangereux peut-être. Et je le dis très sérieusement, je vois surgir à l'horizon ces philosophes nouveaux. »[1]

Les philosophes de l'avenir se servent du passé et des choses existantes comme moyens pour cette volonté de dominer l'avenir. Leur acte ne se réduit pas à une simple connaissance parce que « leur "connaissance" est *création*, leur création *législation*, leur volonté de vérité – *volonté de puissance.* »[2] Dans le sens opposé, le sens du passé, « les ouvriers de la philosophie » s'intéressent à expliquer et à justifier l'ordre présent de choses et de valeurs, parce que leur volonté, la volonté de vérité désintéressée, est une volonté de « *dominer* le passé »[3]. Ce qu'ils font, c'est de *légitimer* les valeurs existantes, contrairement aux philosophes de l'avenir qui cherchent à *légiférer* les nouvelles valeurs.

### *3.2. L'art synthétique*

L'horizon de la parfaite signification de la créativité se situe chez Nietzsche dans cette intersection herméneutique entre la philosophie et l'art. Un art philosophant, une philosophie de l'art : le philosophe artiste, mais aussi l'artiste philosophe. La philosophie cherche dans l'art la force du mensonge et de l'illusion, le sens du jeu, de l'ironie, la force de la beauté, de l'excitation et de l'instinct : « Nous avons besoin de tout art pétulant, flottant, dansant, moqueur, enfantin et bienheureux pour ne pas perdre cette *liberté qui nous place au-dessus des choses* et que notre idéal exige de nous. »[4]

---

[1]*Ibid.*, p. 562.
[2]*Par-delà le bien et le mal, Nous les savants*, § 211, p. 660.
[3]*Ibid.*
[4]*Le Gai Savoir, II, § 107, p.119.*

L'art cherche dans la philosophie l'horizon qui lui manque pour atteindre une signification bien singulière pour la création : le sens de l'indépendance et de l'attachement à une fiction idéalisante comme condition de surdépassement de soi et de métamorphose. Cet horizon est plutôt philosophique.

Cette intersection herméneutique se comprend aussi à partir de l'unité, que Nietzsche ne cesse de signaler, entre les deux versants de l'acte créateur : la destruction et la création. « Voyez les bons et les justes ! Qui haïssent-ils le plus ? Celui qui brise leurs tables des valeurs, le destructeur, le criminel : - mais c'est celui-là le créateur. »[1] L'arme de la destruction est motivée par une volonté de créer : « Mais ma très ardente volonté de créer me pousse sans cesse vers les hommes ; ainsi le marteau est poussé vers la pierre. » [2]

Le marteau nietzschéen n'est pas un marteau aveugle, il ne frappe pas contre n'importe quelle pierre. Et s'il « frappe cruellement » c'est parce qu'il frappe « contre sa prison ».[3] Le marteau comme moyen, mais le surhomme comme visée d'extrême beauté. Car ce que veut le philosophe – sculpteur c'est d'achever cette statue, « car une ombre m'a visité – la chose la plus silencieuse et la plus légère est venue auprès de moi ! La beauté du surhomme m'a visité comme une ombre. »[4]

Le marteau nietzschéen est un marteau d'artiste, d'un philosophe-sculpteur. C'est un marteau qui veut la création, qui veut achever sa statue, son œuvre d'art. La destruction « pure » qui ne fait pas partie d'un même acte créateur est insensée dans ce contexte d'analyse : « Ce n'est que comme créateurs que nous pouvons détruire ! »[5]

Ce point de vue nietzschéen ne permet donc pas la séparation catégorique entre un sens purement destructif de la philosophie et un autre purement créatif de l'art. Cependant, il reste vrai que c'est la force de la destruction qui prime dans la philosophie et la force de la création qui prime dans l'art. Mais cette distinction n'implique pas la privation de la force destructive de la philosophie de toute valeur créative. Sans cette valeur, la critique philosophique ne pourrait que pousser l'acte contemplatif vers son extrême degré du nihilisme.

La figure du philosophe-artiste exprime cette idée de synthèse. Mais il faut en clarifier le sens ici : il ne s'agit pas d'un sens de la *juxtaposition* (l'artiste ajouté au philosophe), mais plutôt d'un sens *fusionnel* : le philosophe en tant qu'artiste. Pour atteindre cette signification, le philosophe, comme l'a noté

[1]*Ainsi parlait Zarathoustra, I, Le prologue de Zarathoustra, § 9, p. 299.*
[2]*Ibid.*, p. 349.
[3]*Ibid.*
[4]*Ibid.*
[5]*Le Gai Savoir*, II, § 58, p.88.

Pierre Sauvanet, devrait remplacer les valeurs de la connaissance par celles de la création :

« Nietzsche remplace les valeurs de la connaissance par celles de la création : le philosophe (celui qui crée des concepts) est à sa manière un artiste. La philosophie elle-même doit donc devenir à son tour une esthétique. La philosophie de l'esthétique devient un esthétisme de la philosophie. »[1]

Le modèle de la création suppose une multitude perspectiviste. Et si d'une manière symbolique Nietzsche identifie ce modèle à « l'art », cet art serait en quelque sorte un art synthétique qui fait la synthèse de l'ensemble de forces de la création comme exprimant la dynamique propre à la vie elle-même.

Cet art synthétique rassemble les différentes dimensions de l'acte créatif. Il ne s'inspire pas seulement de l'art et de la philosophie, il s'inspire même de la force de la science dans son esprit de détail et sa rigueur méthodologique. Comme il s'inspire de la force de la religion dans son enthousiasme et sa ferveur émotionnelle qui va même jusqu'à la négation de soi. L'artiste synthétique serait une figure qui incarne en même temps les trois figures types mentionnées déjà par Schopenhauer : le saint, l'artiste et le philosophe.

Ayant cette compétence de synthèse, l'œuvre de cet artiste serait vraisemblablement une œuvre d'art total (*Gesamtkunstwerk*).

[1] Pierre Sauvanet, « Philosophe-artiste ou artiste philosophe ? », in *L'Artiste*, Collectif, Séminaire Interarts de Paris 2003-2004, Universités : Paris I – Panthéon-Sorbonne, Paris III – Sorbonne-Nouvelle, Paris IV – Sorbonne, dir. de publication : Marc Jiménez, Klinksieck, 2005, p. 202.

# Conclusion

Proposer à la philosophie une valeur et une fonction affirmatives et créatives : voilà ce qui pourrait donner, à notre sens, à l'esthétisme nietzschéen une dimension tout à fait innovatrice. C'est ainsi que nous avons essayé de démontrer, dans cette partie du travail, que la récupération philosophique de l'art se fait dans cette optique qui cherche à doter l'acte de philosopher de la puissance créatrice qui distingue la pratique artistique.

Dans le cadre de cet esthétisme, la perspective poïétique se trouve de plus en plus appelée à corroborer la fonction interprétative de l'art. C'est dans l'art que l'activité humaine cherche le sens le plus original de la créativité. C'est là également où la force de la création est la plus proche de son caractère vital : la transfiguration, le surdépassement et la quête de l'œuvre. Il existe donc une sorte d'autofinalisation du processus créateur propre à la vie dans le domaine de la création artistique. Le jeu esthétique et sa réalisation à travers l'œuvre deviennent une finalité propre à l'acte créateur.

Cette réhabilitation du discours de la créativité se fait chez Nietzsche par une double action : l'affirmation de la réalité de l'apparence comme plan ontologique de la présence et du surgissement du faire créateur, et l'affirmation de son mode d'agir comme un mode métaphorique. Dans les deux cas, c'est l'art, et non la science ni la religion, qui pourrait s'ériger en modèle pour un tel discours.

La problématique générale était donc essentiellement une problématique de l'évaluation de la créativité humaine et de l'instauration de son fondement interprétatif. Chez Nietzsche, cette problématique aboutit à l'élucidation de deux perspectives majeures qui orientent la procédure de l'interprétation et assurent la base de la trame normative :

-La perspective de l'affirmation et de la signification positive qui se rapporte à une interprétation de la vie dans sa forme intensifiée, croissante et en quête interminable d'un surplus de sa puissance.

-La perspective de la négation, de la signification négative qui se rapporte à une interprétation de la vie dans sa forme déclinante et dans la déperdition de sa puissance.

C'est dans ce cadre d'analyse que le sens de l'esthétisme nietzschéen a été souvent compris comme une prise de position en faveur de l'art et contre la science, la morale, la religion et même la philosophie. Certes, il est vrai que Nietzsche assigne à l'art une place privilégiée et le considère comme une perspective de l'affirmation en général. Cependant, le rapport entre ces différentes formes de la culture humaine n'est pas aussi schématique et l'opposition n'a pas un sens absolu. Ainsi notre analyse a essayé de montrer, à partir d'une mise en valeur de la perspective poïétique, la complexité des rapports entre ces différentes formes de concevoir et d'exprimer la réalité du monde, comme elle a essayé de montrer aussi que le statut privilégié de l'art n'est pas évident par soi-même et qu'il suscite de l'interprétation.

L'art, la philosophie, la science sont toutes des fictions créées par les humains. Elles sont des différents produits de cette activité créatrice propre à l'homme. Toutes sont orientées par ce besoin vital de créer des illusions qui font attacher l'homme à la vie. Sans doute, pour Nietzsche l'évaluation de ces formes de la conscience humaine ne se fait pas du point de vue de leur rapport à la « Vérité ». Au contraire, Nietzsche était très soucieux à ancrer ce sens de rupture avec une métaphysique renouvelée par la foi dogmatique dans la « vérité » de la science moderne, aussi bien qu'avec toutes sortes d'épistémologie naïve.

Le recours à la perspective esthétique se comprend dans ce cadre de l'inversion des perspectives de l'interprétation dominantes dans la philosophie occidentale. Dès lors, il importe à préciser, à la manière de Mattieu Kessler[1], que chez Nietzsche, il existe une double signification de l'esthétique :

-Une première signification qui la conçoit comme une perspective philosophique générale et structurante. Et comme il a été suggéré, il convient mieux ici de parler ici d'un esthétisme.

-Une deuxième signification plus restreinte, qui attribue à l'esthétique la signification courante d'un discours théorique sur les arts et qui va intéresser la partie suivante de notre recherche.

C'est en fonction de la première signification que les questions de cette esthétique seront abordées. La problématique est la même : il s'agit de penser une problématique de la création. C'est ainsi que l'esthétique nietzschéenne serait considérée comme une esthétique de la création, qui se pense selon le point de vue de l'artiste créateur. Quelles seront donc les implications esthétiques de ce point de vue ?

[1] « C'est pourquoi il est nécessaire de créer la notion historique critique *d'esthétique élargie*, afin de rendre compte des très nombreuses réflexions que Nietzsche mène en morale, en politique, en philosophie de la connaissance et en philosophie de la religion, toujours d'un point de vue qui, sans appartenir *stricto sensu* ni à sa « métaphysique d'artiste » ni à sa « physiologie de l'art », offre un ensemble de perspectives incontestablement esthétiques. » Mathieu Kessler, *Nietzsche ou le dépassement esthétique de la métaphysique*, Paris, PUF, 1999, p.25.

# DEUXIÈME PARTIE

## L'esthétique de la création, une esthétique pour les artistes

# Introduction

Si nous avons pris le choix de parler à un premier niveau d'un esthétisme plutôt que d'esthétique, c'est pour démontrer que la valeur de l'esthétique nietzschéenne se conçoit en un premier lieu dans sa dimension philosophique générale. L'esthétique est dans ce contexte nietzschéen philosophie. Le point de vue du philosophe s'apparente à celui de l'art, de l'artiste créateur. L'interprétation philosophique est création et le monde lui-même s'interprète comme produit d'un jeu de la création artistique.

L'esthétique en tant qu'impliquant l'interprétation philosophique de la réalité de la création des œuvres d'art n'est qu'une partie de cette esthétique générale (ou de cet esthétisme). Selon ce point de vue plus particulier, l'esthétique n'aura plus à s'intéresser à l'art en tant que concept simplement général, ou à l'œuvre en tant que forme achevée qui se donne à la contemplation, elle sera plutôt censée interpréter l'art d'un point de vue de la création.

Cependant, l'élaboration d'une telle esthétique a impliqué, chez Nietzsche, toute une confrontation à la tradition esthétique qui s'est installée au cœur de la modernité et qui continue à fleurir dans le XIXe siècle. Évidemment, le XIXe siècle allemand s'est fortement imprégné par une idéologie esthétique qui a forgé la foi dans une éventuelle rédemption esthétique de l'homme. Nietzsche est bel et bien le bon héritier de toute cette tradition et de cette idéologie. D'ailleurs, l'aspect révolté de ses écrits et l'attitude violente envers la tradition esthétique qui domine son temps pourraient être interprétés non pas seulement comme un signe de rupture, mais comme également un signe d'une certaine continuité et d'un nouvel élan pour cette croyance utopique dans la force de l'art.

En effet, la pensée nietzschéenne se prend contre l'esthétique classique parce que celle-ci a sous-estimé la force de l'art et mal conçu le sens de l'esthétique. Certes, Nietzsche va au-delà de la simple interrogation esthétique, mais ce qui va nous intéresser dans les pages suivantes c'est effectivement la question du statut de l'esthétique. Par rapport à la tradition esthétique prénietzschéenne, en quoi Nietzsche innove-t-il ? Et quel est l'apport du point de vue de la création dans cette réflexion ?

Mais avant de répondre à ces questions, il est important de soulever la nature polémique du contexte dans lequel a évolué l'esthétique nietzschéenne.

L'élaboration d'une esthétique de la création a nécessité chez Nietzsche toute une critique radicale de l'aboutissement de la théorie esthétique vers deux formes extrêmes du nihilisme : la « désesthétisation » de l'art à travers le point de vue formaliste et l'interprétation négative de la force de l'art à travers la théorie schopenhauerienne du renoncement au vouloir-vivre.

Il a fallu donc pour Nietzsche faire « table rase » non seulement avec le lourd héritage qui domine la théorie esthétique depuis Kant, mais aussi avec soi-même en premier lieu. Il est sans dire que la pensée de jeunesse de Nietzsche était fortement imprégnée par ces deux figures philosophiques.[1] L'essai de l'idéalisation esthétique de la théorie de l'art, à travers la quête illusoire d'une autonomie qui ne fait que purifier le jugement de goût de tout contenu sensible, va de pair avec la quête pathologique d'un effet léthargique de l'expérience esthétique aboutissant à la négation suprême du vouloir-vivre. Dans les deux cas, il s'agit de penser l'art dans la perspective de l'idéal ascétique.

Pour essayer de démontrer l'ampleur de la critique et de l'innovation que Nietzsche vient d'instaurer dans la pensée esthétique, il nous paraît donc fructueux de l'étudier en rapport avec les deux grands problèmes posés par la modernité esthétique :

-Le principe de l'autonomie esthétique qui a réussi avec le projet kantien à établir à la fois un statut philosophique propre au questionnement esthétique et à installer la subjectivité humaine comme instance de légitimation

1 Dans l' « *Essai d'autocritique* », Nietzsche regrette le recours, dans son œuvre de jeunesse *La Naissance de la tragédie*, aux formulations kantiennes et schopenhaueriennes, pour exprimer de nouvelles idées, « d'avoir péniblement cherché à exprimer, à l'aide de formules kantiennes et schopenhaueriennes, des appréciations nouvelles et insolites qui étaient fondamentalement opposées à l'esprit comme au goût de Kant et de Schopenhauer ? » (§ 6, p. 29.) Effectivement, dans *La Naissance de la tragédie* on aperçoit le silence illicite vis-à-vis de Kant. Plus étonnant encore, une certaine sympathie et reconnaissance déclarées déguisent la nature anti kantienne de l'orientation de l'analyse. Ce qui est admiré chez Kant est l'esprit minutieux et prudent qui se méfie contre toutes les prétentions de la connaissance humaine et l'optimisme « inhérent à l'essence de la logique ». « Il fallut, pour la première fois, reconnaître comme illusoire la présomption d'approfondir l'essence la plus intime des choses au moyen de la causalité. Le courage et la sagesse extraordinaires de Kant et de Schopenhauer ont réussi à emporter la victoire la plus difficile, la victoire sur l'optimisme latent, inhérent à l'essence de la logique, et qui fait le fond de notre culture » § 18, p.102-103.
Dans *La Naissance de la tragédie*, la portée de cette critique de la prétention de la connaissance est exagérée par Nietzsche à un point qu'il dissimule sa propre finalité, celle d'instaurer une forme plus achevée du rationalisme moderne et de la morale idéaliste, appliquée, entre autres, à la sphère esthétique. Il interprète cet essai de limitation de la prétention savante propre au projet critique comme une sagesse dionysiaque. « Grâce à Kant et à Schopenhauer, il fut possible à la philosophie allemande, jaillie des mêmes sources, d'anéantir le satisfait plaisir de vivre du socratisme scientifique, pour la démonstration de ses limites ; comment cette démonstration eut pour résultat une conception incomparablement plus profonde et plus sérieuse des problèmes éthiques et de l'art, conception que nous pouvons définir en toute assurance comme la sagesse dionysienne exprimée en idées » § 19, p.110.

rationnelle dans tout ce qui lui appartient, même dans le goût et dans le sentiment.

-La perspective de l'idéalisation de l'esthétique, une conséquence nécessaire des intentions idéalistes et rationalistes propres aux grands projets fondateurs de l'esthétique moderne (criticisme kantien et idéalisme allemand). (Chapitre 1)

À l'opposé de cette perspective, la philosophie nietzschéenne nous propose une autre démarche qui implique l'esthétique dans le processus créateur de l'œuvre d'art. Cette esthétique est une esthétique de la création. Ce qui l'intéresse est essentiellement la dynamique qui implique la réalité de l'artiste dans l'expérience de la création de l'œuvre et de tout le jeu de la communication qu'elle suppose. (Chapitre 2)

La méthode généalogique marque ce sens de l'implication de l'esthétique dans l'interprétation de l'œuvre d'art à partir de la réalité de l'artiste et de son expérience de vie. Mais de quelle réalité s'agit-il ? Et de quelle manière fonctionne cette interprétation ?

La démarche nietzschéenne se distingue de ce côté par une interprétation qui creuse dans les dimensions les plus profondes de l'artiste. C'est dans ce sens qu'elle se présente comme une psychophysiologie de l'art. (Chapitre 3)

# CHAPITRE I

## Nietzsche et la modernité esthétique comme problème

# 1. L'esthétique : culte moderne pour un nouveau sujet

## 1.1. L'autonomie esthétique : le problème kantien de l'esthétique

Il est un fait marquant de noter que l'avènement de l'art moderne s'est associé à une mise en valeur de la signification hautement distinguée de la création artistique. Tout un environnement spécifique a bien contribué au développement d'un tel phénomène : la création des académies de l'art assurant la formation rigoureuse et la canonisation des normes de la création, l'apparition de la notion d'artiste comme créateur de style, les œuvres d'art « universelles » qui suscitent l'effet « magique » des miracles prophétiques et qui imposent vénération et respect, sans oublier enfin l'apparition des cercles de critique et d'histoire de l'art.

Cet essor remarquable de l'art de la modernité, en tant qu'affirmant le pouvoir créateur de l'homme, a contribué d'une manière importante au développement du culte du sujet autonome[1]. Nietzsche lui-même, malgré toute la critique virulente de la notion du sujet, n'est qu'un héritier de cette même attitude par laquelle l'humanité s'est investie dans le domaine de l'art comme un relais essentiel pour l'affirmation de la force de la subjectivité. De ce côté, il est important de noter que l'esthétique n'est qu'une conséquence nécessaire de ce nouveau culte du sujet. De même, la subjectivité était le terrain sur lequel s'est posée la problématique de l'esthétique. Kant ne fait qu'exprimer – d'une manière plus systématique – la culture de son siècle, il est « le dernier véritable esthéticien en Allemagne » selon l'expression de Daniel Dumouchel.[2]

---

[1] Pour Luc Ferry, le terrain de l'esthétique est le terrain privilégié pour soulever tout le problème de la modernité en tant qu'elle est essentiellement une problématique du sujet. « Ce choix (d'une perspective esthétique pour aborder le problème de la modernité-subjectivité) n'a rien d'arbitraire. Les questions posées par le thème de la mort de l'homme renvoient toutes au statut de l'auteur, du sujet pensé comme créateur, motif dont l'élaboration constitue l'objet privilégié de la réflexion sur l'art. Surtout : pour des raisons de fond qu'il faut maintenant indiquer, l'esthétique est, par excellence, le champ au sein duquel les problèmes soulevés par la subjectivisation du monde caractéristique des temps modernes peuvent être observés à l'état chimiquement pur. » Luc Ferry, *Homo Aestheticus, L'invention du goût à l'âge démocratique,* Paris, Grasset, 1990, p.13-14.

[2] Selon Daniel Dumouchel, l'esthétique kantienne exprime l'esprit de son temps, l'esprit des lumières comprises comme « processus de subjectivation » : « Selon ce point de vue, Kant est

Désormais, les successeurs de Kant – parmi lesquels se trouve Nietzsche – vont confronter le dilemme posé par celui-ci : pour pouvoir se détacher de la métaphysique classique et de son appropriation du concept du Beau, la pensée de l'« autonomie esthétique » du XVIIIe siècle s'est référée à la subjectivité sensible et son goût pour les objets de l'art comme sphère unique légitimante de la nature et de l'extension du rapport esthétique. Cependant, ce détachement représente à la fois le point fort de la modernité, mais aussi son problème le plus lourd de conséquences philosophiques dans le XIXe siècle. Car c'est la vulnérabilité de la référence ontologique au sujet pensant et sentant qui avait suscité les critiques de toutes sortes dans la philosophie postkantienne (surtout dans l'idéalisme objectif et le romantisme).

Il est sans dire que l'instauration du principe de l'autonomie esthétique était un évènement majeur de la pensée philosophique du XVIIIe siècle. Toutefois, ce principe ne se donne pas par soi-même et d'un premier moment à une explicitation stricto sensu quant à l'extension de sa portée théorique. Puisque cette extension était limitée chez Baumgarten au simple fait d'instaurer une théorie qui assure la jonction entre une théorie du beau et une sorte de connaissance spécifique à la perception sensible des choses. Il s'agit dans tous les cas d'une faculté de type inférieur et qui reste subordonnée à la connaissance rationnelle. Force est de constater que chez lui *l'Aesthetica* n'aboutit ni à une poïétique ni à une théorie du goût.[1] Chez Kant, l'autonomie n'a pas non plus un sens absolu, elle est plutôt limitée par les prérogatives du système, mais elle a pour autant des dimensions plus profondes que celle de Baumgarten. Une dimension serait de grande envergure, celle de la distinction explicite et radicale entre les différentes sphères de la rationalité moderne.

En effet, derrière la question du jugement se cache l'intention de chercher à séparer trois domaines différents : la science, la morale et l'art. Tout penchant vers la confusion ou la subordination entre ces différentes instances de la raison serait condamné comme illégitime. Désormais, il ne faudrait plus recourir, dans le domaine du rapport esthétique aux œuvres d'art, ni à des

---

*le dernier véritable esthéticien* en Allemagne ; la « critique de la faculté de juger esthétique » doit donc être rendue à son espace d'intelligibilité propre qui est celui de l' « esthétique des lumières », pourvu que l'on comprenne ici les « Lumières » (ou l'Aufklärung), de façon kantienne, comme un processus de subjectivisation par lequel le sujet théorique, moral, religieux, politique, esthétique etc., se réapproprie des contenus traditionnels hétéronomes pour les soumettre aux lois *a priori* de la subjectivité » Daniel Dumouchel, *Kant et la genèse de la subjectivité esthétique*, Paris, Vrin, 1999, p.10.

[1] Baumgarten définit ce qu'il a appelé « esthétique » de la manière suivante : « La science de la connaissance et de la représentation sensibles est l'Esthétique, en tant que logique de la faculté de connaître inférieure, philosophie des Grâces et des Muses, gnoséologie inférieure, art de la belle pensée, art de l'analogie de la raison. » *Metaphysica*, § 533, cité in : Jean Marie Schaeffer, *L'art de l'âge moderne, l'esthétique et la philosophie de l'art du XIIIe siècle à nos jours*, Paris, Gallimard, 1992, p. 27.

critères logiques qui intéressent le domaine de la connaissance, ni à des critères éthiques qui concernent l'acte moral.

## 1.2. Le sens de l'autonomie chez Kant

Dans la « Critique de la faculté de juger » (*Kritik der Urteilskraft*), tout l'appareil conceptuel kantien s'est mis au profit pour démontrer l'autonomie du jugement du goût. Ce jugement est présenté par Kant comme un pouvoir de la raison à atteindre l'universel par sa propre manière : atteindre l'universel à partir du particulier. Car la faculté de juger en général « n'est pas seulement un pouvoir de subsumer le particulier sous l'universel (dont le concept est donné), mais elle est aussi à l'inverse, pouvoir de trouver pour le particulier l'universel »[1]. Il en résulte, pour Kant, la différence de nature entre le jugement du goût et le jugement logique. Ce dernier, cherchant le particulier à partir de l'universel par la médiation des concepts, est de nature *déterminante* et se définit comme un jugement de connaissance. À l'inverse, le jugement sur le beau, où seulement le particulier est donné, est de nature *réflexive*, il engendre une appréciation sans rien ajouter quant à notre connaissance du vrai et du faux. L'universel se donne d'une manière différente selon l'une ou l'autre modalité : dans la modalité logique, il est de type objectif, par contre dans la modalité esthétique il est de type subjectif :

« Ici il faut remarquer avant tout qu'une universalité qui ne repose pas sur des concepts de l'objet (même simplement empiriques) n'est pas du tout logique, mais esthétique, c'est-à-dire qu'elle ne contient aucune quantité subjective, que je désigne en utilisant l'expression de capacité d'avoir une valeur commune, qui indique la valeur du rapport d'une représentation, non pas au pouvoir de connaître, mais au sentiment de plaisir et de peine pour chaque sujet. »[2]

Il s'agit de deux types de jugement, mais aussi deux types de discours. Dans le jugement esthétique, le discours ne se propose de nous présenter aucune connaissance objective, il aboutit seulement à l'instauration d'une « critique » et non d'une « science ». De même que la science ne prétend aucunement se présenter comme « une belle science » :

« Il n'y a pas de science du beau, mais il en existe seulement une critique, et il n'y a pas non plus de belles sciences, mais seulement des beaux-arts [...]

---

[1] Kant, *Critique de la faculté de juger*, Première introduction, IV, trad. A. Renaut, Aubier, 1995, p.100.
[2]*Ibid.*, § 8, p.193.

en ce qui concerne l'idée d'une belle science, une science qui, en tant que telle, devrait être belle est un non-sens. »[1]

Le deuxième type de distinction qui a intéressé Kant dans son effort pour établir le principe d'autonomie esthétique est la distinction entre le jugement moral et le jugement du goût. Dans le paragraphe 39 de la *Critique de la faculté de juger*, Kant définit les éléments distinctifs du jugement moral comme suit :

-Une satisfaction qui résulte de l'implication dans la pratique (elle est de type hétéronome et non autonome)

-Juger selon une certaine conformité avec « l'idée de notre destinée ».

-Supposer la médiation des concepts de la raison pratique.

-Il se présente comme une finalité conforme à une loi, et par conséquent qui n'est pas une libre finalité.

Comme c'est le cas dans le rapport art/science, il faut éviter toute confusion entre art et morale. L'art est le domaine d'un jeu libre qui trouve sa propre finalité en soi-même. Le plaisir n'est ici autre chose qu'un plaisir résultant de la raison qui découvre l'harmonie de ses propres facultés. Dans l'art, la raison kantienne prend le relais pour une expérience de plaisir et de joie après avoir été l'objet d'une autopsie minutieuse et d'une scission radicale entre les deux sphères de la théorie et de la pratique. Elle jouit de la découverte de son unité, de sa propre découverte. Il existe ici chez Kant un certain rachat esthétique de la raison (même s'il est très différent de celui des romantiques) qui pourrait bien illuminer quant aux finalités profondes propres à cette troisième critique, en tant qu'œuvrant pour une reconquête d'une signification originale de l'unité de l'homme.

Contrairement à l'art, l'action morale est guidée par les contraintes de se conformer à des lois universelles (mais il faut prendre compte aussi des exigences de la réalité selon Kant), qui lui imposent le « tu dois » d'un impératif impersonnel. L'art offre à l'individu la possibilité d'une jouissance libre de toute contrainte rationnelle ou morale ou sociale, mais qui ne soit pas non plus dépourvue de sens ou de valeur. Au contraire, elle est porteuse d'une signification substantielle pour l'existence humaine, à savoir son appartenance, par la vertu de la raison, au monde de la liberté.

Selon Kant, la satisfaction d'une action morale « n'est pas un plaisir de jouissance, mais c'est un plaisir éprouvé à l'autoactivité et à travers sa conformité à l'idée de notre destination. Ce sentiment qui se nomme sentiment éthique, suppose cependant des concepts et ne présente pas une finalité libre,

---

[1]*Ibid.*, § 44, p.290.

mais une finalité qui est conforme à une loi : il ne peut donc communiquer universellement que par l'intermédiaire de la raison, et si le plaisir doit être identique en chacun, il ne peut être communiqué universellement que par des concepts de la raison pratique très déterminés. »[1]

## 1.3. Le plaisir désintéressé : le goût paradoxal de l'esthétique kantienne

Malgré cet effort pour défendre un statut autonome du jugement du goût, le problème de ce statut reste encore posé : s'agit-il d'un statut autonome ou bien d'une position intermédiaire et, par là même, paradoxale de ce jugement ? Est-il vraiment un jugement autonome ou simplement une synthèse entre les deux autres jugements qui le précèdent (du moins en rapport avec l'ordre, établi par Kant lui-même, de l'apparition des ses œuvres « critiques »[2]) ?

En effet, la question se trouve formulée chez Kant lui-même d'une manière paradoxale : d'une part, le jugement du goût se réduit à un sentiment, c'est-à-dire à une affectation subjective, à ce qui est senti par un sujet : « Ce jugement s'appelle même esthétique parce que le principe déterminant n'en est pas un concept, mais le sentiment (du sens interne) de cette harmonie dans le jeu des facultés de l'esprit, dans la mesure où une telle harmonie ne peut qu'être sentie. »[3] Mais d'autre part, ce jugement porte sur une valeur universelle. Le sens de l'esthétique n'est autre selon Kant que cette « capacité d'avoir une valeur universelle subjective. »[4]

Autrement dit, le jugement du goût se trouve à mi-chemin entre le jugement logique qui, à travers le concept, se conçoit d'une manière totalement universelle, et le jugement sur l'agréable (propre au jugement sur les sens) qui se conçoit d'une manière purement subjective et singulière. Le jugement du goût, disait Kant, « contient une quantité esthétique d'universalité, c'est-à-dire de validité pour chacun, que l'on ne peut rencontrer dans le jugement sur l'agréable. »[5]

Entre l'universel qui ne serait conçu que d'une manière subjective, et le subjectif qui ne se serait pas singulier, le lieu de jugement du goût reste

---

[1]*Ibid.*, § 39, pp. 276-277.
[2]*Critique de la raison pure* : 1881 (première édition), *Critique de la raison pratique* : 1788, *Critique de la faculté du juger* : 1789.
[3]*Ibid.*, § 15, pp. 207-208.
[4]*Ibid.*, § 8, p. 192.
[5]*Ibid.*, p. 194.

difficile à cerner pour ne pas dire paradoxal ou même contradictoire. Cependant, c'est ce même paradoxe qui nous montre que la procédure de l'idéalisation de l'esthétique, dans sa version kantienne, reste problématique, puisqu'elle essaye de purifier le jugement esthétique tout en le renvoyant au « sentiment » subjectif. Sans doute, ce sentiment aurait un sens idéalisé qui ne réfère plus à une singularité bien donnée, mais à une structure commune entre les sujets. Cependant, la question se rapporte toujours à un sentiment qui cherche un certain « plaisir ». Comme pour le sentiment esthétique, le plaisir esthétique n'est pas un plaisir charnel, mais un plaisir purifié, un plaisir contemplatif comme disait Kant : « Il est purement contemplatif et se déploie sans éveiller d'intérêt pour l'objet. »[1]

Le désintéressement est la nature propre au plaisir esthétique : « La satisfaction qui détermine le jugement du goût est totalement désintéressée (*Ohne alles Interesse*). »[2] Le désintéressement marque la finalité propre au jugement du goût par un sceau de chasteté qui ne fait que renforcer ce caractère paradoxal de jugement esthétique. Ainsi, dans l'esthétique kantienne se côtoient ensemble une logique et une terminologie propres à la sentimentalité et ses différentes manifestations de plaisir et de déplaisir avec un discours finaliste purement idéaliste et rationnel.

## 2. La beauté contre l'instinct : l'idéalisation esthétique de l'art

### 2.1. Le formalisme : le sens kantien de l'idéalisation de l'esthétique

Certes, le désintéressement représente un signe majeur de cette procédure de l'idéalisation de l'esthétique moderne. Mais ce désintéressement, chez Kant, et pour ne pas contredire le même principe kantien de l'autonomie esthétique, ne se présente pas comme une pure finalité morale. Il est plutôt inscrit dans le cadre d'un formalisme qui oriente toute l'analyse kantienne et qui associe les deux soucis kantiens : autonomiser, mais aussi idéaliser le champ de l'esthétique.

[1]*Ibid.*, § 12, p. 201.
[2]*Ibid.*, p. 182.

En effet, c'est le formalisme du goût qui fonde ce sens de désintéressement : « le jugement de goût n'a à son fondement rien d'autre que la forme de la finalité d'un objet (ou du mode de représentation de cet objet) »[1]

L'intérêt du jugement porte en premier lieu sur la forme et non sur la matérialité de l'objet de la contemplation esthétique. Cette même forme ne nous indique aucune connaissance quant à la réalité de l'objet. Autrement dit, cette forme n'est pas une propriété de l'objet, mais plutôt une forme de la raison, qui découvre en elle une certaine harmonie de « ses facultés représentatives de l'objet » :

« Le jugement esthétique, au contraire, rapporte exclusivement au sujet la représentation par laquelle un objet est donné et il ne fait observer aucune propriété de l'objet, mais uniquement la forme finale présente dans la détermination des facultés représentatives qui s'occupent de cet objet. » [2]

Le sens du formalisme du goût comme il est présenté dans la *Critique de la faculté de juger* désigne trois choses essentielles :

-le jugement du goût est un jugement *pur* et non un jugement *empirique* puisqu'il n'a pas de contenu empirique.

- le jugement de goût se rapporte à la « forme » propre à la raison qui contemple l'objet esthétique et non à l'objet lui-même.

- le plaisir que nous procure le sentiment esthétique n'est pas un plaisir sensuel, mais une satisfaction propre à la raison qui, à travers le jeu de ses propres facultés, découvre sa propre harmonie, qui se découvre dans sa forme la plus distinguée et la plus idéalisée.

Par ce formalisme rigoureux s'achève la procédure kantienne de l'idéalisation de l'esthétique. Mais aux yeux de Nietzsche, c'est chez Schopenhauer que cette procédure va trouver sa forme la plus nihiliste, la plus opposée au vouloir-vivre.

## 2.2. La contemplation esthétique comme négation du vouloir-vivre

Dans la troisième dissertation de *La Généalogie de la morale*, Nietzsche présente les deux figures, Kant et Schopenhauer, comme des figures emblématiques d'une esthétique assujettie à l'impératif de l'idéal ascétique, d'une esthétique de la négation du moi sentant, du vécu là et maintenant. Dans cette dissertation, c'est la figure de Schopenhauer qui se trouve plus critiquée,

[1]*Ibid.*, § 11, p. 199.
[2]*Ibid.*, § 15, p. 207.

voire même plus ironisée.[1] Son esthétique n'est qu'une version moins inspirée et beaucoup plus nihiliste, de cette procédure d'idéalisation de l'esthétique amorcée déjà par Kant : « Schopenhauer a mis au profit la conception kantienne du problème esthétique, – quoiqu'il ne l'ait certainement pas regardée avec des yeux kantiens. »[2]

Selon le point de vue schopenhauerien, l'expérience esthétique nous permet de vivre un état de suspension, par la représentation, de la douleur originaire qui déchire la volonté. L'art nous « arrache » du monde de l'expérience. Il est une suspension des flux des temps :

« Mais y a-t-il *une connaissance spéciale qui s'applique à ce qui dans le monde subsiste en dehors et indépendamment de toute relation, à ce qui fait à proprement parler l'essence du monde et le substratum véritable des phénomènes,* à ce qui est affranchi de tout changement et par suite connu avec une égale vérité pour tous les temps, en un mot aux Idées, lesquelles constituent l'objectité immédiate et adéquate de la chose en soi, de la volonté ? — *Ce mode de connaissance, c'est l'art, c'est l'œuvre du génie.* »[3]

Cet état, qu'on nomme plaisir esthétique, n'est qu'un état d'apathie, un état indolore et une négation du désir et du vouloir-vivre. La contemplation esthétique, neutralisée, vidée de tout désir sensuel, reprend l'essentiel du désintéressement kantien :

« Le mot "sans intérêt" – il l'interpréta de la façon la plus personnelle [...] Il prétend qu'elle (la contemplation esthétique) réagit précisément contre l'"intérêt" *sexuel,* à peu près comme feraient la lupuline et le camphre ; il n'a jamais cessé de glorifier *cette* façon de se délivrer de la "volonté", le grand avantage et l'utilité de l'état esthétique. »[4]

Schopenhauer emprunte le concept kantien du désintéressement, mais il lui impose sa propre interprétation philosophique. Selon cette interprétation, le sens de l'idéalisation de l'esthétique se comprend de deux manières :

1- L'idéalisation de l'idée de la beauté en la détachant de tout contenu sensible, plus encore, il la dévirilise en l'interprétant comme une négation de « l'instinct de reproduction » : « Il la vante surtout comme rédemptrice du "foyer de la volonté", de la sexualité, – dans la beauté il voit la *négation* de

---

[1] Généralement, dans l'œuvre de Nietzsche, Kant est plus estimé que Schopenhauer de point de vue du génie théorique, de la rigueur, de la profondeur d'analyse et de l'attitude méfiante vis-à-vis des "vérités" facilement acquises (Kant comme un cerveau). En contrepartie, Schopenhauer est plus estimé que Kant de point de vue de son esprit rebelle à l'institution (Schopenhauer, un caractère, l'esprit libre).

[2] *La Généalogie de la morale, Quel est le sens des idéaux ascétiques ?,* § 6, p. 842.

[3] Schopenhauer, *Le Monde comme Volonté et comme Représentation,* Livre III, *op. cit.*, §. 36.

[4] *La Généalogie de la morale, Quel est le sens des idéaux ascétiques ?,* §6, p. 843.

l'instinct de reproduction. »[1] D'ailleurs Nietzsche ne s'attarde pas à contrer Schopenhauer par sa propre référence : qu'en attribuant au sentiment esthétique une signification entièrement impliquée dans l'intérêt personnel, dans la quête d'une quelconque délivrance de sa propre souffrance, Schopenhauer n'arrive pas à comprendre « d'une manière kantienne » le sens du désintéressement kantien :

« Enfin ne pourrait-on pas objecter à Schopenhauer que c'est bien à tort qu'il se réclame ici de Kant, qu'il n'a pas du tout compris, d'une manière kantienne, la définition kantienne du beau, – qu'à lui aussi le beau plait à cause d'un "intérêt" et de l'intérêt le plus grand et le plus personnel : celui du supplicié, délivré de sa torture ? »[2]

Cette attitude schopenhauerienne est une attitude d'un extrême nihilisme. Elle arrive même à contredire la réalité que l'activité créatrice des œuvres d'art, dans sa quête de la beauté artistique suprême, fait pousser l'excitation sexuelle jusqu'au son paroxysme. Les œuvres de l'art plastique en sont un bon exemple. Ou encore, remarquait Nietzsche, la grande culture littéraire de la France classique s'est développée « sur les intérêts sexuels » : « Je rappelle encore *contre* Schopenhauer et à l'honneur de Platon que toute la haute civilisation et la grande culture littéraire de la France *classique* se sont développées sur les intérêts sexuels. »[3]

2- Attacher la finalité propre à l'art à une finalité métaphysique qui vise la parfaite connaissance de « l'idée » que Schopenhauer l'admet dans son acception platonicienne :

« Il résulte des chapitres précédents et de toute ma théorie de l'art que l'art a pour but d'aider à la connaissance des Idées du monde (au sens platonicien, le seul que je reconnaisse au mot Idée). Or les Idées sont essentiellement un objet d'intuition, et par-là inépuisable dans leurs déterminations plus intimes. Pour les communiquer, il faut prendre alors la voie intuitive, qui est celle de l'art. »[4]

Ce que Schopenhauer appelle la *connaissance objective* est la connaissance affranchie des intérêts propres à la volonté, elle est une *connaissance des essences* non des apparences : « C'est en effet l'essence

[1]*Le Crépuscule des idoles, Flâneries d'un inactuel*, 22, p.1002.
[2]*La Généalogie de la morale, Quel est le sens des idéaux ascétiques ?*, 6, p. 844.
[3]*Le Crépuscule des idoles, Flâneries d'un inactuel,* 23, p. 1003. Contrairement à l'esprit schopenhauerien, Nietzsche invoque la manière distinguée de Platon de pratiquer la philosophie « comme une sorte de lice érotique. » *Ibid.*, p. 1003.
[4] Schopenhauer, *Le monde comme volonté et représentation*, *op. cit.*, Chapitre 34 des suppléments et conclusion du livre III,.

seule qui intéresse l'intellect en tant que tel, c'est-à-dire le pur sujet de la connaissance affranchie des fins de la volonté. »[1]

Pour Schopenhauer, les beaux-arts comme la philosophie sont des formes de cette connaissance. De ce côté, les œuvres de l'art représentent une contemplation de l'essence vraie de la vie :

« Aussi le résultat de toute conception purement objective, c'est-à-dire aussi de toute conception artistique des choses, est-il une nouvelle expression de la nature de la vie et de l'existence, une réponse de plus à cette question : "Qu'est-ce que la vie ?" »[2]

Dans le chapitre 34 des suppléments, Schopenhauer joint l'art à une attitude cognitive. L'art s'apparente à la connaissance en tant qu'il nous propose une présentation directe de l'Idée, de son intuition qui se fait par une contemplation et non par une présentation sensible. C'est cette attitude cognitive qui dote l'art d'un pouvoir de négation du vouloir-vivre, mais seulement une négation momentanée et non continuelle comme c'est le cas dans la sainteté.

L'attitude négatrice de la volonté de la vie trouve son expression esthétique la plus élevée dans le tragique comme signification suprême de la réalité de l'art. Le sens du tragique est interprété par Schopenhauer comme une résignation devant un monde qui ne peut nous satisfaire : « Ce qui donne au tragique un élan particulier vers le sublime c'est la révélation de cette pensée que le monde n'est pas digne de notre attachement : c'est en cela que consiste l'esprit tragique, – il nous met ainsi sur la voie de la résignation »[3]

## 3. Une nouvelle perspective pour l'esthétique

### 3.1. Le point de vue nietzschéen : contre la délimitation

Sans doute, Nietzsche manifeste une attitude hostile à cette idéalisation de l'esthétique, cependant il ne faut pas négliger l'importance de la modernité dans l'implication de la réflexion philosophique dans le questionnement esthétique. De ce côté, le fait d'autonomiser le sentiment esthétique et de le détacher des autres sphères de la rationalité était un pas essentiel vers la réévaluation de son statut philosophique. Ce travail énorme de la modernité a préparé le terrain au projet esthétique nietzschéen qui s'annonce dès le début

---

[1]*Ibid.*
[2]*Ibid.*
[3]*Ibid.*, § 51.

très ambitieux, ou même encore très audacieux : désormais, c'est l'esthétique qui s'occuperait de la tâche ardue de la philosophie, celle de l'interprétation du sens de l'être et de la création des nouvelles valeurs.

C'est ainsi que le problème de l'esthétique se trouve dès le début posé d'une manière opposée au souci rationaliste de la délimitation et de la séparation. Le point de vue de la création fait intervenir un premier élément méthodologique dans la modification de l'approche propre à l'esthétique classique : le point de vue de la création impose la *perspective de la totalité.* Il impose d'appréhender le problème de la théorie, de la science en général dans une perspective créatrice de l'art, mais c'est un art qui interprète la vie comme devenir innocent et recréation perpétuelle : « Considérer la science dans l'optique de l'artiste, mais l'art dans l'optique de la vie. »[1]

Au contraire, pour Kant, la perspective de la recherche était la séparation catégorique à un point qu'il est devenu problématique de rétablir le passage et l'établissement des liens entre les différentes sphères de la rationalité. Pour Nietzsche, c'est le rôle de l'interprétation d'établir une certaine distinction aussi bien qu'une hiérarchisation entre ces différentes « sphères » ou dimensions de l'activité contemplative de l'homme, sans supposer pour autant l'idée d'une quelconque séparation catégorique. Autrement dit, ce qui est posé comme point de départ c'est une certaine interdépendance et une certaine unité existant réellement entre les différentes dimensions de l'activité humaine.

Dès l'abord, la démarche se trouve inversée par rapport à Kant : ce qui est problématique pour Nietzsche, contrairement à Kant, c'est la séparation et non l'unité. La puissance de la création exige la concentration et la condensation de l'ensemble de forces agissantes au sein de l'individu. La dissociation, la dispersion et le morcellement sont des actes nuisibles à la force de la création comprise comme force de concentration et d'accumulation.

Or pour Nietzsche, l'expérience de l'art est censée en premier lieu affirmer le vouloir et le pouvoir créateurs de l'homme. Elle est en quelque sorte instauratrice de ce sens de l'autonomie, en tant qu'autoaffirmation de la volonté, contre l'inertie de la matière et les contraintes aveugles du « troupeau humain ». Il n'est pas même étrange de voir Nietzsche suggérer ce paradoxe propre à la modernité esthétique : l'intérêt manifesté par les arts modernes à la valeur créative, comme étant ce qui représente la force de tout art, de tout artiste et de tout style artistique, se trouve contredit, dans l'esthétique, par une restriction de son objet dans le simple acte de l'appréciation subjective des œuvres d'art.

C'est ainsi que Nietzsche, dans *La Naissance de la tragédie* (où il était encore sous l'influence de Wagner et de Schopenhauer), déplore l'état d'une

[1]*La Naissance de la tragédie, Essai d'autocritique*, § 2, p. 25.

culture et d'une esthétique modernes qui s'éloignent du goût supérieur pour les œuvres d'art et qui deviennent, par là même, incapables d'apprécier le grand art naissant, tel un Beethoven ou un Wagner :

« Tandis que le critique régnait au théâtre et au concert, le journaliste à l'école, la presse dans la société, l'art dégénérait à n'être plus qu'un divertissement de la plus basse espèce, et la critique esthétique était devenue le ciment d'une société vaine, dissipée, égoïste et, de surcroît, misérablement vulgaire, dont l'état d'esprit est donné à comprendre par Schopenhauer dans sa parabole du porc-épic ; si bien qu'à aucune époque on ne bavarda autant sur l'art tout en faisant aussi peu de cas. »[1]

L'échec d'une telle esthétique à penser et à installer cette réalité supérieure de l'art s'explique chez Nietzsche par deux faits essentiels :

– L'expérience esthétique est présentée comme une expérience d'une passivité extrême. Elle ne dépasse pas le cadre d'une expérience de la réception et de la contemplation. Il s'agit d'une esthétique « féminisée » si l'on emprunte un langage proprement nietzschéen. Ce qui fait défaut est l'essentiel dans l'art : la création. L'idée de la création n'est pas encore bien ancrée et pensée, et ceci entrave et empêche la bonne réception des œuvres d'art.

– L'attitude de la modernité rationaliste et de son pathos de la distance et de la distinction, qui sépare l'art des ressources et des forces qui le font surgir, les forces de la culture et de la nature. Cette attitude est défaillante et incapable à saisir la force de l'art créateur. Elle impose l'esprit de morcellement, de détails, de présupposés théoriques, de l'idéalisation, de la coupure historique, bref elle impose l'esthétique à l'art. Elle lui impose ce qui le contredit, mais aussi ce qui le rend impossible. Ce que nous présente l'esprit de la modernité est un état de rupture « schizophrénique » entre une pratique de l'art qui se développe par soi-même dans un mouvement opposé à la conscience historisante de la modernité. L'art nouveau est devenu étrange et incompris par les modernes.

Le problème pour Nietzsche se pose donc dans cette contradiction propre à la modernité : une esthétique contre l'art. Ce qui voulait dire également : la philosophie contre l'art, le philosophe contre l'artiste, ou bien encore l'action contre la contemplation. Un tel aboutissement contradictoire paraît aux yeux de Nietzsche une conséquence normale d'une esthétique qui se pense non dans la perspective créatrice de l'art, mais dans la perspective d'une conception rationaliste, de son esprit de la délimitation et de la scission. Mais pour penser le problème de l'esthétique dans cette nouvelle perspective, Nietzsche devrait procéder à une critique radicale des illusions et des intentions idéalistes qui se

[1]*La Naissance de la tragédie*, § 22, p. 122.

sont attachées au projet de l'autonomie esthétique et à son aboutissement au formalisme esthétique ou encore à l'extrême nihilisme.

### 3.2. Réévaluer le sens de l'autonomie esthétique

L'autonomie esthétique, dans sa formule kantienne, se trouve critiquée par Nietzsche en ce qu'elle n'est pas proprement « autonome ». Par sa prétention à l'universalité et au désintéressement, l'esthétique kantienne s'emprunte un idéal de la connaissance, et par son formalisme présumé elle vise l'accomplissement d'une nature hautement morale de l'homme.

C'est ainsi que dans *La Généalogie de la morale*, Nietzsche remarque que la définition kantienne du beau impose à la sphère de l'esthétique des critères appartenant à la sphère de la connaissance : le principe de désintéressement, du caractère impersonnel de la connaissance objective (synonyme d'universalité) : « Kant pensa faire honneur à l'art lorsque, parmi les prédicats du Beau, il avantagea et mit en évidence ceux qui font l'honneur de la connaissance : l'impersonnalité et l'universalité »[1]. Mais ce dilemme évoqué par Nietzsche est en réalité un dilemme plus général qui met en question ce prétendu statut autonome du jugement esthétique.

Toutefois, il est intéressant de noter que chez Kant lui-même le principe de l'autonomie esthétique n'est pas conçu d'une manière absolue. En effet, l'esthétique kantienne, et au-delà de son argumentation sur la spécificité de la relation esthétique, était invitée à résoudre les problèmes restés suspendus dans les deux critiques. Tel par exemple le problème de la continuité entre la théorie et la pratique, ou celui de l'affirmation de la nature morale de l'homme, ou même encore celui de justifier un certain finalisme propre à l'esprit humain et tragiquement expulsé de la sphère de la connaissance dans la première critique. De ce point de vue, la *Critique de la faculté de juger* pourrait être interprétée non comme une « troisième critique » tout à fait indépendante, mais plutôt comme un essai de « rétablissement » de l'unité rationnelle de l'être humain, qui implique aussi l'unité de deux premières critiques donc à comprendre l'unité du système kantien lui-même.

D'autant plus, le principe de l'autonomie esthétique ne devrait pas dissimuler chez Kant le rapport étroit entre l'esthétique et la morale. Il est à même d'interpréter ce rapport dans le sens d'un assujettissement de la recherche esthétique à des fins morales (mais qui ne sont pas moralisantes), puisque l'esthétique comme la morale ont pour fin l'éducation de la singularité au sein de la communauté des humains. Mais ceci n'implique en

---

[1]*La Généalogie de la morale, Quel est le sens des idéaux ascétiques ?*, § 6, p. 842.

rien une confusion totale entre les deux sphères, il implique simplement leur intégration dans une communauté de fins éthiques et métaphysiques qui instaure l'unité de l'homme. Cependant, il demeure vrai qu'il existe chez Kant une parenté structurelle et téléologique entre les deux sphères de la recherche.

La procédure de l'autonomisation de l'esthétique reste un projet limité chez Kant. Elle se comprend comme spécificité et non comme détachement total vis-à-vis de la sphère métaphysico-morale[1]. C'est seulement dans le cadre du jugement sur la beauté des œuvres d'art que se pense cette autonomie. Paradoxalement, la critique nietzschéenne pourrait être appréhendée comme étant ce qui permet de pousser le projet entamé par la modernité (l'instauration de l'autonomie esthétique) à ses conséquences théoriques les plus graves. Ceci se comprend de deux manières :

- Cette critique achève la procédure de l'autonomisation de l'esthétique. Celle-ci serait, désormais, de type de ce qui se fonde et se légitime par soi-même et non par une instance ou une faculté ou un principe ou même un concept qui la dépasse. L'élément esthétique est porteur de sa propre vérité, de son propre substrat ontologique.

- Le sens le plus radical de l'autonomisation de l'esthétique appelle à tout un renversement philosophique, celui de l'interprétation de la réalité de l'être comme une réalité de l'apparence et non plus de l'essence. Par cette interprétation, Nietzsche pousse le projet de l'esthétisation de la philosophie à ses conséquences les plus graves, à ce que Karl Heinz Bohrer appelle la « plus-value esthétique » : « En séparant logiquement l'"apparence" de l'"être", voire de la "vérité", Nietzsche a présenté le phénomène moderne de l'autonomie esthétique dans un modèle théorique qui ne comporte pas le défaut caractéristique des œuvres de l'art néo-idéalistes, réalistes et mimétiques, à savoir leur embarras vis-à-vis de la "plus-value" esthétique. »[2]

L'apparence comme une réalité constitutive de la réalité de l'être est le substrat ontologique de cette autonomisation de l'esthétique. Il faut rétablir la vérité de l'apparence, la vérité dans l'apparence. L'apparence garantit l'unité et l'extension de l'argument esthétique, elle garantit l'homogénéité de son champ sémantique. Ainsi, le sens de l'être ne serait autre que celui de la belle

---

[1] Daniel Dumouchel propose d'attribuer le sens de spécificité plutôt qu'autonomie à ce qui est admis comme principe d'autonomie esthétique. « Chez Kant, comme chez un grand nombre d'esthéticiens, le « goût » ou le « sentiment esthétique » correspondent à un type spécifique de manifestations de la subjectivité humaine, comme un « jugement » ou une « réflexion » d'un genre particulier ; mais on chercherait en vain une pensée bien délimitée de l' « objet » de ce sentiment. La pensée de la spécificité du sentiment esthétique, qui se fait progressivement jour au XVIIIe siècle, ne renvoie pas encore à une véritable sphère esthétique ou artistique « autonome ». » *Kant et la genèse de la subjectivité esthétique*, *op.cit*, p.9.

[2] Karl Heinz Bohrer, « *Esthétique et historisme, le concept nietzschéen d'apparence* », in *Théories esthétiques après Adorno*, *op. cit.*, p. 47.

apparence, de tout ce qui rend la vie plus captivante et plus séduisante, de tout ce qui la rend digne d'être vécue.

Certes, Nietzsche pousse ce sens de la réhabilitation de l'élément esthétique, propre à la modernité, à son extrême. Cependant, l'esthétique qu'il nous propose ne se limite pas à une simple problématique kantienne de l'antinomie autonomie/hétéronomie. Nietzsche admet délibérément un jeu de perspectives à propos de ce sujet :

-D'une part, en rapport avec la science ou la morale il existe une opposition et non simplement une spécificité et cette opposition est en faveur de l'art.

-D'autre part, le principe esthétique remplace le principe téléologique et éthique kantien. Contre le finalisme et le nihilisme, le principe esthétique instaure la problématique du sens dans la perspective de l'affirmation. Ainsi, s'établit chez Nietzsche un dépassement philosophique de la question de la justification à la question du sens, et du principe métaphysique au principe herméneutique.[1]

## 3.3. Le formalisme esthétique : l'éthique déguisée en esthétique

Pour Nietzsche, le formalisme qui aboutit à libérer l'art de toute finalité exogène, de toute finalité pratique, la théorie de l'art pour l'art, a de la valeur en ce qu'elle libère l'art des tendances moralisatrices : « L'art pour l'art. – la lutte contre la fin dans l'art est toujours une lutte contre les tendances moralisatrices dans l'art. »[2]

Mais le formalisme esthétique est-il vraiment libre de toute moralité ?

Sans doute, cette même procédure de purification et d'idéalisation de l'esthétique obéit-elle, par sa propre nature, à un impératif éthique. Le formalisme esthétique comme aboutissement final de la théorie esthétique de Kant est en quelque sorte un développement par le biais de l'art d'une certaine vision éthique de l'homme. C'est ce formalisme qui instaure le principe commun à l'esthétique et à la morale : le désintéressement. Comme c'est le cas pour l'œuvre d'art, l'acte moral vise sa propre structure et non son objet,

---

[1] Gianni Vattimo situe Nietzsche dans la lignée de la recherche herméneutique, non seulement à cause des horizons qu'a ouverts Nietzsche à cette recherche, mais aussi à cause de la nature spécifique de la pensée nietzschéenne qui est en soi-même ouverte à une pluralité interprétative. Ainsi faut-il « voir en Nietzsche un moment important de ce courant de pensée qui, partant de Schleiermacher, se développe à travers Dilthey et l'historicisme allemand jusqu'à Heidegger et à l'herméneutique post-heideggérienne (Gadamer, Ricœur, Pareyson, pour ne citer que les noms les plus importants) » *Introduction à Nietzsche, op. cit.*, p. 12.

[2] *Le Crépuscule des idoles, Flâneries d'un inactuel*, 24, p. 1003.

il vise son intention en tant que forme. Dans les deux cas, c'est la forme qui se dresse comme une finalité en soi-même.

La théorie de l'art pour l'art, la négation de la fin, n'est pas un bon témoin qu'on s'est débarrassé de la moralisation de l'art. Le problème est plutôt dans le point de départ kantien, dans cette illusion primordiale qu'il pourrait y avoir un jugement esthétique « pur », détaché de toute finalité ou selon l'expression kantienne qui représente par soi-même une finalité sans fin : « Mais cette inimité même révèle encore la force supérieure du préjugé. Lorsque l'on a exclu de l'art le but de moraliser et d'améliorer les hommes, il ne s'ensuit pas encore que l'art doive être absolument sans fin, sans but et dépourvu de sens. »[1]

Contre le pathos kantien de la distinction, Nietzsche s'intéresse à démontrer la force de l'implication du choix esthétique dans le choix éthique. Ou disant encore, le choix esthétique développe, par sa propre nature, une certaine évaluation éthique. L'art est un choix, une évaluation porteuse de la signification. Il est fortement impliqué dans les différentes expériences pratiques de l'homme, dans la vie elle-même : « Un psychologue demande au contraire : que fait toute espèce d'art ? ne loue-t-elle point ? ne glorifie-t-elle point ? Ne choisit-elle point ? Ne privilégie-t-elle point ? Avec tout cela l'art *fortifie* ou *affaiblit* certaines évaluations.... »[2]

L'art est un horizon constitutif pour toute éthique affirmative. C'est le sens le plus élevé et le plus intense de la vie qui se dégage à travers l'art. Le prétendre, ainsi, être sans fin ne serait qu'un non-sens : « L'art est le grand stimulant de la vie : comment pourrait-on l'appeler sans fin, sans but, comment pourrait-on l'appeler *l'art pour l'art* ? »[3]

Toute esthétique s'attache intégralement à une éthique. Aussi bien, le questionnement esthétique s'attache au questionnement éthique en tant qu'il renvoie à la question générale de l'interprétation de la valeur de la vie. Chez la personne humaine, les évaluations éthiques et esthétiques sont parfaitement liées dans la pratique. Tenant compte de cette considération, l'effort de l'interprétation impose d'aller au-delà du simple besoin méthodologique de la distinction, pour essayer de dégager le sens profond de cette liaison, et de comprendre sa valeur interprétative pour l'être humain.

---

[1]*Ibid.*
[2]*Ibid.*
[3]*Ibid.*

# CHAPITRE II

## L'esthétique d'un point de vue de la création : sens et implications

# 1. Une esthétique dans la perspective de l'implication

## 1.1. Conceptualisation et description : la problématique classique de l'esthétique

L'esthétique nietzschéenne se propose donc de combattre cet essor nihiliste de la pensée esthétique des modernes et de rendre possible une réappropriation de l'essence intime de l'activité artistique pour s'en servir dans une éventuelle thérapeutique esthétique de l'homme moderne. Néanmoins, le problème ne se limite pas chez Nietzsche en une simple question de la maladie de la modernité. Comme il ne se rapporte pas non plus en un simple essai de réconciliation entre les exigences de la théorie pure, d'une part, et de la création artistique de l'autre. Le problème est beaucoup plus enraciné dans la nature propre de ces deux activités.

Le processus créatif de l'art obéit à une logique qui lui est propre. La création artistique comme expérience appelle à ce qu'on soit prémuni contre les méfaits et les penchants outranciers de l'esprit analytique et théorique. Le créateur devrait garder vif en lui le sens de l'innocence créatrice.

L'esthétique, comme étant une pensée de l'art, évoque un paradoxe bien apparent : l'art est spécifique par la nature de sa propre activité, il se diffère de la théorie. L'être de l'art est mouvant, métaphorique, transfigurant, dérobant, n'admet pas le concept. Le dilemme a été déjà posé par Kant : l'idéal communicationnel de l'art se fonde sur son universalité qui n'est point conceptuelle, mais qui suppose une expérience esthétique communicable.

Dès l'abord, on se trouve confrontée à une tension qui a marqué toute l'esthétique moderne, d'une part on a une esthétique qui se veut sans concepts (*ohne Begriff*), une esthétique plutôt descriptive qui se rapporte à une expérience libre et singulière. De l'autre part et d'une manière opposée, l'esthétique se comprend en tant qu'elle est une théorie philosophique (ou faisant partie d'elle) et qui implique nécessairement un essai de conceptualisation. Cette exigence est beaucoup de fois si sollicitée qu'elle laisse à penser une quelconque « mort de l'art ».

Kant soumet l'esthétique à une approche non conceptuelle, c'est-à-dire à une approche qui conçoit l'expérience esthétique en tant qu'expérience subjective, libre du joug du concept, détachée des impératifs de la morale. En tant que telle, elle se comprend comme une expérience d'une extrême spontanéité, fine, extasiée, mais aussi contemplative et désintéressée. Par le biais de cette esthétique, Kant tente de renverser l'ancienne métaphysique du beau, pour établir une opposition, lourde de conséquences philosophiques, entre le beau et le vrai.

Cependant, contre cette séparation catégorique entre art et vérité, art et connaissance, contre cet idéalisme subjectif, l'esthétique hégélienne va essayer de réhabiliter le rapport art/vérité. L'art lui-même est admis comme un concept. L'autonomie esthétique a été perçue, par Hegel, comme une atteinte à la philosophie, à sa suprématie, à sa puissance foncière de nous dire la vérité. Pour Hegel, et au-delà de son goût et sa culture esthétique hautement distinguée, il faut rétablir l'ordre : l'art n'est qu'une forme historique, beaucoup plus primaire, de la conscience humaine. Toutefois, il n'est pas l'opposé de la vérité. À travers l'art se déploie une certaine vérité, mais c'est une vérité de la raison. L'art marque le passage de l'humanité vers une première forme de la spiritualité, mais c'est une forme encore confuse et indistincte, encore attachée à la matière et à la sensation. L'aboutissement à des formes plus supérieures de la spiritualité, à la religion et à la philosophie, nécessite le dépassement du moment historique de l'art. L'art ne dépasse pas en dernière analyse le cadre de la réalité d'un esprit aliéné. L'absolu de l'art, l'éternel moment de la création est absorbé par le relatif de l'histoire.

L'esthétique de la création, à travers le jeu de l'interprétation qu'elle implique, réinterprète à sa propre manière cette tension entre une esthétique conceptuelle et une autre descriptive. Elle retrace une troisième voie pour la théorie esthétique. En un premier moment, Kant paraît de grande importance pour Nietzsche. C'est avec lui que s'est ouvert le chemin vers une pensée de l'art, qui se détache de la problématique de la vérité et de l'idéal de la connaissance en général. Ce « divorce » entre l'art et l'idéal de la vérité était, depuis *La Naissance de la tragédie*, un point de départ essentiel non seulement pour l'esthétique, mais aussi pour toute la philosophie nietzschéenne :

« C'est au problème des rapports entre l'art et la vérité que j'ai d'abord voué tout mon sérieux : maintenant encore, j'éprouve la même indignation sacrée devant ce divorce. Mon premier livre lui <était> consacré ; la *Naissance de la tragédie* croit en l'art sur la base d'une autre croyance : celle *qu'il n'est pas possible de vivre avec la vérité* ; que la "volonté de vérité" est déjà un symptôme de dégénérescence. »[1]

Contre Hegel, et d'une manière plus proche de Kant, Nietzsche continue à penser le rapport paradoxal et problématique entre la théorie conceptuelle et l'art en tant que pratique créatrice. D'ailleurs chez Kant, la problématique de la création artistique prend une première formulation, en tant qu'elle impose

[1]*Fragments posthumes*, XIV, 16 [40] 7, p.250.

à penser le libre jeu et tout l'aspect intuitif, spontané et même fugitif de l'acte créateur. Au contraire, l'acte théorique s'implique intégralement dans l'abstraction, dans l'idéalisation et dans la médiation intellectuelle.

C'est cette incompatibilité que Kant essaye de démontrer tout en distinguant la nature du jugement du goût par les critères suivants :

-L'intuition et l'anti-discursivité : Kant remarque que l'appréciation de la beauté se perd dans le rapport conceptuel avec les objets : « Quand on porte des jugements d'appréciation sur des objets uniquement d'après des concepts, toute représentation de la beauté se perd. »[1]

-L'immédiateté et la soudaineté : la force du sentiment esthétique c'est qu'il nous surprend et nous prend. Cette immédiateté consolide le caractère « évident » du jugement esthétique.

-Le plaisir désintéressé : le désintéressement ici ne signifie pas que ce plaisir n'est pas motivé, plutôt il impose une signification idéalisée et formelle à cette motivation extasiée.

-La communicabilité universelle, qui a le sens d'une valeur commune produit par le jugement du goût, mais qui a par contre un contenu subjectif et non objectif contrairement au jugement logique.

Cette élaboration des critères distinctifs du jugement esthétique n'aurait pas seulement comme conséquence l'affirmation d'un contenu spécifique à ce qu'on appelle l'autonomie esthétique. Elle aurait également à nous présenter les termes essentiels à partir desquels on pourrait poser la problématique de la création, quoique Kant ait limité son discours à une théorie de la réception esthétique. Nietzsche, dans le paragraphe 369 du *Gai savoir*, évoque cet aspect d'incompatibilité et de « discordance » entre le goût et la force de la création :

« Il y a en nous une inquiétante discordance ; notre goût, d'une part, et notre force créatrice, d'autre part, sont séparés d'une façon singulière ; ils demeurent séparés et ont une croissance particulière, – je veux dire qu'ils ont des degrés et des temps différents de vieillesse, de jeunesse, de maturité, de friabilité, de pourriture. » [2]

Chez un même artiste, il pourrait y avoir cette discordance entre le « goût » affiché pour un certain style, pour certains choix esthétiques, et la manière selon laquelle se réalise réellement l'œuvre. Cela dit, que la force de la création

[1] Kant, *Critique de la faculté de juger*, § 8, p.194.
[2] *Le Gai Savoir*, § 369, p. 239.

possède une certaine autonomie et une logique propre à elle. Elle pourrait même aller à l'encontre de ce qui est préféré – consciemment – par un artiste[1].

Néanmoins, contre Kant cette fois-ci et d'une manière plus proche de Hegel, l'art pour Nietzsche est une interprétation de la réalité de l'existence. Cependant, la problématique nietzschéenne de l'esthétique se pose d'une manière différente par rapport à Kant ou à Hegel. Elle ne se rapporte plus au problème de la connaissance et de son idéal de la vérité, mais plutôt à celui de l'interprétation qui implique l'expérience de la vie dans sa quête de la signification originale. L'illusion est ce concept qui marque l'inversion des perspectives de l'évaluation. Désormais, l'évaluation se fait en *fonction* et par *rapport* à la vie.

L'esthétique nietzschéenne est une esthétique de l'implication dans le jeu de la création. En tant que telle, elle s'impose aux deux points de vue de l'esthétique rationnelle : le point de vue du rationalisme transcendantal et ses illusions de l'objectivité et du désintéressement, et le point de vue du rationalisme historisant, pour qui, l'art n'est qu'un moment qui devrait être dépassé dans le chemin ascendant de la raison. Les deux points de vue représentent une même perspective d'analyse, celle de la délimitation et de la distance entre le sujet et l'objet, entre le créateur et son œuvre. Dans les deux cas, la conscience (individuelle ou transposée dans sa portée historique) devrait aussi se distancier du moment de l'expérience de l'art vers d'autres moments et formes de conscience plus supérieurs et plus identifiés à sa nature originelle.

## 1.2. L'esthétique en tant qu'expérience totale de l'être

Dans « *L'origine de l'œuvre d'art* » (*« Der Ursprung des Kunstwerkes »)*, Heidegger nomme trois points de vue différents ou même encore trois termes auxquels se rapporte la question de l'esthétique, et par lesquels se dessine un « cercle vicieux » difficile à s'en échapper. S'agit-il de prendre comme point de départ *l'artiste* ou son *œuvre* ou même encore une certaine idée de *l'art* ? Le cercle vicieux réside dans cette dépendance mutuelle de chaque terme aux deux autres.

Par rapport à ces trois points de vue, l'esthétique nietzschéenne se trouve qualifiée par Heidegger, dans son œuvre sur Nietzsche, comme une esthétique qui représente le point de vue de l'artiste créateur, contrairement à l'esthétique kantienne qui s'est intéressée seulement à exprimer le point de vue de l'amateur de l'œuvre d'art : « La question de savoir ce qu'est l'art revient à savoir ce

[1] « En sorte que, par exemple, un musicien pourrait composer durant toute sa vie des choses qui seraient *en opposition* avec ce que son oreille d'auditeur exercé, son cœur d'auditeur apprécient, goûtent et préfèrent – il n'est même pas nécessaire qu'il connaisse cette contradiction. » *Ibid.*

qu'est l'artiste en tant que producteur, créateur ; ce sont ses expériences propres de ce qu'est le beau, qui désormais devront faire autorité. »[1]

Cette manière d'interpréter l'esthétique nietzschéenne a de la valeur en ce qu'elle met l'accent sur le côté innovateur de cette esthétique qui marque sa préférence pour le point de vue de l'artiste. Cependant, il ne faut pas oublier également que par cette qualification, Heidegger cherche à se distinguer par une esthétique qui serait en même temps une pensée originale sur l'œuvre d'art en tant que lieu privilégié du dévoilement de la réalité de l'être de l'étant, de sa « mise en œuvre », de son advenir.

Sans doute, Nietzsche privilégie-t-il le point de vue de l'artiste créateur. Toutefois, le privilège donné à ce point de vue demande une interprétation qui va au-delà de la réduction restrictive, imposée par l'interprétation heideggérienne à la seule sphère interprétative de l'artiste créateur. La question qui se pose serait, à notre égard, d'ordre plus général : par quoi se distingue l'esthétique nietzschéenne ? Et s'agit-il vraiment, pour cette esthétique, d'une exclusion de deux autres points de vue, le récepteur et l'œuvre ?

Il est vrai, encore une fois, que Nietzsche refuse toute esthétique qui se suffit d'un point de vue de la réception, qui ne profite de l'expérience esthétique qu'en tant qu'elle est une expérience de contemplation. Mais il est important aussi de noter que cette esthétique privilégie le point de vue de l'artiste en tant que créateur, et de celui-ci en tant qu'il révèle le sens d'une expérience esthétique plus générale de la création. Autrement dit, il ne serait pas adéquat, à notre sens, de renvoyer l'esthétique nietzschéenne au simple point de vue solipsiste, à une esthétique de la subjectivité créatrice.[2]

Plutôt que le sens de la priorité, mieux vaut parler d'un sens de *l'implication* dans l'expérience esthétique et dans la réalité de la création de l'œuvre d'art. Le sens de l'implication est donc un sens plus général qui touche aux différents niveaux de l'expérience. Il désigne, à un premier niveau, l'implication dans la réalité de l'artiste créateur de l'œuvre. Comme il désigne, à un deuxième niveau, l'implication dans l'expérience de la communication qui se fait entre l'artiste et son public à travers l'œuvre. À un troisième niveau, il désigne l'implication dans la réalité de l'œuvre d'art.

---

[1] Martin Heidegger, *Nietzsche*, trad. Pierre Klossowski, Paris, Gallimard, 1979. T.I, p. 70.

[2] Pierre Sauvanet remarque que c'est le sens de l'autotélie qu'il faut évoquer et non celui du solipsisme. « En toute rigueur terminologique, une création authentique devrait être *autotélique* sans être *solipsiste.* » Pierre Sauvanet, *« Philosophe-artiste ou artiste philosophe ? »,* in : *L'Artiste*, Collectif, Séminaire Interarts de Paris 2003-2004, Universités : Paris I – Panthéon-Sorbonne, Paris III – Sorbonne-Nouvelle, Paris IV – Sorbonne, dir. de publication : Marc Jiménez, Klinksieck, 2005, p. 201.

## 2. L'implication dans la réalité de l'artiste

### 2.1. L'artiste comme centre de la réflexion esthétique

Au premier abord, il demeure vrai que le sens de l'implication dans l'expérience esthétique impose le renversement de la démarche propre à l'esthétique spectatorielle. Cette esthétique néglige toute l'expérience créatrice pour ne s'intéresser qu'à l'effet :

« Kant, comme tous les philosophes, au lieu de viser le problème esthétique en se fondant sur l'expérience de l'artiste (du créateur) n'a médité sur l'art et le beau qu'en partant du "spectateur" et insensiblement a introduit le "spectateur" dans le concept "beau". »[1]

Un point de départ erroné, puisque c'est le sujet-spectateur et non l'artiste-créateur qui se trouve considéré comme centre de la réflexion esthétique. Pour Nietzsche, ce qu'on appelle « beau » renvoie à son processus productif, c'est-à-dire à une expérience qui l'engendre, à un sentiment et à une affectation de soi qui se produit dans un processus de la transfiguration créatrice. D'ailleurs, Nietzsche ne s'attarde pas à remarquer que le concept spectateur reste, en dernière analyse, un concept flou et équivoque. Le fait connoté par « spectateur » est « un fait *personnel*, une expérience, le résultat d'une foule d'expériences hautement personnelles et solides, de désirs, de surprises, de ravissement dans le domaine du beau ! »[2] Ce concept, non seulement il dénote celui qui est extérieur à l'œuvre d'art, à l'expérience artistique, mais de plus il s'avère être un anonyme qui renvoie à une réalité sociale, à une institution de l'art[3] ou encore à une implication de l'art dans une logique de marché. Dans un pareil contexte, le spectateur n'est-il autre chose que le synonyme du consommateur ou même encore du client (le client du marché de l'art) ?

Admettre le récepteur-spectateur comme objet central de la théorie esthétique c'est appréhender l'art tout en lui soustrayant la force qui l'anime. Une pareille esthétique ne serait qu'une silhouette pâle, exsangue et inanimée de la réalité de l'art. Selon ce point de vue nietzschéen, ce qui est mis en œuvre

[1]*La Généalogie de la morale, Quel est le sens des idéaux ascétiques ?*, § 6, p. 842.
[2]*Ibid.*
[3] Un certain néoclassicisme chez Kant finit par privilégier le point de vue du spectateur en tant qu'il se situe hors de la subjectivité personnelle créatrice de l'œuvre d'art. Le classicisme exige, d'une manière générale, une normativité objective de la production de l'œuvre. Son parallèle esthétique ne serait alors qu'un jugement du goût soumis à une normativité objective. Le néoclassicisme de Kant désigne cet effort antinomique de fonder l'expérience esthétique sur une liberté individuelle qui serait en même temps soumise à des lois (qui s'imposent par la raison et non en dehors d'elle).

par Kant n'est qu'une procédure de « désesthétisation » de l'art et d'une transfiguration du sens originel de l'expérience créatrice.

Le point de vue contemplatif de Kant fait abstraction de tous les éléments qui produisent le beau. Ce passage de l'élément sensible à l'élément rationnellement transcendantal n'est pas légitime selon Nietzsche, parce qu'il fait déplacer la sphère du jugement esthétique dans une instance qui lui est totalement différente et contradictoire. Kant est contré par la critique. L'ordre est inversé : l'effet est admis comme cause. Nietzsche interpose une sorte d'un argument phénoménologique contre l'argument transcendantal kantien.

La connaissance du « beau » devrait prendre comme point de départ le producteur réel de cet effet (le processus créateur, l'expérience individuelle). Cependant, une telle démarche implique une modification dans la définition de la philosophie elle-même et non simplement de l'esthétique. La philosophie elle-même devrait s'approprier d'une quelconque perspective de l'art dans sa conception et dans sa pratique. Une tâche qui devient possible grâce au jeu de l'interprétation, établi par Nietzsche, et qui admet la variation de perspectives. Ce n'est donc seulement pas l'esthétique qui est pensée dans une approche anti-kantienne, mais c'est toute la philosophie qui se pense d'une manière entièrement opposée au souci kantien de la délimitation. La notion nietzschéenne de « philosophe-artiste » (*der Künstler-Philosoph*) exprime en fait ce souci d'établir le sens de la puissance chez l'homme créateur de l'avenir comme force d'unité, de totalité et de synthèse. La délimitation, la distinction ne sont qu'un simple jeu pour cet esprit.

## 2.2. Puissance de la création et affaiblissement du sujet classique

Plus approprié serait de parler d'une esthétique de la création et non de l'artiste. Ceci se comprend dans le sens que Nietzsche ne fait pas référence à la seule question du sujet qui voulait, par-dessus tout, dominer ses objets et qui se prend soi-même comme sphère unique légitimante de ses propres actes. Ainsi, dans *La Naissance de la tragédie*, l'artiste se comprend en premier lieu dans un sens générique, l'artiste est la nature elle-même qui à travers l'homme achève son œuvre supérieure. « L'homme n'est plus artiste, il est devenu œuvre d'art : la puissance artistique de la nature entière, pour la plus haute béatitude et satisfaction de l'Un primordial, se révèle ici sous les frissons de l'ivresse. »[1]

Le sens de l'expérience esthétique est le sens de l'implication totale dans la création du sens, aussi totale qu'elle dépasse les limites d'une individualité

[1]*La Naissance de la tragédie*, § 1, p. 39.

consciente. Plutôt qu'un point de vue d'une subjectivité transcendantale, l'esthétique nietzschéenne nous présente un point de vue phénoménologique dans le sens que la référence se fait à une expérience de vie totale et suffisante par soi-même pour la création du sens.[1]

La restitution du sens dans une perspective herméneutique nécessite cette implication dans la totalité de l'expérience esthétique. Ce n'est plus le sujet qui domine tous les objets, mais c'est la totalité, à laquelle l'individu est impliqué, qui est instauratrice de la signification. Il n'y a pas mieux que l'expérience esthétique pour nous suggérer ce sens de l'implication de l'individu dans son œuvre, dans le monde qui l'entoure et de l'implication de cette totalité dans la création de la plus haute signification. Dans cette expérience, l'individu est à la fois créateur, par sa propre force intérieure, mais aussi ce qui est traversé par les forces cosmiques de la création. Il est l'artiste et l'œuvre de cette expérience de la transfiguration créatrice.

L'horizon herméneutique de l'interprétation nécessite la dissolution de la notion du sujet comme étant ce qui domine et ce qui renferme dans son propre domaine la procédure de l'interprétation, définie comme connaissance pure. Ce même horizon fait intervenir le dionysiaque comme figure intermédiaire permettant le passage entre le sentiment fortement impliqué dans la réalité individuelle et la dissolution totale de cette individualité dans ce qui est purement objectif de notre univers naturel.

Le thème nietzschéen du surdépassement de soi, le « deviens qui tu es ! »[2], exprime cette intention de faire éclater le cercle restreint dans lequel le sujet classique s'est enfermé. Ainsi, ce cercle s'éclate non seulement dans sa dimension spatiale, mais aussi dans sa dimension temporelle. Le créateur n'est plus un atome qui s'anéantit dans le passage irréversible de l'infini du temps. Le moment de la création devient ce qui résiste à ce flux, ce qui fait présenter l'éternel dans un moment fugitif de l'être limité. C'est pour cela que l'éternel

---

[1] Faire parler la vie au-delà ou au détriment de l'illusion anthropocentriste du sujet était, selon Rudolf Bernet, un trait commun à tous les « phénoménologues », y compris Schopenhauer et Nietzsche. L'expérience esthétique était le point de départ commun pour ce dépassement de la notion limitée et restreinte du sujet réflexif et connaissant : « L'abandon du sujet par la philosophie est pour le jeune Nietzsche la conséquence d'une expérience esthétique dans laquelle le sujet-spectateur s'abandonne à la surabondance de la vie. Le possible dépassement de l'antagonisme entre connaissance et vie, une meilleure connaissance de la vie et la transformation de la vie en une vie meilleure : voilà les préoccupations que partagent Schopenhauer, Nietzsche, Husserl et Heidegger et qui les rendent phénoménologues, c'est-à-dire penseurs à la recherche d'un dire vrai et juste sur les manifestations de la vie. » Rudolf Bernet, *« Sur la sublimation, Le sujet comme spectateur esthétique »*, in : Les cahiers de l'Herne, *Schopenhauer*, Editions de l'Herne, 1997. p. 318.

[2] « Car je suis *cela* dès l'origine et jusqu'au fond de mon cœur, tirant, attirant, soulevant et élevant, un tireur, un dresseur et un éducateur, qui jadis ne s'est pas dit en vain : « Deviens qui tu es ! » » *Ainsi parlait Zarathoustra, IV, L'offrande du miel,* p. 471.

retour est une perspective nécessaire pour affirmer ontologiquement la réalité de l'être comme une incessante *re-création.*

## 3. L'implication dans l'expérience esthétique de la communication

### 3.1. Quel public pour quel artiste ?

Dans ce qui a précédé, il en était question de préciser que le point de vue de la création impose la référence à l'expérience de l'artiste. Cependant, ce privilège implique-t-il nécessairement la négation et l'exclusion du point de vue de l'amateur d'art. Le sens de la réception est-il entièrement biffé de l'expérience esthétique ? Cela est-il même possible ?

La question ne suscite pas la réponse catégorique proposée par Heidegger. Autrement dit, l'amateur d'art, le récepteur n'est ni une absurdité ni un non-sens dans l'esthétique nietzschéenne. Le récepteur est un terme essentiel dans le triangle esthétique (l'artiste, le récepteur et l'œuvre). Il est donc un élément essentiel dans l'effort de l'interprétation de la signification propre à l'expérience esthétique. Peut-être que le problème se trouve mal posé. Autrement dit, et selon une approche propre à l'esthétique de la création, la question pourrait être posée d'une manière différente : en tant qu'une expérience de la création, comment peut-on penser la participation créative du récepteur ? Comment peut-on penser un récepteur qui ne serait pas un simple contemplateur, mais aussi créateur du sens et de la valeur esthétique ? Ou encore, serait-il mieux de parler d'un sens de la communication esthétique au lieu du terme superflu de la réception ?

La critique nietzschéenne, rappelle-t-on encore, se fait contre la conception entièrement passive de la réception des œuvres d'art. Ce qui laisse à comprendre que cette critique s'adresse à un certain spectateur et non à la notion esthétique de spectateur dans sa généralité. Mais ce qu'il faut ajouter aussi, c'est que Nietzsche vise aussi bien par sa critique une nouvelle réalité socioculturelle propre à la société moderne. Le « public de l'art » est cette nouvelle réalité qui exprime un double besoin :

- Le besoin propre aux individus qui cherchent dans les produits de l'art un remède aux problèmes causés par les conditions de la vie nouvelle. Ils cherchent dans l'art une distraction, un moment d'oubli, ou peut-être encore une compensation à la force perdue dans l'interminable épuisement du travail.

- L'autre besoin est celui de l'État comme une institution de domination. L'État profite de ce qu'il y a dans l'art de force de communication pour gérer, manipuler et asservir les masses.

En rapport avec ce besoin, le « public de l'art » serait peut-être un phénomène qui intéresse en premier lieu la politique et la sociologie plutôt que l'esthétique. Au contraire, une vraie esthétique n'a de l'intérêt qu'à un « art pour des artistes, *seulement pour des artistes.* »[1]

Que l'art soit seulement pour les artistes, cela n'implique en rien l'élimination de la possibilité de penser esthétiquement le problème de la réception des œuvres d'art. L'art chez Nietzsche est fondamentalement un acte de communication, peut-être même dans un sens plus fort que celui du langage, « l'art n'est en général que le pouvoir de communiquer à d'autres ce qu'on a senti soi-même. »[2] L'art des artistes est une expérience de communication, mais d'une communication qui se fait avec des artistes. Autrement dit, Nietzsche propose de penser un *spectateur idéal de l'art*, ne serait-ce alors qu'un artiste, mais non obligatoirement celui le créateur de cette même œuvre. Le récepteur-artiste nomme donc cette condition interprétative nécessaire pour penser la possibilité de la communication de la signification supérieure de l'œuvre d'art. Le sens de l'achèvement, de l'originalité, de la beauté extrême de l'œuvre de l'art suppose nécessairement la possibilité de l'existence d'une telle condition idéale de la réception. Sans cette condition, l'œuvre n'aurait plus la possibilité d'être un pouvoir de communiquer au-delà d'elle-même une réalité esthétique supérieure, elle cesse de communiquer, elle cesse d'être.

Selon ce point de vue de la création, ce qu'on appelle « public », « récepteur » ou même « amateur de l'art » n'est qu'une autre possibilité de la recréation de la réalité de l'œuvre de l'art. Le vrai public de l'art c'est celui qui participe, qui s'approprie par soi-même l'expérience de la création comme une expérience de la transfiguration et du dépassement de soi.

Néanmoins, il reste à préciser qu'il ne faut pas toujours confondre les différents points de vue. Dans l'art, le sens initial de la création demeure toujours le sens de la création de l'œuvre. Un sens qui reste toujours dominant dans l'expérience esthétique. Le sens de la création dans la réception esthétique se limite dans le sens de la création des états esthétiques et des différentes significations qui peuvent en résulter. Il s'agit plutôt d'un acte de *re-création* qui reste tributaire de ce pouvoir de communication esthétique propre à l'œuvre d'art, de sa grandeur et de son « aura » si l'on emprunte le terme de Walter Benjamin.

---

[1]*Nietzsche contre Wagner*, § 2, p. 1226.
[2]*Considérations inactuelles*, IV, § 9, p. 398.

Il devient clair, à notre égard, que c'est le point de vue de la création qui impose la priorité de l'artiste, mais seulement en tant que créateur de l'œuvre d'art. Ceci dit que c'est par le biais de l'œuvre d'art qu'on pourrait comprendre la prédominance de la position de l'artiste vis-à-vis de son public. Nietzsche impose l'artiste contre le public pour contrer toute cette attitude propre à la modernité esthétique, qui, en rapport avec la réalité socio-économique, cherche à imposer le public, c'est-à-dire les exigences de la consommation et du marché, à l'artiste. Pour que la volonté de la création soit libre, elle devrait se détacher de toute forme de coercition et de contrainte qui s'impose de l'extérieur de l'acte de créer. Pour ce faire, peut-être que l'artiste n'en trouverait de chemin que par un engagement volontaire dans la schizophrénie !

## 3.2. L'artiste, éducateur de son public

C'est l'artiste qui devrait dominer son public et non le contraire. Et s'il le devrait faire, c'est pour l'élever au niveau de l'appréciation des significations les plus distinguées de son œuvre : « Lorsque l'artiste n'élève plus son public, celui-ci tombe rapidement. »[1] Dominer son public est donc l'élever et non le mépriser. Plus encore, la puissance et même la tyrannie sont des traits caractéristiques du comportement créateur. Elles s'expliquent par ce besoin nécessaire de maîtriser l'ensemble de moyens et de matériaux de la création de l'œuvre, comme elles s'expliquent par cette implication du discours esthétique dans la réalité la plus intime de l'artiste créateur. Ce que Nietzsche appelle l'égoïsme créateur [2] est exactement cette manière proprement esthétique de qualifier le rapport qu'établit le créateur avec son œuvre comme un rapport fortement impliqué dans l'amour de soi.

Le grand amour, l'amour créateur implique l'expérience de la création dans un jeu d'extériorisation et de communication. Mais avec qui communique-t-on ? L'artiste communique son expérience de la création à un autre artiste ou plutôt à l'autre de l'artiste. Ce jeu de communication entre le même et l'autre dans l'expérience de la création artistique est un jeu essentiel pour que la création de l'œuvre soit possible. Cependant, avant d'être un agent extérieur, un simple spectateur, cet autre avec qui l'œuvre communique est une figure intérieure qui intervient d'une manière décisive dans la gestation de l'œuvre. L'expérience de l'art est une expérience de communication, et en tant que telle, elle nécessite cet autre qui ne serait pas un simple destinataire. L'autre

[1] *Humain, trop humain, I, De l'âme des artistes et des écrivains*, § 168, p. 538.
[2] « Dans votre égoïsme, vous qui créez, il y a la prévoyance et la précaution de la femme enceinte ! » *Ainsi parlait Zarathoustra, IV, De l'homme supérieur*, § 11, p. 514.

est une figure idéale dans laquelle se projette l'artiste et par laquelle il tente de transfigurer l'image imparfaite de son être actuel.

Tout au long du processus créateur, un jeu de communication et de dialogue s'établit entre le créateur et son « autre », son *alter ego*. Certes, cet *alter ego* est une instance de contrôle et de coercition pour l'artiste, mais c'est une instance qui émane de l'intérieur de l'acte créateur, qui le contraint sur la voie de la quête de la beauté extrême.

Cet autre qui est en même temps artiste n'est pas « *l'ami de l'art* ». Pour l'affirmer, « il faudra bannir précisément "cet ami de l'art", ce soutien fondamental de nos distractions artistiques telles que théâtres, musées et concerts, la faveur que le gouvernement accorde à ses désirs devra être changée en défaveur, l'opinion publique qui met un prix tout particulier à voir cultiver cette amitié de l'art devra être battue en brèche par un jugement plus sain. »[1]

Le rapport de l'artiste avec son public, avec le récepteur de l'œuvre d'art est une réalité beaucoup plus compliquée de ce qu'on l'imagine généralement. Dans l'esthétique nietzschéenne, il ne s'agit pas d'une simple exclusion du rôle du public. D'abord, il ne faut pas penser la question en termes d'extériorité. L'autre, le public, l'amateur de l'art sont installés à l'intérieur de l'expérience esthétique. Ils représentent une condition nécessaire de son existence comme expérience de communication. Mais le public n'est pas ici un phénomène de masses. Il est en soi-même une œuvre de création. L'artiste crée son public idéal tout en l'instruisant et l'éduquant. Ce que Nietzsche appelle dans le § 167 d'*Humain, trop humain*, « *éducation artistique du public* » est ce souci extrême que l'artiste doit manifester à l'égard de son public. Il devrait s'assurer surtout de la parfaite maîtrise de ses propres motifs : « Si le même motif n'est pas traité de cent façons par les différents maîtres, le public n'apprend pas à s'élever au-dessus de l'intérêt du sujet. » [2]

Dans ce rapport de la communication artistique entre l'artiste et son public, il existe toute une logique de la réception propre au spectateur/auditeur qui devrait être prise en considération. Il ne s'agit pas ici d'une simple question de la réception, mais il s'agit plutôt d'une condition de la réussite de l'œuvre elle-même. Une certaine harmonie dans l'exécution et le passage progressif d'un style à l'autre permettent à l'auditeur-spectateur de concevoir aisément la signification et la valeur esthétique distinguée de l'œuvre. Un artiste qui ne sait pas élever son public, assurément c'est lui-même qui va tomber :

« Le passage d'un degré du style à l'autre doit être assez lent pour que non seulement les artistes, mais aussi les auditeurs et les spectateurs soient de la partie et sachant exactement ce qui se passe. Autrement il se produit tout d'un

[1]*Considérations inactuelles, IV, Richard Wagner à Bayreuth*, § 5, p. 380.

[2]*Humain, trop humain, I, De l'âme des artistes et des écrivains*, § 167, p. 537.

coup ce grand abîme entre l'artiste, qui crée ses œuvres sur une hauteur isolée, et le public, qui n'est plus capable de monter à cette hauteur et enfin redescend plus bas avec chagrin. »[1]

## 4. L'implication dans la création de l'œuvre

Le jeu de communication propre à l'expérience esthétique parvient à établir un rapport nécessaire qui devrait s'établir entre le créateur et son public par l'intermédiaire de son œuvre. Autrement dit, l'œuvre s'impose comme un troisième terme nécessaire pour qu'une expérience esthétique soit possible. L'œuvre d'art comme une visée de l'expérience créatrice n'est plus alors de type de ce qui s'oppose au point de vue du créateur. L'esthétique nietzschéenne ne néglige pas l'œuvre, au contraire, elle la conçoit comme une condition nécessaire pour penser la création artistique. « Si l'on veut obtenir quelque expérience de *l'art*, il faudrait faire quelques œuvres, il n'y a pas d'autre moyen d'arriver au jugement esthétique. »[2]

Cette nécessité se conçoit doublement : En tant qu'une visée, qu'une finalité par laquelle s'achève l'acte artistique comme acte de création, mais aussi en tant qu'un moyen par lequel l'expérience esthétique s'achemine vers sa quête de la signification et de la valeur. Il n'est même pas étrange de voir s'établir, dans l'esthétique nietzschéenne, tout un discours esthétique sur l'œuvre. Dans ce discours, l'œuvre n'est pas seulement l'œuvre achevée, la forme finale de la création, mais elle est avant tout un processus, un « être » qui s'agrandit. Elle est immanente au processus créateur puisqu'elle est son vouloir et sa quête. « Je cherche mon œuvre »[3], voilà ce que réclame souvent Zarathoustra. L'œuvre se manifeste progressivement, mais lentement et difficilement. Ainsi, la souffrance, la douleur et la gestation seront-elles les termes par lesquels Nietzsche décrit ce long parcours de l'enfantement de l'œuvre. C'est en elle que culmine le grand amour vanté par Nietzsche : « Car seul on aime du fond du cœur : son enfant et son œuvre ; et où il y a un grand amour de soi, c'est signe de fécondité. »[4]

Le jeu de l'interprétation propre à l'esthétique nietzschéenne se pratique comme un jeu d'implication. Ainsi, la réalité de l'œuvre ne se conçoit pas comme un point de vue extérieur, elle se trouve fortement impliquée dans la réalité de l'artiste et vice versa. Le discours nietzschéen n'est alors ni une esthétique ni une poïétique de l'auteur. Plus opposée encore au point de vue

---

[1]*Ibid.*, § 168, p. 537-538.
[2]*Fragments posthumes*, III, Volume 1, 23 [168], p. 518.
[3]*Ainsi parlait Zarathoustra, IV, Le signe*, p. 545.
[4]*Ainsi parlait Zarathoustra, II, De la béatitude involontaire*, p. 408.

heideggérien, cette esthétique arrive à instaurer une autonomie esthétique, mais qui s'applique à l'œuvre d'art et non à l'artiste. Cette autonomie se comprend sur plusieurs niveaux :

-Du point de vue ontologique : l'œuvre détient par soi-même sa propre réalité ontologique. Dans sa dimension dionysiaque, elle est une musique de monde et une danse de Dionysos. Dans sa dimension apollinienne, elle est une fixation éternelle de la belle apparence. La réalité de l'œuvre s'apparente dans la philosophie tardive de Nietzsche à la métaphore du masque comme révélant le caractère illusoire, énigmatique et charmant du monde de l'apparence, et par conséquent ce qui laisse la fonction de l'interprétation de sa propre réalité toujours ouverte à de nouvelles possibilités.

-Du point de vue esthétique : l'œuvre est le microcosme de l'expérience créatrice de l'œuvre d'art, de ses différentes dimensions et de sa nature transfiguratrice.

-Du point de vue poïétique : la création de l'œuvre possède une propre réalité, une vie, et une logique propre à elle. La création de l'œuvre se fait par un jeu libre entre un regard hautement veillant pour le moindre détail, et un profond oubli qui fait parler le silence en musique.

Le discours sur l'œuvre est donc au centre de l'esthétique nietzschéenne. Ce discours essaye d'interpréter la réalité de l'œuvre d'art comme ayant une vie particulière et intime propre à elle. Elle est interprétée comme une singularité, comme ouverture de sens et comme une possibilité de la recréation de signification. C'est cette ouverture de sens qui constitue la condition de possibilité herméneutique de l'œuvre, pour qu'elle soit vraiment une œuvre d'art.

Aussi importante qu'elle soit, l'œuvre de la création n'est pas une finalité ultime de l'expérience de la création. Certes, elle en est une condition nécessaire, comme elle demeure toujours une visée constante pour l'artiste. Sans œuvres, on ne peut pas penser une nature artiste de l'homme. Cependant, l'œuvre n'est pas une réalité métaphysique, comme elle n'est pas non plus une normativité qui s'impose d'une instance extérieure à l'artiste. Dans l'œuvre, on découvre la force de l'artiste et non l'autorité de l'institution de l'art comme le voulait le classicisme.[1] Ainsi, Nietzsche serait-il plus contemporain

[1] L'œuvre comme une libre création d'un monde propre à l'artiste, comme affirmation de son expérience esthétique personnelle est un fait important pour tout l'art contemporain comme le remarquait Luc Ferry : « Alors que chez les anciens, l'œuvre est conçue comme un microcosme –ce qui autorise à penser qu'il existe hors d'elle, dans le macrocosme, un critère objectif, ou mieux, substantiel, du beau-, elle ne prend sens chez les Modernes que par référence à la subjectivité, pour devenir, chez les contemporains, expression pure et simple de l'individualité : style absolument singulier qui ne se veut plus en quoi que ce soit miroir du monde, mais création d'un monde, celui au sein duquel se meut l'artiste, monde dans lequel il nous est sans doute permis d'entrer, mais qui en aucune façon ne s'impose à nous comme un univers a priori

que Heidegger, en ce qu'il a rapporté la réalité de l'œuvre à celle de l'artiste, à une finalité de métamorphose et de transfiguration qui est en premier lieu un besoin intérieur propre à l'artiste créateur.[1]

Cependant, la critique esthétique de Nietzsche traite encore de l'œuvre d'une manière proche de son acception comme chef d'œuvre, c'est-à-dire encore proche du classicisme. Le point de vue de l'artiste ne se détache pas totalement chez Nietzsche d'une vision plus ou moins sacralisée de l'œuvre d'art. L'art contemporain va corroborer cette idée de la priorité de l'artiste sur l'œuvre, mais par contre cette priorité va passer chez les avant-gardistes par une « désacralisation » de l'œuvre d'art.

---

commun. » Luc ferry, *Homo Aestheticus, l'invention du goût à l'âge démocratique*, Paris, Grasset, 1990, p.15.

[1] « Pourquoi toute *activité*, même celle d'un sens, est-elle liée à un plaisir ? Est-ce parce qu'elle a été précédée d'une entrave, d'une pression ? Ou bien plutôt parce que tout acte est un triomphe, une maîtrise, et *augmente notre sensation de puissance* ? – Le plaisir de penser. – En dernière analyse, ce n'est pas seulement la sensation de puissance, mais le plaisir de créer et le plaisir que donne *ce que l'on a crée* ; car nous avons conscience non pas d'une activité quelconque, mais de « l'œuvre » qu'elle réalise. » *Volonté de puissance I*, § 24, *op. cit.*, p. 208.

# CHAPITRE III
## Quelle démarche pour l'esthétique ?

# 1. Le sens de l'esthétique comme physiologie de l'art

## 1.1. Comment interpréter la perspective de la science dans l'esthétique nietzschéenne ?

La question de la méthode pose un sérieux problème pour l'esthétique nietzschéenne. Le texte nietzschéen, dans son ensemble, multiplie les définitions et les perspectives d'analyse, sans toutefois qu'il nous présente une démarche ou une méthode claire pour les différencier et les ordonner. Outre le dépassement d'une *métaphysique de l'artiste* soutenue dans *La Naissance de la tragédie,* les définitions abondent et divergent : l'esthétique est une « *science de la nature* », comme elle est une « *physiologie de l'art* » ou même encore « *une psychologie de l'artiste* ». Elle se définit également comme « *une généalogie de l'artiste* » sans oublier même sa désignation comme *philosophie de l'art.*

Aussi différentes soient-elles, ces définitions prêtent à des lectures et à des interprétations divergentes de l'esthétique nietzschéenne. Au premier abord, il importe de noter que c'est le propre de Nietzsche de penser la démarche esthétique d'une manière paradoxale. Nietzsche, et avec un énorme effort théorique, essaye de situer l'esthétique dans un lieu paradoxal. Ce sens de paradoxe n'est pas de type de celui qui devrait être surmonté. Il est plutôt de celui qui devrait être affirmé et qui pourrait, par là même, consolider une pensée esthétique originale et créative. Pour cette raison, le lieu de l'esthétique chez Nietzsche est un lieu d'application de différentes méthodes. Toutefois, cette diversification des méthodes ne se détache pas du souci philosophique de l'unité de la théorie esthétique. Au contraire, elle reste orientée par une perspective unifiante, par une vision esthético-ontologique qui en assure la cohérence.

Pour notre part, nous allons essayer d'interpréter cette variation des définitions et des démarches comme exprimant deux attitudes analytiques : une première attitude qui s'emprunte un certain esprit analytique et une terminologie propres à la science moderne, et une deuxième qui est de nature interprétative et qui essaye d'évaluer les œuvres, les styles et les artistes selon une certaine vision philosophique du monde. La première se présente comme étant essentiellement une psychophysiologie de l'art, et la deuxième se présente comme étant essentiellement une généalogie de l'artiste.

Beaucoup de fois, Nietzsche attribue son esthétique à des disciplines scientifiques bien déterminées : elle est par exemple « une physiologie de l'art »[1] : « l'esthétique n'est autre chose qu'une physiologie appliquée »[2], ou encore « une psychologie de l'artiste »[3]. Cette qualification de l'esthétique comme science, dans un contexte nietzschéen, pourrait bien paraître problématique. La théorie esthétique est supposée être gardée contre les méfaits de l'esprit scientifique. De plus, elle est censée établir l'écart entre la science et l'art. Cela dit que ce rapprochement mérite davantage d'interprétation.

Au premier abord, et même si elle s'intéresse à l'art, l'esthétique garde toujours une nature essentiellement théorique. De ce côté, elle ne peut que s'inspirer de l'esprit de la profondeur et de la rigueur méthodologique propre à la science. Il est bien entendu donc, que le fait d'apparenter l'esthétique à la science signifie exactement qu'il faut faire valoir le besoin, propre à la théorie esthétique, de recourir à la méthode discursive. L'esthétique est apparentée à la science comme signe de sa nature discursive, comme étant à la fois un discours et une théorie.

D'autant plus, dans la science moderne il existe un aspect bien important de la création et de la découverte, même s'il est enveloppé par une épaisse étoffe d'idées idéalistes et métaphysiques telles que la vérité, l'objectivité et le désintéressement. Nietzsche s'est bien investi dans les découvertes scientifiques très abondantes dans le XIXe siècle. Beaucoup plus, c'est sur la base de ces découvertes, surtout dans le domaine de la biologie, qu'il va développer beaucoup de ses idées philosophiques et de ses critiques.

Mais en plus à ce qu'offre une science en plein essor, celle-ci a de l'importance pour Nietzsche en ce qu'elle contribue d'une manière décisive à l'inversion de la perspective théorique idéaliste qui a marqué l'esthétique allemande prénietzschéenne, qu'elle soit comprise dans le sens de ce qui achève le criticisme transcendantal de Kant ou de ce qui achève l'idéalisme historiciste de Hegel. C'est ainsi qu'en partant d'une terminologie scientifique que Nietzsche va nommer toute son esthétique d'une physiologie ou encore une psychologie de l'art.

En premier lieu, cette attribution porte le sens d'une interprétation de la force de l'art comme étant une force de la nature elle-même. L'apollinien et le dionysiaque désignent cette acception esthétique de la force naturelle comme agissant selon un instinct purement esthétique. Ce qui laisse à comprendre que toute l'expérience esthétique serait évaluée comme un

[1]*Le Cas Wagner*, § 7, p. 911.
[2]*Nietzsche contre Wagner, où je fais des objections*, p.1210.
[3]*Le Crépuscule des idoles, Flâneries d'un inactuel*, § 8, p. 995.

processus qui se fait dans le seul cadre naturel, dans ce jeu des instincts et des sentiments.

En tant qu'une « science de la nature », l'esthétique s'intéresse à établir cette analogie entre une dynamique qui crée l'œuvre d'art et une autre par laquelle la nature elle-même se meut et se recrée. Mais en tant qu'une *psychophysiologie* de l'art, l'esthétique focalise l'intérêt de la recherche sur la réalité de l'artiste. Elle s'intéresse à révéler la dynamique propre au corps comme lieu d'une joute incessante entre les forces antagonistes de la vie et de la mort. Ce qui représente un objet d'intérêt spécifique pour la théorie esthétique c'est la manière spécifique d'un corps d'assumer ce jeu de forces et son propre effet sur l'expérience esthétique. Par la physiologie de l'art, Nietzsche propose de « montrer en détail que cette métamorphose totale de l'art en cabotinage est également une manifestation de dégénérescence physiologique (plus exactement une forme d'hystérie) comme chacune des corruptions et des faiblesses de l'art inauguré par Wagner : par exemple la turbulence de son optique qui force à changer continuellement de posture en face de lui. »[1]

La psychophysiologie comporte un travail sur la composante affective et ses causes physiologiques. De cette manière, elle prépare le terrain pour le travail de l'interprétation généalogique, qui va essayer de rapporter les œuvres et les styles des artistes à des réalités psychophysiologiques, à l'antagonisme initial de la force vitale : l'intensification et l'affaiblissement.

## 1.2. Le dépassement de l'esthétique du beau

Par l'analyse physiologique de la force de l'art comme force de création, Nietzsche inverse le sens de l'interprétation des valeurs esthétiques. Désormais, cette force s'interprètera comme force du corps humain. De même, la théorie esthétique ne se réduira plus à une théorie du beau. L'intonation plutôt formelle de la catégorie du beau, ajoutée à un lourd héritage d'une philosophie « corrompue par du sang de théologiens »[2] et qui attribue le sens de la beauté à l'Idée, à une perfection divine et spirituelle, appelle à ce qu'on se détache de ce contenu idéaliste qui a marqué l'esthétique classique.

Nietzsche reprend l'idée formulée jadis par les sophistes et reprise par les modernes qui dit que l'homme est la mesure de toutes choses. C'est ainsi que la beauté ne représente pas une idée en soi. Elle est plutôt une valeur qui se

[1]*Le Cas Wagner*, § 7, p. 911.
[2]*L'Antéchrist*, § 10, p. 1046.

mesure et qui se dit par rapport à une réalité de l'homme et de l'image qu'il porte de soi-même.

L'idée du beau exprime la quête humaine d'un sens supérieur de la perfection. Elle est la « mesure » de ce sentiment de perfection chez un individu ou chez un peuple : « Dans le beau l'homme se pose comme mesure de la perfection ; dans des cas choisis il s'y adore. »[1] Dans le fragment posthume 14 (117)[2] qui date du printemps 1888, Nietzsche établit une analyse physiologique du comportement esthétique. Premier élément de cette analyse est le sens de la quête humaine de la valeur de la beauté. La beauté, la valeur esthétique fondamentale, s'interprète comme *force* et non comme une simple harmonie formelle propre à la raison ou à un ordre immanent dans le monde. « L'"embellissement" est une conséquence de la force *accrue.* »[3]

Cette force, transformée en un état esthétique, Nietzsche l'appelle *ivresse.* Et c'est exactement par une théorie de l'ivresse que le point de vue physiologique réussit à détacher l'esthétique de toute la théorie du beau qui a souvent dominé l'esthétique classique. L'ivresse désigne ce sentiment de plénitude, de la présence de la force accrue devant soi-même : « Le sentiment d'ivresse, correspondant en réalité à un *surplus de force* : plus fort que jamais à la saison de l'appariement des sexes : de nouveaux organes, de nouvelles aptitudes, des couleurs et des formes nouvelles… ».[4]

La première ivresse, l'appétit sexuel, l'amour radicalement intéressé explique le fait que toute quête de beauté est en premier lieu une quête de la beauté sensuelle, une quête de la satisfaction sexuelle. La beauté n'est qu'une manière de dire et d'exprimer un état esthétique. Elle est une sorte de satisfaction pulsionnelle d'un désir toujours inassouvi. Il existerait à l'origine une excitation sexuelle qui s'exprime dans le plaisir sensuel produit par la création ou encore par la réception de la beauté formelle de l'œuvre d'art. C'est dans ce sens que tout rapport avec l'œuvre d'art est un rapport *pygmalionnien*, un rapport d'amour extrême.

La forme esthétique de la beauté, « la simplification logique et géométrique est une conséquence de l'accroissement de la force »[5]. Le sens de la beauté classique est interprété par Nietzsche, comme une quête d'un sentiment de la force. Était-il alors en parfaite concordance avec les études sur l'histoire de l'art, pour qui les caractéristiques du modèle classique, surtout dans l'architecture et la sculpture gréco-romaine, s'apparentent aux tendances hégémoniques de ces civilisations, à leur souci d'exprimer par leurs arts le sens de la force et de la suprématie extrême. Des caractéristiques telles que le

---

[1]*Crépuscule des idoles, Flâneries d'un inactuel*, § 19, p.1000.
[2]*Fragments posthumes*, XIV, p. 84.
[3]*Ibid.*, p. 85.
[4]*Ibid.*
[5]*Ibid.*

sobre, la grandeur, la symétrie comme forme de la parfaite harmonie et le sens de l'unité supérieure qu'elle suscite, les formes géométriques, la proportionnalité et la rectitude dans la présentation, l'art de la perspective, tous représentent un modèle de l'art qui a servi comme manifestation de la volonté de dominer par la force suprême les peuples « barbares », de vaincre leur vision informe et indistincte des choses.[1]

L'explication physiologique s'intéresse à trouver pour chaque dénomination esthétique son équivalent physiologique. L'esprit fin, la perception perspicace et nuancée qui développe un sens élevé de la distinction n'est qu'un organe de perception extrêmement fin : « L'*affinement de l'organe* qui perçoit bien des choses infimes et éphémères »[2]. De même, une *sensualité intelligente* est celle qui possède « la force de saisir la plus discrète indication, la moindre suggestion ».[3]

L'ensemble de l'état esthétique se trouve expliqué par un état physiologique de débordement, de force dans les muscles, d'une agilité dans le mouvement, de légèreté et de déplacement, « une danse, légèreté et presto ». Une surexcitation est à la source de toute grande création artistique : « Les artistes, quand ils valent quelque chose, sont forts (physiquement aussi), débordant, des animaux vigoureux sensuels ; sans une certaine surchauffe du système sexuel, un Raphaël n'est pas concevable... »[4]

Nietzsche renvoie les valeurs esthétiques du Beau et du Laid à un point de vue physiologique de l'interprétation. Les deux valeurs expriment deux réalités physiologiques : la puissance et la dégénérescence. Les valeurs esthétiques ainsi que les valeurs morales se rapportent à une manière et un état d'être. C'est par ce point de vue physiologique que l'empire imaginaire de l'idéalisme des choses et des valeurs *en-soi* se trouve déchu :

« Rien n'est beau, il n'y a que l'homme qui soit beau : sur cette naïveté repose toute esthétique, c'est sa *première* vérité. Ajoutons-y dès l'abord la deuxième : rien n'est laid si ce n'est l'homme qui *dégénère*, – avec cela l'empire du jugement esthétique est circonscrit. Au point de vue physiologique, tout ce qui est laid affaiblit et attriste l'homme. »[5]

---

[1] C'est surtout l'historien de l'art allemand Johann Joachim Winckelmann (1717-1768), dans son œuvre *Histoire de l'art dans l'Antiquité* (Dresde, 1764), qui a développé ce culte d'adoration pour l'art classique gréco-romain, en le considérant à la fois comme un modèle de la perfection pour l'art et comme signe de la puissance et du progrès propres à ces civilisations européennes. L'œuvre de Winckelmann et ses préférences esthétiques en faveur d'un art néoclassique ont exercé, en Allemagne surtout, une grande influence.

[2] *Fragments posthumes*, XIV, p. 85.

[3] *Ibid.*

[4] *Ibid.*, p. 86.

[5] *Le Crépuscule des idoles, Flâneries d'un inactuel*, § 20, p.1001.

Cependant, faut-il en clarifier davantage le sens, l'analyse physiologique n'est pas une description de type scientifique d'un état esthétique. Au contraire, elle tâche d'instaurer une nouvelle interprétation philosophique au phénomène esthétique. Dans la création artistique, il existe une volonté de la création. Cette volonté n'est pas une essence divine ou une architectonique de la raison. Elle est le corps lui-même, le corps qui exprime sa force naturelle et qui quête à se jouir de son être.

## 2. L'interprétation généalogique de la réalité de l'artiste

### 2.1. Le sens de la démarche généalogique : de la création de l'œuvre au besoin créateur

Si Nietzsche s'emprunte, en présentant ses idées esthétiques, une certaine terminologie propre à la science, ce n'est pas pour soutenir une quelconque perspective positiviste pour la théorie esthétique. Au contraire, cette analyse n'est qu'un élément d'une procédure philosophique générale de l'interprétation de la dynamique créatrice propre au phénomène de l'art. C'est dans ce sens que l'esthétique nietzschéenne se comprend aussi comme une *généalogie de l'artiste*.

La généalogie marque évidemment ce passage d'un niveau proprement analytique à un autre proprement interprétatif. Le point de vue généalogique parvient à poser le problème de l'art sur un terrain de l'artiste, c'est-à-dire sur un niveau de l'individu compris comme un centre de forces créatrices et non comme un agent ou une cause extérieure au processus énergétique et créateur de l'œuvre d'art. L'optique de l'artiste exprime donc ce choix méthodologique qui appréhende le processus de la création comme un processus de la médiation formatrice et génératrice des symboles qui se fait par et par rapport à un certain individu.

Angèle Kremer-Marietti note à ce propos que la généalogie est en rapport avec l'art, dans ce sens que l'art est le lieu privilégié des symboles. « La généalogie, en tant que discipline, est la topique théorique de ce terrain de l'art. Et cette discipline est opératrice de déconceptualisation, de dévalorisation, de désidéalisation ; sa marche régressive est de l'ordre de l'analyse, mettant à découvert les formations symbolisatrices telles qu'elles ont été effectivement à l'œuvre dans tous les domaines. »[1] Et en tant qu'une généalogie de l'art, l'esthétique opère selon une démarche régressive qui se

[1] Angèle Kremer-Marietti, *Nouvelles lectures de Nietzsche*, *op. cit.*, p. 62-63.

fait sur deux niveaux : remonter de l'œuvre au créateur, et de celui-ci au besoin qui l'anime :

« Et ainsi j'arrivais à une acuité toujours plus grande dans le maniement de la déduction la plus difficile et la plus captieuse, celle où l'on commet le plus d'erreurs – celle qui de l'œuvre remonte au créateur, du fait à l'auteur, de l'idéal à celui pour qui il est une nécessité, de toute manière de penser et d'apprécier au besoin qui la commande. »[1]

La généalogie de l'art en tant qu'une démarche régressive s'intéresse à établir la procédure de l'interprétation de l'acte créateur de l'œuvre d'art à partir d'un niveau élémentaire générateur de la signification. Mais il faut en préciser encore, à la manière de Deleuze, que cette procédure généalogique n'a pas comme seul but la désignation d'un niveau élémentaire de la signification, de son « origine », mais aussi et surtout la désignation de ce qui permet la différenciation dans cette origine : « Généalogie veut donc dire origine ou naissance, mais aussi différence et distance dans l'origine. »[2]

La différenciation est la condition nécessaire pour établir l'évaluation. L'interprétation n'a de sens pour Nietzsche qu'en tant qu'elle est une évaluation, ou plus précisément une procédure d'établir la table des valeurs. L'interprétation généalogique de la réalité d'artiste part donc de cette perspective évaluative qui cherche à différencier entre deux types interprétatifs de l'artiste, deux types de « souffrants » dans l'art :

-Le type dionysiaque qui porte le sens de l'affirmation de la vie et qui nous procure une vision et une compréhension « tragiques » du monde.

-Le type romantique qui, contrairement au premier, porte le sens de la négation et de l'opposition à la vie, le sens du *nihil* :

« Mais il y a deux sortes de souffrants, d'abord ceux qui souffrent de la *surabondance de vie*, qui veulent un art dionysien et aussi une vision et une compréhension tragique de la vie – et ensuite ceux qui souffrent d'un *appauvrissement* de la vie, qui demandent à l'art et à la philosophie le calme, le silence, une mer lisse, la délivrance de soi, ou bien encore l'ivresse, les convulsions, l'engourdissement, la folie. »[3]

À ces deux types différents de l'interprétation du sens de la réalité de l'artiste et de sa création, Nietzsche applique, dans le paragraphe 371 du *Gai Savoir*, tout un schéma dichotomique de l'interprétation qui s'étend sur trois niveaux de l'analyse : le besoin, le désir et l'expression. Ce schéma dichotomique part d'un niveau élémentaire qui pourrait paraître indistinct de point de vue interprétatif, puisqu'il se définit au début comme un besoin,

---

[1]*Le Gai Savoir*, V, § 370, p. 241.
[2] Gilles Deleuze, *Nietzsche et la philosophie*, *op. cit.*, p.3.
[3]*Le Gai Savoir*, V, § 370, p. 240.

comme un manque. La création part d'un état général de la désagrégation, ou selon l'expression nietzschéenne de la « souffrance » de l'être. « Tout art, toute philosophie [...] supposent toujours des souffrances et des souffrants. »[1] Toute quête de la création est une quête de l'accomplissement, d'une quelconque satisfaction si l'on fait recours au langage freudien. À ce niveau, la force de la création, comme flux et impulsion, est encore une force confuse du point de vue de sa valeur herméneutique. Elle dénote un niveau inconscient de l'état de la création.

L'interprétation à partir d'un schéma dichotomique intervient pour marquer ce passage d'un niveau de la force naturelle élémentaire à une volonté de la création. Qu'est-ce qui est voulu par la création ? Dans quel sens s'oriente la force créatrice ? La question de la création demeure, en dernière analyse, sur un plan esthétique aussi bien que philosophique, une question de la perspective, de l'intention et du sens. Autrement dit, elle est une question herméneutique qui pose l'interrogation suivante : dans quelle perspective crée-t-on et qu'exprime-t-on par sa propre création ?

À ce niveau de la création comme volonté, le questionnement esthétique ne traite plus d'une force confuse ou d'un besoin sans nature. « À l'égard de toutes les valeurs esthétiques je me sers maintenant de cette distinction capitale : je demande dans chaque cas particulier : "Est-ce que la faim ou l'abondance qui est devenue créatrice ?" »[2] Le *besoin*, en tant qu'une force de création, peut engendrer des manières différentes de la création. Mais ce qui intéresse le jeu de l'interprétation c'est de savoir quelle est la nature du besoin exprimé dans chaque création. Le schéma dichotomique admet une double nature de ce besoin : ou bien elle exprime « *la faim* » (le mode négatif de concevoir la création) ou bien elle exprime « *la surabondance* » (le mode positif). Ces deux modes sont interprétés comme flux primaires et contradictoires du phénomène vital, comme forces de vie et de mort. Chaque nature engage la création dans une logique propre à elle. Ainsi, la nature propre de chaque besoin détermine une nature propre du désir.

Le *désir* marque cet engagement dynamique du besoin dans des comportements, des actes qui visent la satisfaction. Il s'exprime de deux manières différentes, mais qu'on peut les trouver ensemble dans chaque nature : le *désir de détruire* et le *désir d'éterniser*. C'est au niveau de chaque désir que l'interprétation dichotomique va être appliquée. Ainsi, le désir de détruire, dans son mode positif de l'interprétation, peut exprimer la force surabondante de la vie, comme il peut exprimer, dans son mode négatif, « la haine de l'être manqué » :

---

[1] *Ibid.*

[2] *Ibid.*, p. 241.

« Le désir de *destruction*, de changement, de devenir peut-être l'expression de la force surabondante, grosse de l'avenir (mon terme pour cela, comme l'on sait, le mot "dionysien"), mais ce peut aussi être la haine de l'être manqué, nécessiteux, mal partagé qui détruit, qui est *forcé* de détruire, parce que l'état des choses existant, tout état de choses, tout être même, le révolte et l'irrite – pour comprendre cette passion il faut regarder de près nos anarchistes. »[1]

De même, le désir d'éterniser, de fixer dans la belle forme, le désir « plastique », exprime dans son mode positif le désir « de la reconnaissance et de l'amour ». Par contre, dans son mode négatif, il exprime le désir d'éterniser sa propre souffrance, il exprime une volonté tyrannique « d'un être qui souffre cruellement. »[2]

Il s'agit de deux modes d'exprimer le désir créateur, qui aboutissent à deux formes de l'art : Un art de l'apothéose, dont l'œuvre se rapproche beaucoup de son acception classique. L'œuvre de cet art est censée exprimer les valeurs esthétiques de la beauté suprême, la sobriété, la grandeur, le rythme simple, mais expressif. Tels les tableaux de Raphaël ou de Rubens, la musique de Bizet, le roman de Dostoïevski, la poésie de Hafiz. L'autre art vise l'effet et l'excessif. Il cherche à tyranniser le spectateur, à dominer ses affects pathologiques. De Rousseau à Wagner, bref l'art romantique comme modèle, toujours le but est de communiquer et de dominer son public à partir des instincts les plus faibles de l'homme : la peur, la pitié, le chagrin, l'entier oubli et négation de soi. Dans le mode dionysiaque ou dans le mode romantique de l'interprétation, Nietzsche rapporte la forme esthétique de l'art à un discours psychoesthétique sur l'effet de l'œuvre d'art.

## 2.2. Une signification plus générale de la réalité de l'artiste

La critique généalogique impose l'interprétation philosophique à la valeur proprement esthétique de l'œuvre de l'artiste. La réalité de la création est conçue, dans cette critique, comme une réalité complexe qui exprime des forces contradictoires. Dans ce jeu de la création, ces forces s'interprètent aussi comme des forces de la *culture* qui agissent et se manifestent dans le travail de l'artiste. Le phénomène esthétique est un phénomène de culture. Chaque culture possède son propre style, sa propre vision esthétique. Pour Nietzsche, et loin d'opter pour un holisme ou un déterminisme culturel, la théorie esthétique essaye de comprendre les rapports qui s'établissent entre l'expérience esthétique d'un individu ou d'un groupe et leur culture de référence. De ce côté, l'esthétique nietzschéenne se transforme en une sorte

[1] *Ibid.*
[2] *Ibid.*

de sémiologie culturelle, c'est-à-dire à une étude des signes propres à une culture. Elle est orientée par une dimension normative, qui tente de receler les tendances vers la puissance et la prépondérance ou bien vers l'appauvrissement et la décadence, et de leurs manifestations dans la création des styles et des œuvres d'art ainsi qu'à leur réception.

Selon le point de vue généalogique, l'œuvre d'art est un réceptacle de différentes conditions et dimensions qui composent l'expérience de vie de l'artiste. Les valeurs esthétiques impliquent directement sa manière de vivre et de voir les choses. Dans ce contexte d'analyse, il n'y a pas de grande différence entre les valeurs esthétiques et les valeurs éthiques, mais à condition que l'on comprenne le terme éthique d'une manière élargie, c'est-à-dire comme choix, valeurs et manières d'orienter sa vie et ses actions, et qui expriment à leur tour une certaine expérience de la vie. De même, les valeurs esthétiques expriment un choix éthique, une manière de voir et d'agir. C'est pour cette raison que l'esthétique, chez Nietzsche, comporte aussi un travail sur la dimension éthique. La création artistique est une création des valeurs, des normes et des évaluations. Elle est une création d'une manière d'être et de voir le monde. Et c'est en cela qu'elle implique, pour Nietzsche, une perspective éthique sans pour autant qu'elle soit conditionnée par les exigeants et les « sérieux » impératifs de la morale. Contre la morale, mais impliquant l'éthique : voilà comment l'esthétique nietzschéenne devient, selon l'expression de Paul Audi, « une esth-éthique ».[1]

C'est le sens du tragique qui nomme exactement ce lieu de rencontre entre l'esthétique et l'éthique. Dans l'épreuve du tragique et dans son expression, l'expérience de la vie devient une expérience de la création de la signification supérieure et affirmative. Le tragique est l'art originaire qui crée à la fois l'artiste et le philosophe. C'est cette dure épreuve qui distingue entre individus et même entre peuples, comme elle distingue entre deux types de valeurs *esth-éthiques* :

« De là il résulte, tout compte fait, que la *prédilection pour des choses problématiques et terribles* est un symptôme de force ; tandis que le goût du *joli*, du *mignon* appartient au faible, au délicat. La *jouissance* éprouvée à la tragédie distingue les époques et les caractères *forts*. »[2]

---

[1] Paul Audi, *L'Ivresse de l'art, Nietzsche et l'esthétique,* Librairie Générale Française, 2003.
[2] *Fragments posthumes*, XIII, 10 (168), p.190.

# Conclusion

La physiologie ou encore la généalogie sont des manières de qualifier la nature de la démarche propre à l'esthétique nietzschéenne. Cependant, a-t-on encore répondu à la question de la « démarche » et du « lieu » propres à l'esthétique ?

À notre égard, le plus adéquat pour l'esthétique nietzschéenne ce n'est pas d'en chercher une détermination catégorique, plutôt que d'essayer d'interpréter cette « dissémination » de la signification de l'esthétique dans la totalité de la philosophie et de l'œuvre nietzschéenne d'une manière positive, c'est-à-dire l'appréhender comme une quête interminable de la signification et du sens le plus profond de la créativité humaine, de ce qu'il y en a de plus beau, de plus étrange, de plus original. Et si l'esthétique ne se lasse pas à découvrir le sens de l'excellent et de l'excédent, ce n'est pas seulement pour le « dire » ou le contempler, mais c'est pour l'acquérir. Le sujet est entièrement impliqué dans son objet de recherche.

Aussi générale qu'elle soit, cette signification s'apparente bien au sens de la philosophie. De même, la fonction ontologique assignée à l'art ne fait que corroborer l'idée de considérer la philosophie nietzschéenne comme esthétique généralisée. Le penseur de l'esthétique n'est autre que le philosophe. Dans l'œuvre de Nietzsche, on n'en trouve pas d'autre profil qui serait vraiment différent de celui du philosophe. Le philosophe-artiste est le vrai penseur de l'esthétique. En tant que tel, il associe les deux autres figures assignées au philosophe : il est le médecin de la culture en tant qu'imprégné par un fort souci critique[1], comme il est le législateur qui cherche à dresser la nouvelle table des valeurs.

Le philosophe incarne ces différentes figures d'une manière synthétique, mais c'est la dimension esthétique qui attribuerait en dernière analyse la signification positive à la tâche ardue de la philosophie. Pareillement, le sens de l'implication propre à l'esthétique nietzschéenne aurait à dénoter cette

[1] « J'attends toujours encore qu'un *médecin* philosophe [...] ait une fois le courage de pousser à sa conséquence extrême ce que je ne fais que soupçonner, et de hasarder cette idée : " « Chez tous les philosophes, il ne s'est, jusqu'à présent, nullement agi de « vérité », mais d'autre chose, disons de santé, d'avenir, de croissance, de puissance, de vie..." » *Le Gai Savoir, Avant-propos de la deuxième édition*, § 2, p. 30.

*multitude perspectiviste*, à savoir l'implication directe de la réflexion esthétique dans les enjeux philosophiques majeurs.[1]

Il devient clair, à notre égard, que ce qui prime chez Nietzsche dans la signification de l'esthétique est le sens d'une perspective philosophique générale. Un sens qui a été formulé depuis La *Naissance de la tragédie*, mais il est devenu plus conscient et plus cohérent dans sa philosophie tardive. La critique des œuvres ou des artistes se fait en rapport avec les préoccupations philosophiques de Nietzsche. Il est à même de dire que ce discours critico-esthétique représente un élément essentiel de la rhétorique qui soutient et consolide la force de cette pensée philosophique.[2]

Ce qui est mis en question par Nietzsche ce n'est pas la valeur proprement créative d'une œuvre d'art. Au contraire, il affirme, dans le fragment 370 du *Gai Savoir*, qu'il s'agit dans les deux types interprétatifs de l'artiste, d'une création. D'autant plus que Nietzsche se réfère dans son discours à des œuvres d'art bien reconnues. La critique nietzschéenne porte essentiellement sur la valeur interprétative de certaines œuvres.

La problématique nietzschéenne se pose sur un niveau plutôt herméneutique que proprement esthétique. Nietzsche confond délibérément, dans sa critique d'œuvres, les différents types de discours et les différents niveaux d'évaluation, de sorte qu'il devient chose difficile (pour ne pas dire impossible) pour les commentateurs de savoir où figurent les limites distinctes entre ce qui est proprement esthétique et ce qui ne l'est pas. Les routes sont bien brouillées pour ne pas savoir où se marquent les limites de la critique esthétique.[3]

---

[1] Mais, faut-il noter que de ce côté Nietzsche reste fidèle au souci propre aux penseurs romantiques, celui de proposer à la philosophie un rachat esthétique.

[2] Mattieu Kessler évoque ce sens de la distinction entre les deux significations de l'esthétique chez Nietzsche en ce qu'il appelle une esthétique généralisée et une autre restreinte. Mais, ce qu'il faut ajouter c'est que cette distinction ne se trouve pas dans l'œuvre de Nietzsche d'une manière schématique, au contraire en y trouve cette attitude délibérée à confondre les deux significations de l'esthétique. « Nietzsche est avant tout un philosophe de l'art, la philosophie de la volonté de puissance est une philosophie de l'art, celui-ci étant compris dans un sens générique différent de ce que Nietzsche appelle, un peu péjorativement, « l'art des œuvres d'art » ». Mattieu Kessler, *Nietzsche ou le dépassement esthétique de la métaphysique,* Paris, PUF, 1999, p. 18.

[3] C'est dans ce sens que Pierre Sauvanet constate qu'« il n'y a pas à strictement parler d' « esthétique de Nietzsche », au sens où il existe par exemple une esthétique de Kant, parfaitement délimitée et constituée (et constituée par sa délimitation même), ou une esthétique de Hegel (même s'il ne s'agit en l'occurrence que de notes de cours, mais qui correspondent précisément à la systématicité d'un cours). L'esthétique de Nietzsche, si elle existe, se caractérise d'abord par son éclatement, ou plutôt son envahissement progressif de tous les domaines de la philosophie, jusque dans le style même. » Pierre Sauvanet, *« Philosophe-artiste ou artiste philosophe ? »,*in : *L'Artiste*, Collectif, Séminaire Interarts de Paris 2003-2004, Universités : Paris I – Panthéon-Sorbonne,Paris III – Sorbonne-Nouvelle, Paris IV – Sorbonne, dir. de publication : Marc Jiménez, Klinksieck, 2005, p. 204-205.

L'exemple qui pourrait illustrer la difficulté de cette critique est la question esthétique de la forme de l'œuvre d'art et du style créateur. Comment Nietzsche conçoit-il le sens de l'œuvre supérieure de l'art et de sa « forme » artistique ? Quel est le sens du « grand style » créateur de l'art ? Ces questions seront l'objet de notre réflexion dans la partie suivante de la recherche.

# TROISIÈME PARTIE

## Dionysos et Apollon, styles et formes de la création artistique

# Introduction

La théorie esthétique avait généralement l'habitude de poser les questions suivantes : Qu'est-ce que l'art ? Et comment interpréter la multiplicité des pratiques artistiques ? Peut-on réconcilier le multiple de l'art avec l'unité du concept philosophique, de l'art comme concept ?

L'esthétique nietzschéenne ne se détache pas de ces problématiques. Cependant, elle ne les pense qu'en tant qu'impliquant directement la problématique de la création dans la perspective de l'art. Comment être créateur de son propre style ? La question pourrait intéresser aussi la pratique de la philosophie comme art.

Il convient mieux alors de poser une question plus générale, celle de l'interprétation de l'acte créateur dans l'art : Qu'est-ce que la création artistique ? Selon quel modèle pourrait-on créer ? Ce modèle serait-il un modèle unique, un standard de la création artistique ou bien une diversité de styles et de pratiques artistiques ? Comment interpréter la diversité des pratiques artistiques ou ce qu'on a l'habitude d'appeler les « beaux-arts » ? Cette diversité obéit-elle à un quelconque principe hiérarchique ? Peut-on admettre l'idée d'un art supérieur et un autre mineur ? Penser l'unité de l'art implique-t-il nécessairement la mise en question de la diversité des pratiques artistiques ? Quelle est la forme idéale de la création dans l'art ? Culmine-t-elle dans une pratique artistique bien déterminée ou dans un hypothétique art de synthèse ?

Ces questions évoquent le problème de la nature de l'esthétique nietzschéenne. À cet égard, les lectures les plus réductionnistes oscillent entre deux types d'interprétations :

-Une lecture romantique, pour qui toute l'esthétique nietzschéenne, malgré la critique radicale de la théorie romantique amorcée par Nietzsche dans sa philosophie tardive, reste, dans son esprit et dans ses présupposés, une esthétique romantique.

-Une lecture classique qui interprète le sens du développement de la théorie esthétique chez Nietzsche comme un passage d'une théorie romantique vers une théorie classique.

Certes, Nietzsche nous donne l'apparence d'un tel passage d'une théorie néoromantique de la création artistique vers une autre plus classique. Romantique ou classique ? Nietzsche n'était pas très attaché à cette qualification catégorique de la nature de son esthétique. Au contraire, sa démarche était bien plus compliquée pour qu'elle ne soit réduite à de telles catégories. D'autant plus, la question ne se rapporte pas à de simples exigences théoriques de la définition. Elle est primordialement impliquée dans l'expérience personnelle d'un philosophe-artiste.

Plutôt que de soumettre l'esthétique nietzschéenne à cette dualité très réductrice du romantisme et du classicisme, il vaudrait mieux, à notre sens, l'appréhender selon une démarche plus « nietzschéenne ». En premier chef, c'est par la dualité esthético-philosophique *Dionysos/Apollon* que se distingue cette démarche. (Chapitre 1)

Il est bien entendu que pour Nietzsche il ne s'agit plus d'une dualité conceptuelle, mais plutôt d'un couple de figures de la mythologie grecque. Ce déplacement était de grande importance stratégique, puisque la terminologie nous interpelle par une nouvelle manière d'approcher les questions philosophiques : les deux figures mythiques permettent l'introduction des éléments de discours propres à la rhétorique, ainsi que l'ouverture sur des perspectives de recherche ouvertes par la culture moderne : l'anthropologie culturelle, la biologie, la physiologie, la psychologie, l'histoire de l'art et des religions.

L'importance de la dualité *Dionysos/Apollon* culmine exactement en ce qu'elle nous permet de rapporter la question esthétique de la forme et du style de la création à une question philosophique générale, qui implique le style de philosopher, et qui, par là même, détermine le questionnement de toute l'activité métaphorique et symbolique de l'homme. Elle implique dans ce sens le langage, mais aussi la culture. (Chapitre 2)

Quelle est la forme « idéale » de l'œuvre d'art ? Quel est « l'art idéal » ? En rapport avec cette question, la présente recherche va essayer d'interpréter le sens du développement paradoxal de l'esthétique nietzschéenne d'une préférence explicitement manifestée pour l'art musical dans la période de *La Naissance de la tragédie*, à l'apologie de l'art plastique accompagnée d'une certaine « dévaluation » de la musique dans la période d'*Humain, trop humain*, et puis inversement la philosophie tardive reprend de nouveau « la passion musicale ». De quoi s'agit-il pour ces changements dans les préférences esthético-philosophiques ? S'agit-il d'un passage chez Nietzsche d'une période romantique à une autre classique ? L'analyse opte pour une interprétation qui postule le dépassement chez le dernier Nietzsche de cette antinomie romantique/classique vers une approche plus proche de l'art contemporain dans son acceptation du sens du libre jeu des formes dans la création de l'œuvre d'art. (Chapitre 3)

La question de la forme d'art se rapporte beaucoup plus à la question du style plutôt qu'à la question de la forme idéale. Qu'est-ce qu'un style créateur de l'art ? Voilà une question qui a préoccupé l'esthétique nietzschéenne dans sa période tardive. Mais le style de la création n'est pas simplement une question esthétique, le style est un style de vie, une certaine éthique. De nouveau surgissent alors la généalogie et la physiologie pour marquer l'implication de l'esthétique dans la question de l'éthique. (Chapitre 4)

# CHAPITRE I

## Dionysos et Apollon : la religion esthétique de Nietzsche

# 1. Dionysos et Apollon : les deux figures de la création artistique

## 1.1. Une nouvelle problématique de la création artistique

Selon le Nietzsche de *L'Ecce Homo*, *La Naissance de la tragédie* porte sur deux innovations essentielles : « l'interprétation du phénomène dionysien chez les Grecs » et l'interprétation du socratisme comme « instrument de la décomposition grecque », Socrate comme « le décadent-type » »[1]

Ces deux innovations seront de grande utilité pour se libérer de la tutelle des maîtres, autrefois hautement vénérés. Dans ses derniers écrits, Nietzsche renoue les liens avec son œuvre de jeunesse, il ne s'attarde même pas pour annoncer, dans *Le Crépuscule des idoles*, qu'elle fût sa première transvaluation des valeurs : « *La Naissance de la tragédie* fut ma première transvaluation de toutes les valeurs par là je me place sur le terrain d'où grandit mon vouloir, mon savoir – moi le dernier disciple du philosophe Dionysos, – moi qui enseigne l'éternel retour… »[2]

Il va sans dire que l'antagonisme *Dionysos/Apollon* était de grande importance pour toute la philosophie nietzschéenne. Et c'est en rapport avec cet antagonisme que Nietzsche nous propose d'étudier le problème esthétique. Gianni Vattimo note à ce propos : « …Cette philosophie (de jeunesse) présente en elle-même un concept central, original et caractéristique qui peut servir de fil conducteur pour une lecture de l'ensemble de l'œuvre de Nietzsche : le couple Apollon/Dionysos. Ce couple […] rassemble autour de lui presque tous les aspects les plus significatifs de la culture de l'époque, la "métaphysique d'artiste", la doctrine du langage, la polémique contre l'historicisme. Et il prépare de manière déterminante les développements futurs de sa philosophie. »[3]

Dans *La Naissance de la tragédie*, la question esthétique de la création artistique se présente comme étant une question philosophique générale. Le monde lui-même est interprété comme une création d'une œuvre d'art. Cet

---

[1] *Ecce Homo*, p. 1154.
[2] *Ibid.*, p.1029.
[3] Gianni Vattimo, *Introduction à Nietzsche*, Paris, Bruxelles, De Boeck Université, 1999, p.14.

esthétisme nietzschéen annoncé dès les premiers écrits est bien véhiculé par une nouvelle formule esthético-philosophique : le couple *Dionysos/Apollon*. Force est de rappeler que la perspective première et la question à laquelle s'attache la fonction heuristique du couple mythologique grec est en premier lieu une perspective esthétique :

« Nous aurons fait un grand pas en ce qui concerne la science esthétique, quand nous en serons arrivés non seulement à la compréhension logique, mais encore à la certitude immédiate de l'intuition que l'évolution de l'art est liée à la dualité de l'apollinien et du dionysiaque, de la même manière que la polarité des sexes engendre la vie au milieu d'une lutte perpétuelle et de réconciliations seulement périodiques. »[1]

Toutefois, cette fonction ne se limite pas à la seule perspective esthétique, elle s'étend aux différents niveaux de l'interprétation. Autrement dit, ce couple se dresse comme un schéma général de l'interprétation en tant qu'elle est une procédure de la création et de la recréation du sens. Il est d'ailleurs important de noter ici que c'est dès *La Naissance de la tragédie*, et non seulement dans la seule philosophie tardive, que la principale interprétation esthétique de cette dualité était celle du jeu nécessaire pour la création de l'œuvre d'art. Cette interprétation interdirait, dans un sens ou dans un autre, le sens de l'opposition exclusive entre les deux termes.

Cependant, cette interprétation esthétique du jeu nécessaire entre les deux figures s'oppose dans la période de *La Naissance de la tragédie*, à une interprétation métaphysique de type schopenhauerien qui garde encore le sens de la contradiction originelle qui déchire l'unité de l'être, à savoir donc le sens de la contradiction ontologique. C'est vraisemblablement l'incompatibilité de ces deux manières de concevoir le rapport du dionysiaque à l'apollinien (l'ontologique et l'esthétique) qui va pousser Nietzsche depuis *Humain, trop humain* vers un dépassement du sens de la contradiction ontologique par l'intermédiaire d'une généralisation de ce sens du jeu esthétique.

Le dionysiaque et l'apollinien sont ainsi présentés comme des forces de l'art dans le sens qu'ils sont des forces de la création. Également, cette signification pourrait s'étendre au sens de la création du monde aussi bien qu'au sens de la création de la culture.

---

[1]*La Naissance de la tragédie*, § 1, p. 35.

## 1.2. Les deux sens de l'expérience joyeuse de l'être créateur

### 1.2.1. Le sens dionysiaque de la création

Dans un fragment posthume, Nietzsche définit le dionysiaque de la manière suivante :

« Par le mot "dionysien" s'exprime une tendance irrésistible à l'unité, un dépassement de la personne, du quotidien, de la société, de la réalité, comme abîme d'oubli, quelque chose qui enfle douloureusement, passionnément, jusqu'à des états plus sombres, plus pleins, plus instables ; un oui extasié dit au caractère total de la vie, toujours pareil à lui-même au milieu de ce qui change, pareillement bienheureux : la grande sympathie panthéiste dans la joie et dans la douleur, qui approuve et qui sanctifie même les propriétés les plus terribles et les plus problématiques de la vie, en partant d'une éternelle volonté de procréation, de fécondité, d'éternité : sentiment unitaire de la nécessité de créer et de détruire. »[1]

Ce fragment nous présente une signification de la création qui prime par sa dimension ontologique. De ce côté, le dionysiaque est interprété comme une expérience originelle de la création du sens de la vie. Ce que crée cette expérience est en premier lieu un exubérant sentiment de joie, de plénitude et de jouissance extrême éprouvée à travers le jeu pathétique du plaisir et de la douleur. On peut encore dire que l'acte créateur est en lui-même un acte de jouissance de la vie et de l'existence.

Le dionysiaque impose à la création sa propre logique : la création se fait dans le cadre d'une métamorphose et d'un éclatement du cercle rétréci du *principium individuationis*. Elle implique l'individu à la fois dans le processus de la vie cosmique, mais aussi dans son appartenance à la terre. Dionysos est un dieu de la terre, de la vie terrestre. Il est le symbole de ses souffrances et de ses ravissements. La terre, prise dans ce sens dionysiaque, est une sorte d'un foyer cosmique, de concentration de forces et de flux, de reprise éternelle de sa dynamique qui engendre vie et mort. Dionysos représente ce pouvoir de ressusciter de ses cendres, de la trace de sa propre mort. Le dionysiaque impose une reprise métaphorique du sens de la terre comme centre du cosmos. Et c'est de cette manière qu'il corrobore le sens de la création comme polarisation créatrice et comme concentration de forces universelles.

[1] *Fragments posthumes*, XIV, 14 (14), p.30.

Le dionysiaque est un mode d'agir vis-à-vis du monde. En tant que mouvement, cet acte plonge dans les profondeurs, dans l'abyssal de l'existence, là où toutes les limites s'effacent :

« Maintenant, dans l'évangile de l'harmonie universelle, chacun se sent, avec son prochain, non seulement réuni, réconcilié, fondu, mais un avec lui, comme si s'était déchiré le voile de Maïa, et comme s'il n'en flottait plus que des lambeaux devant le mystérieux Un-primordial. »[1]

Dans l'expérience dionysiaque de la création, c'est le sens de l'unité, de la confusion totale dans l'être du monde, le sens de l'abolissement et l'anéantissement d'un moi individualisé et institutionnalisé qu'éprouve l'artiste.

### 1.2.2. Le sens apollinien de la création

À l'encontre de cet état dionysiaque d'enchantement du monde objectif, l'élément apollinien désigne un sens différent de l'expérience de la création. « Par le mot "apollinien" s'exprime la tendance à l'"être-pour-soi", à l'"individu" -type, à tout ce qui simplifie, détache, rend fort, distinct, non équivoque, caractéristique : la liberté soumise à la loi. » [2] Dans cette signification apollinienne de l'expérience de la création, c'est le sens de la distance, de la mesure, de la force de la loi, bref c'est le *principium individuationis* qui s'impose à l'artiste créateur. [3]

Dans *La Naissance de la tragédie*, l'apollinien est décrit comme une autre manière, une autre voie pour éprouver l'expérience joyeuse de la vie. L'apollinien embellit l'apparence, perfectionne la forme, ensoleille la vision. Transfigurer la nature de l'apparence : voilà comment l'apollinien s'attribue une fonction métaphorique. Grâce à cette fonction, il nous permet de « voir » la vie autrement. Ce qu'il y a de fantomatique, d'éphémère, d'illusoire réapparaît dans une nature différente : il réapparaît comme beauté suprême et immuable.

Nietzsche se sert de différentes significations mythologiques attribuées à Apollon (dieu du soleil, de la médecine, de la « rayonnante apparition »...) pour démontrer que l'œuvre d'art assure une fonction métaphysique essentielle, celle de rendre « la vie possible et digne d'être vécue. »[4] C'est

---

[1]*La Naissance de la tragédie*, § 1, p. 38.
[2]*Fragments posthumes*, XIV, 14 (14), p.30.
[8] C'est Nietzsche lui-même qui établit ce rapprochement entre le sens schopenhauerien du *principium individuationis* et le sens de l'apollinien. Cf. *La Naissance de la tragédie*, p. 37.
[4]*La Naissance de la tragédie*, § 1, p.37 : « La conscience profonde de la réparatrice et salutaire nature à l'œuvre dans le sommeil et le rêve, sont symboliquement l'analogue, à la fois, de

ainsi que par l'expérience de la contemplation de la beauté qu'elle rend possible, l'œuvre d'art apollinienne se distingue par un effet pathétique, salutaire et adoucissant.

## 2. Homère et Archiloque : l'artiste subjectif et l'artiste objectif

### 2.1. Les deux sens de l'être-artiste : l'objectif et le subjectif

Le dionysiaque et l'apollinien sont deux tendances d'art, deux manières de créer l'œuvre d'art. Mais avant de désigner les deux formes spécifiques de la création artistique (l'art musical et l'art plastique), ils désignent tout d'abord deux manières de concevoir l'être du monde, deux types de l'être-artiste. Le premier, le dionysiaque, dénote le sens de « *l'artiste objectif* », symbolisé dans l'œuvre sur la tragédie par la figure du poète grec Archiloque, par le poète *lyrique* en général. Le deuxième, l'apollinien désigne le sens de *« l'artiste subjectif »*, symbolisé à son tour par la figure d'un autre poète grec, celle d'Homère, par le poète *épique* en général.

Dans l'expérience du dionysiaque, l'individualité se dissout dans l'objectivité. La dimension universelle révèle ce sens aigu de la perte de soi. Cependant, et par rapport à la philosophie classique, Nietzsche inverse le sens de l'universel. Celui-ci n'est plus le synonyme du rationnel, au contraire, c'est en s'identifiant à une force irrationnelle, à une manie qui déstabilise l'individu, qui le prend au-delà de soi même, que le sens du dionysiaque implique l'universel.

Par contre, dans l'apollinien, l'attitude plus contemplative, plus consciente implique le sens de la subjectivité. Le subjectif dénote ce sens de la distance, de se distinguer de ses propres images. Le miroir de l'apparence à laquelle s'attache l'artiste apollinien l'empêche et le préserve contre toute confusion avec l'objet contemplé. C'est par ce miroir qu'il se trouve « protégé contre la tentation de se confondre et de se fusionner avec ses figures, de s'identifier à elles d'une manière absolue. »[1]

C'est ainsi que l'expérience apollinienne de la création se comprend comme une expérience de contemplation, de regard, de souci pour les petits détails, de distance avec l'image. L'artiste apollinien « ne vit et ne se sent à

---

l'aptitude à la divination, et des arts en général, par lesquels la vie est rendue possible et digne d'être vécue. »

[1]*Ibid.*, p. 50-51.

l'aise et heureux qu'au milieu de ces images et ne se lasse jamais de les contempler amoureusement dans leurs plus petits détails. »[1]

Pour l'artiste dionysiaque, l'expérience de la création artistique implique le sens de l'unité mystique, d'une fusion du « je » personnel dans la totalité du monde. Dans l'œuvre dionysiaque, nous entendons la voix de la nature entière. Nous entendons également une musique qui ressurgit du fond abyssal de l'existence. Nous nous représentons l'être du monde comme il est dans son éternelle tragédie. C'est pareillement que la dimension dionysiaque de la création artistique implique le sens de la totalité, de l'unité, de l'objectivité, de la dynamique et du rythme : « Les images du poète lyrique, au contraire, ne sont autre chose que lui-même, et, en quelque sorte, seulement des objectivations diverses de lui-même. »[2]

Dans la dimension apollinienne, il s'agit d'une reprise imaginaire, d'une réminiscence propre à ce monde originaire, mais qui à travers la vision onirique et salutaire revêt le voile de la beauté et de la fascination. L'apollinien surplombe le monde de ses créations, le dionysiaque est au centre de ses créations. Le dionysiaque est une expérience esthétique d'un dieu qui devient homme, l'apollinien est une expérience esthétique d'un homme (de l'homme grec) qui devient dieu.

## 2.2. Le fondement objectif de l'être-artiste

Le sens du dionysiaque dans l'expérience de la création artistique impose la perspective de l'objectivité et de la perte de soi. La création artistique ne pourrait pas être pensée à partir du seul cadre de la subjectivité, au contraire elle implique la dissolution du cadre limité de la subjectivité consciente. Voilà une nette démarcation avec la modernité, pour qui cette même subjectivité est une condition nécessaire de l'expérience esthétique : « Le “je” du poète lyrique résonne donc du fond de l'abîme de l'Être ; sa “subjectivité”, au sens des esthéticiens modernes, est purement imaginaire. »[3]

Ce sens du dionysiaque est selon Nietzsche essentiel pour toute expérience de la création artistique. L'artiste, quel qu'il soit, a nécessairement un fondement dionysiaque et objectif. Il part de cette abdication de soi, condition nécessaire de toute création artistique : « Déjà l'artiste a abdiqué sa subjectivité dans le processus dionysiaque. » [4] Le « je » de l'artiste dionysiaque est un « médium » par lequel le « je » objectif du monde se libère

[1] *Ibid.*, p. 49.
[2] *Ibid.*, p. 50.
[3] *Ibid.*, p.49.
[4] *Ibid.*, p.49.

dans la belle apparence : « Mais dans la mesure où il est artiste, le sujet est délivré déjà de sa volonté individuelle, et transformé pour ainsi parler, en médium par qui et à travers lequel le véritable sujet, le seul véritablement existant, célèbre sa délivrance dans l'apparence. »[1]

L'expérience dionysiaque est dans ce sens une expérience de métamorphose et de devenir. Une expérience dans laquelle le subjectif s'approprie le sens de l'objectif, le sens et la force de la nature. C'est de cette manière que Nietzsche conçoit le sens du *génie artistique (Künstlergenie)*. Le génie n'est pas une force contre nature, plutôt il est la force de la nature elle-même, mais en tant qu'elle est appropriée par l'artiste créateur. En tant que tel, le génie est la force dionysiaque de l'art.

Dans le chapitre 5 de *La Naissance de la tragédie*, le génie du poète Archiloque se représente comme une force créative de la nature entière et qui s'exprime dans les vers de ce poète. Autrement dit, le « je » ici n'est pas celui d'un sujet particulier, mais un « je » qui émane du monde objectif, du fond de sa nature. Inversement, Archiloque est le non-génie en tant qu'il se représente comme un sujet particulier et non en tant qu'un poète. L'artiste dionysiaque dans son sens générique est la nature elle-même. Par rapport à cette première signification, l'artiste humain n'est qu'une identification particulière de ce sens originaire de l'artiste du monde. Pareillement, le sens du génie est ce sens de s'octroyer la force créative et artistique propre à la nature par un individu humain.

# 3. Musique et plastique

## 3.1. La musique et le problème de l'art originel

### 3.1.1. Musique et métaphysique

Il est bien entendu que le couple Dionysos/Apollon désigne deux manières, deux formes de l'art, la musique et la plastique. D'une part, le dionysiaque invoque le sens de la création du rythme, du mouvement, de l'intonation qui suppose déjà la contradiction. La création artistique se conçoit ici dans la perspective philosophique du devenir. Cependant, ce sens de devenir ne se conçoit pas comme une catégorie rationnelle qui s'impose aux

[1]*Ibid.*, p. 51.

choses du monde, plutôt il se manifeste comme une expérience distinguée et délectable de la signification de l'être de la vie que nous éprouvons.

D'autre part, l'apollinien invoque le sens de la création de la forme, de l'apparence plastique. Et c'est parce que sa beauté se manifeste comme perfection dans l'apparence, comme beauté éternelle, qu'elle nous attache au monde de l'apparence, au monde dans lequel nous vivons. C'est en cela qu'elle nous appelle à la contemplation. De la même manière que le sens de l'artiste dionysiaque acquiert une désignation plus « fondamentale », plus « originelle » par rapport à l'artiste apollinien, l'art dionysiaque acquiert à son tour le sens d'un art plus « originel », dans le sens qu'il émane « directement » du fond de l'être du monde.

Dans *La Naissance de la tragédie*, Nietzsche élucide cette idée en partant d'une remarque de Schiller qui parle d'une atmosphère musicale dans laquelle émerge la création poétique :

« Schiller nous a éclairé sur le processus de sa création poétique par une observation psychologique qui lui paraissait inexplicable, mais nullement embarrassante : il avoue en effet que, pour lui, la condition préparatoire favorable à l'acte de création poétique n'était pas la vision d'une suite d'images, avec une causalité coordonnée des pensées, mais bien plutôt une atmosphère musicale. »[1]

Nietzsche s'éclaire donc d'un schéma schillérien qui fait précéder le sentiment musical ou ce qu'il appelle encore l'âme musicale à « l'idée poétique ».[2] De la même manière, mais dans un vocabulaire plus distingué, Nietzsche parle de la musique qui devance l'image et du dionysiaque qui précède l'apollinien. Cependant, cette première signification métaphysique de la musique correspond à une forme pure ou une idée abstraite et non à l'œuvre musicale créée. Mais la musique pure existe-t-elle vraiment ?

Dans sa métaphysique de la volonté, soutenue encore dans *La Naissance de la tragédie*, Nietzsche nous propose un rapport paradoxal entre la musique et la volonté. La musique est la forme d'art la plus proche et la mieux placée pour exprimer l'essence de la volonté. Pour une telle raison et « dans le miroir des images et des concepts », la musique « apparaît (*erscheinen*) comme volonté ».[3] Toutefois, une telle affirmation risque de nous porter vers un contre sens. La volonté dans son acception schopenhauerienne, admise ici par Nietzsche, est « l'opposé du sentiment esthétique purement contemplatif et

---

[1]*La Naissance de la tragédie*, §5, p. 48.

[2] « Le sentiment est chez moi tout d'abord sans objet clair et défini ; celui-ci se forme plus tard. Un certain état d'âme musical le précède, et à celui succède en moi l'idée poétique. » Schiller cité par Nietzsche au paragraphe 5 de *La Naissance de la tragédie*, p. 48.

[3]*Ibid.*, § 6, p. 54.

dénué de volonté »[1]. Le rapport esthétique désintéressé à l'œuvre d'art s'oppose catégoriquement à l'acte radicalement motivé de la volonté. Ceci impose à Nietzsche de préciser davantage que la musique n'est pas la volonté de point de vue de son essence, mais elle l'est de point de vue de son apparence, de la volonté en tant que phénomène. La volonté dans son essence est « l'inesthétique en soi »[2]. L'apparenter en tant que telle à la musique implique la privation de celle-ci de son statut d'art.

Ce rapport paradoxal à la volonté se trouve présenté d'une autre manière dans l'écrit posthume « *La Conception dionysiaque du monde* » qui date de la période de *La Naissance de la tragédie*. Dans cet écrit, la musique est censée exprimer une double réalité de l'être de la volonté :

-En tant que *rythmique* et *dynamique*, elle exprime la volonté dans ses mouvements partiels. La *rythmique* représente l'état et la tendance de la volonté vers le plaisir ou le déplaisir. La *dynamique* représente « la quantité changeante de plaisir et de déplaisir » ainsi que leur plénitude.[3] Dans les deux cas, il s'agit d'un symbole « extérieur » à la volonté.

-Par contre, et en tant *qu'harmonie*, la musique est le symbole de l'essence de la volonté : « l'harmonie est symbole de l'essence pure de la volonté. »[4] C'est exactement dans l'harmonie que la musique acquiert ce statut métaphysique supérieur, elle devient même le symbole de la totalité de la volonté, « non pas du seul sentiment, mais aussi du monde. »[5]

Dans les deux textes, la musique est pensée d'une manière paradoxale :

-Elle est du côté de l'essence (de la volonté) sans toutefois qu'elle s'identifie elle-même comme essence.

-Elle est du côté de l'apparence, du phénomène, du symbole, mais non de l'image ou beaucoup plus du concept.

-En tant que symbole, elle symbolise la volonté dans ses mouvements partiels, mais aussi et en même temps elle est symbole de la totalité de la volonté.

-Dans *La Conception dionysiaque du monde*, la musique est le symbole de la volonté dans sa totalité, dans ses mouvements ainsi que dans son essence. Par contre, dans *La Naissance de la tragédie*, elle est seulement du côté de l'apparence de la volonté.

---

[1]*Ibid.*
[2]*Ibid.*
[3] Nietzsche, *La Conception dionysiaque du monde*, œuvres philosophiques complètes, Ecrits posthumes 1870-1873, Textes et variantes établis par G. Colli et M. Montinari, trad. J-L Backès, M. Haar et M. B. de Launay, Gallimard, 1975, p. 67.
[4]*Ibid.*
[5]*Ibid.*

### 3.1.2. La musique « pure » est une absurdité

La musique « pure » reste en fin d'analyse une supposition métaphysique qui implique une absurdité bien apparente dans le discours esthético-philosophique du premier Nietzsche. Non seulement elle est présentée d'une manière paradoxale, elle apparaît d'autant plus comme une idée « inesthétique », non créative de l'œuvre d'art. Le dionysiaque pur, la musique seule ne peut pas créer l'œuvre d'art.

La musique « pure » et « absolue » n'existe pas. Cette thèse est déjà soutenue depuis la période de *La Naissance de la tragédie.* L'être de la volonté comme étant une contradiction, cherche nécessairement son salut, sa consolation dans le monde de l'apparence, par le rêve et par la vision. Le besoin de l'art naît de cette tension originelle. La musique pure, l'élément dionysiaque par soi-même ne crée pas l'œuvre d'art. C'est pour cela que la musique a besoin de la poésie, elle se manifeste dans le chant, dans les tragédies, elle a besoin d'une manifestation gestuelle apollinienne. La musique pure ou absolue est un concept philosophique et non une réalité de l'art. C'est par une extrapolation théorique que l'on conçoit le sens du dionysiaque pur ou de l'apollinien pur. La fonction de chaque figure se détermine par son implication dans le jeu créatif. Il est tout à fait un phénomène moderne que la musique devienne de plus en plus théorique, un phénomène dû à cette implication de la recherche scientifique, de l'érudition dans tous les domaines de l'art.

Dans le discours nietzschéen sur le dionysiaque et l'apollinien, il nous semble nécessaire d'établir une distinction entre le sens du dionysiaque et de l'apollinien comme éléments d'interprétation et leur sens comme œuvres d'art. Le premier sens permet la distinction analytique et abstraite entre les deux éléments, contrairement au deuxième sens qui ne supporte pas la distinction nette et catégorique entre les deux dimensions de la création de l'œuvre d'art. Cependant, on peut parler d'un art plus dionysiaque ou plus apollinien, selon qu'il implique beaucoup plus le sens du rythme et du mouvement, ou qu'il se manifeste dans l'image et dans la belle apparence. Mais un art purement dionysiaque ou purement apollinien est une chose absurde. Sans ce sens de jeu de l'intériorisation et de l'extériorisation, du rythme et de l'image, du rêve et de l'ivresse, de la sensation et de l'imagination, la création de l'œuvre d'art ne serait plus possible.

Ainsi, dans *La Naissance de la tragédie*, la démarche nietzschéenne ne s'intéresse pas seulement à élucider le sens de la distinction entre un art dionysiaque et un autre apollinien, mais elle s'intéresse aussi à démontrer que l'évolution des arts se fait selon ce passage d'un sens plus primitif et originaire de l'unité du dionysiaque et de l'apollinien (dans l'art lyrique, le chant populaire) à un sens plus élevé (d'un point de vue esthétique) et plus synthétique de l'unité de deux éléments (la tragédie attique).

Chez le Nietzsche de *La Naissance de la tragédie*, il existe cette hésitation entre un attachement inconséquent aux points de vue métaphysiques schopenhauero-kantiens et une nouvelle philosophie qui est la sienne et qui admet l'idée de jeu d'oppositions ontologiques et esthétiques comme condition de la création de la signification (le discours philosophique) et de l'œuvre d'art (le discours esthétique). En s'appropriant des termes antinomiques de la philosophie qui l'a précédée (Volonté/Représentation), Nietzsche ne vise pas la reproduction de leurs propres contradictions, mais plutôt il cherche à créer ce que Karl Heinz Bohrer appelle la *« situation esthétique »,* qui suppose le jeu antinomique des antagonismes :

« Chez Schopenhauer, le principium individuationis perdu se divise en un sens épistémo-critique et en un sens métaphysique. Nietzsche reprend bien les mots qui représentent ces deux domaines, mais il se débarrasse de leur systématique préalablement donnée et s'en sert pour mettre en œuvre une situation esthétique. Il ne vise pas la contradiction logique présente dans un phénomène, mais l'effondrement de la raison dans un acte pathétique. »[1]

Ainsi, plutôt que défendre les points de vue des ses prédécesseurs, l'œuvre sur la tragédie s'intéresse-t-elle essentiellement à défendre la nécessité du jeu du dionysiaque et de l'apollinien dans la création de l'œuvre. De deux points de vue, de la théorie du symbole ou de l'explication de la logique de la naissance des arts, il s'agit de défendre cette idée de jeu nécessaire pour la création (du sens et de l'œuvre) entre le dionysiaque et l'apollinien.

D'ailleurs l'image, même si elle ne se dote pas du même statut ontologique que la musique, elle n'est pas présentée d'une manière totalement négative. Outre que la musique, l'image représente un moyen de délivrance par l'apparence pour l'être souffrant de la volonté. D'autant plus, rapporter l'image au principe apollinien, comme principe créateur, est un fait qui va contribuer d'une manière décisive à ce changement philosophique et esthétique du statut de l'image chez le futur Nietzsche.

Certes, pour le jeune Nietzsche le fondement dionysiaque marque une dimension essentielle de l'expérience de la création artistique. Cependant, ce n'est pas uniquement par cette dimension que l'homme devient artiste créateur de l'œuvre d'art. Ni le subjectif pur, le purement singulier, ni l'objectif pur ne pourrait présenter par lui seul le sens de la création artistique.

---

[1] Karl Heinz Bohrer, « Esthétique et historisme, le concept nietzschéen d'apparence », in *Théories esthétiques après Adorno*, trad. Achim Geisenhanslüke, Textes édités et présentés par Rainer Rochlitz, Arles, Actes Sud, 1990, p. 139.

L'enracinement dans le fond de l'être, dans l'objectivité du monde a besoin de (se) « voir », de se projeter dans une forme singulière de l'œuvre d'art. Ce besoin ne se justifie par aucune nécessité autre qu'esthétique, c'est-à-dire de se contempler et de se voir dans la belle apparence et de jouir de cette vision. Le dionysiaque a besoin de la délivrance par l'apparence. Mais cette apparence n'est pas une forme fixe, plutôt elle est transfiguration inconstante. La force créatrice surmonte l'opposition entre le devenir incessant et la beauté éternelle :

« Dans l'art dionysien et dans sa symbolique tragique, cette même nature nous parle d'une voix non déguisée, de sa voix véritable, et nous dit : « Sois tel que je suis moi-même ! Parmi la perpétuelle métamorphose des apparences, la Mère primordiale, l'éternelle créatrice, l'impulsion de vie éternellement contraignante, s'assouvissant éternellement à cette variabilité de l'apparence ! »[1]

L'artiste originaire est le produit de ce jeu créatif entre le je et l'autre, entre le subjectif et l'objectif. Son art, l'art combinatoire ne se pratique pas comme un calcul rationnel, mais comme une danse où le hasard se mêle à la nécessité pour créer l'infinité de possibles des rythmes harmonieux et mélodiques. Le dieu de cet univers artistique n'est pas le mathématicien, philosophe et théologien, mais l'artiste, musicien et danseur.

## 3.2. Chant populaire et naissance des arts

À cette interprétation métaphysique du rôle des éléments dionysiaques et apolliniens dans la naissance des pratiques artistiques s'ajoute, dans *La Naissance de la tragédie*, un autre point de vue de l'interprétation qui est celui de l'histoire de la culture et précisément la culture grecque. C'est ce point de vue qui va nous montrer, selon son interprétation nietzschéenne, que les arts naissent d'une manière plus spontanée et plus proche de la « nature ». Ce que nous montre aussi ce point de vue, c'est que la musique abstraite, savante ou encore théorique est une forme plus évoluée de l'art musical et qui dépend d'une certaine évolution sociale et culturelle qui distingue la modernité.

C'est à partir de ce point de vue que Nietzsche va essayer d'identifier le chant populaire, un « phénomène qui paraissait alors naturel à tous »[2], comme un niveau primaire de la création de l'œuvre d'art. Le chant populaire est une forme primitive de l'unité, créative de l'œuvre d'art, entre l'élément

[1]*La Naissance de la tragédie*, § 16, p. 96.
[2] *La Naissance de la tragédie*, p. 48.

dionysiaque et l'élément apollinien. Cette unité se conçoit sous la forme de l'identité du poète lyrique et du musicien comme disait Nietzsche.

L'art lyrique, une première forme de l'œuvre d'art, est aussi une première forme de rencontre entre le dionysiaque (le musicien) et l'apollinien (le poète). Il est une rencontre entre la musique et l'image, mais aussi entre le mot et le geste. C'est ainsi que l'art lyrique primitif inclut la danse comme il inclut le rythme musical et la poésie.

Dans cette forme spontanée d'art, il convient mieux de parler d'un élément musical plutôt que de la musique comme elle sera connue plus tard sous sa forme savante. La chanson populaire est fondamentalement de nature dionysiaque et objective. Elle parle la langue du peuple plutôt que celle de l'individu. Elle exprime une âme « agitée par des courants dionysiens » : « Toute époque féconde en chansons populaires fut aussi au plus haut point agitée par des courants dionysiens que nous devons toujours considérer comme la base et la condition préalable de la chanson populaire. » [1] Enveloppées par le rythme musical, les paroles et la poésie viennent en deuxième lieu pour exprimer ce besoin de se libérer par le rêve, le besoin de la musique pure de s'exprimer par des images, par des mots.

Pour Nietzsche, l'art lyrique est le bon exemple qui sert à démontrer comment d'une première forme musicale, la mélodie comme expression spontanée du sens tragique de l'existence, s'engendre la poésie : « De sa propre substance, la mélodie engendre la poésie. »[2] Ainsi et à partir de la musique naissent les images et les mots. Mais cette naissance ne se comprend pas comme une causalité physique, elle est plutôt « fulguration ».[3] Autrement dit, il s'agit d'un même processus de la création et non de quelque chose qui s'ajoute.

De ce côté, il est important de remarquer que le discours sur l'art lyrique se fait selon la même démarche nietzschéenne qui passe d'une signification métaphysique de l'un originaire à une nécessité esthétique imposant le sens de la différence à l'être du monde. Au début, l'élément originel dans tous les arts est l'élément musical manifesté sous sa forme mélodique (le chant populaire, les danses orgiaques, les dithyrambes grecs, le chœur tragique). Ensuite, ce même élément et au moment suprême de sa créativité, dans l'ivresse de l'art, sollicite la vision et crée le besoin de se « voir ». Le besoin plastique de l'art est un besoin propre à l'élément dionysiaque lui-même et non pas une chose extérieure. La forme plastique est le moyen de se voir, mais aussi de se métamorphoser pour le dionysiaque.

---

[1]*Ibid.* §5, p. 52.
[2]*Ibid.* §5, p. 52.
[3]*Ibid.*, § 6, p. 53.

Ainsi, le besoin esthétique se montre chez le premier Nietzsche comme un besoin instaurateur du sens de la différence au sein de l'Un originaire (*Ur-Ein*). Sans cette différence, il n'y aurait pas de jeu, et sans jeu, il n'y aurait pas de plaisir esthétique. Or, c'est ce plaisir esthétique qui s'impose comme une motivation majeure pour l'expérience de l'être.

La force originelle de la création est la musique, un état musical. Toutefois, et avant d'être une quelconque forme de l'art, cette force se comprend comme prédisposition ontologique. L'œuvre musicale ne fait qu'exprimer et symboliser cet esprit et cet état d'âme. À partir de l'art lyrique naît, en premier lieu, la poésie dans sa forme lyrique, là où la poésie est encore plus proche de l'esprit de la musique. En deuxième lieu, vient la poésie épique pour exprimer la gloire du monde apollinien. D'Archiloque à Homère, l'œuvre d'art s'enchante de plus en plus de la belle apparence apollinienne. Mais comment interpréter ce passage d'un sens de la création de l'œuvre d'art à un autre ? Implique-t-il une quelconque dévaluation de l'élément dionysiaque dans la création de l'œuvre ? C'est en rapport avec cette question que se manifeste l'intérêt nietzschéen pour la tragédie attique.

### 3.3. L'art tragique : l'art de la synthèse et le sens supérieur de l'art créateur

*La Naissance de la tragédie* est un grand éloge de la tragédie grecque. Elle est un hymne à sa grandeur et sa sublimité. D'un simple point de vue généalogique, Nietzsche semble continuer à défendre l'idée fondamentale reprise tout au long de l'œuvre : expliquer l'origine des arts à partir de l'élément musical. Ainsi devrait-on chercher l'origine de la tragédie dans le fameux chœur tragique et interpréter celui-ci comme une émanation de l'esprit musical.

Cependant, la force de la tragédie ne se réduit pas à une simple origine musicale. La tragédie se distingue essentiellement par sa nature synthétique. L'art tragique est en réalité un art « synthétique », une forme supérieure qui se distingue par sa capacité de condenser la force symbolique éparpillée dans toutes les autres formes d'art.

La tragédie est vantée par Nietzsche comme lieu idéal de la rencontre libre et créative de différentes formes d'art. Cette rencontre qui se fait dans une totale liberté est aussi orientée d'une manière harmonieuse et selon une démarche qui garantit l'unité nécessaire pour la création de l'œuvre d'art.

Dans ce beau mariage que représente la tragédie, différents éléments artistiques concourent à la création de ce sens supérieur de l'œuvre d'art totale (*Gesamtkunstwerk*) :

-La musique en tant qu'elle représente la force du sentiment, l'état d'âme, le sens de la mélodie et l'ivresse sentimentale.

-La mise en scène évoque le sens de la belle apparence, du mimétisme et de la métamorphose (le masque tragique).

-Le mythe qui permet l'identification à l'évènement héroïque, libère la force de l'imagination et exprime la force des instincts opposés de la vie.

-La poésie, le chant et la danse donnent à la tragédie des rythmes bien distingués qui impliquent le spectateur dans les profondeurs de l'expérience suscitée par la scène tragique.[1]

Il est bien clair que la leçon esthétique que nous pouvons tirer du cas historique de la tragédie attique dépasse les limites d'un simple intérêt pour la musique. D'ailleurs, et d'une manière qui pourrait paraître contradictoire avec cet intérêt excessif pour la musique, Nietzsche nous présente la tragédie comme un remède contre la musique « pure », contre le déchaînement de l'élément dionysiaque : « La tragédie absorbe en elle le délire orgiastique suprême de la musique. »[2]

Le dionysiaque pur, sans limites, est déchaînement anarchique de la force. Par conséquent, il est contre-productif, comme il est nuisible à la création de l'œuvre :

« Par le poids inouï de l'image, de l'idée, de l'enseignement éthique, de l'émotion sur fond de sympathie, l'esprit apollinien arrache l'homme à l'orgiastique anéantissement de lui-même, et en dépit du caractère universel de cet évènement dionysien, l'entraîne à se figurer qu'il voit un tableau isolé du monde par exemple Tristan et Isolde, et que le rôle de la musique est ici simplement de le lui faire mieux et plus profondément voir. »[3]

Ce que Nietzsche appelle le « déchaînement » dionysiaque sans limites aurait une portée annihilante et destructive s'il n'était pas limité par l'apollinien. Et c'est par la mise en scène de l'évènement mythique que la

---

[1] Charles Andler évoque cet aspect « synthétique » de la tragédie attique de la manière suivante : « La théorie de la tragédie athénienne, si chargée qu'elle soit de réminiscences, est le coup de maître du jeune génie de Nietzsche. Elle part de faits historiquement attestés. Elle constate qu'il a fallu la rencontre de trois conditions pour faire une tragédie grecque : 1- un chœur dionysiaque ; 2- un public capable de s'émouvoir de cette musique chorale ; 3- une mythologie de dieux et de héros, en l'honneur de qui l'on pût célébrer les fêtes d'un mystère religieux. » (*Nietzsche, sa vie et sa pensée*, Tome II, Paris, Gallimard, 1958, p. 37.)

[2] *Ibid.*, § 21, p. 114.

[3] *Ibid.*, § 21, p. 117.

musique donne le sens de la vie au monde pétrifié de l'apparence plastique : « Entre la portée universelle de sa musique et l'auditeur soumis à l'influence dionysiaque, la tragédie introduit un symbole sublime, le mythe ; et elle suscite chez celui-là l'illusion que la musique n'est qu'un admirable procédé, un inégalable moyen de donner la vie au monde plastique du mythe. »[1]

Le sens du jeu esthétique équilibré dans la tragédie n'est qu'un signe révélateur de ce qu'est l'âme grecque, de la position qu'elle occupe. Entre la tendance hégémonique illimitée, le déchaînement des « instincts politiques », et la « nostalgie du néant », entre Rome et l'Inde, la Grèce est bien au milieu, leur tragédie exprime cet équilibre créateur.[2] Elle est un exemple réel et historique de l'histoire de l'art qui permet de penser la possibilité d'une œuvre d'art totale et de dépasser le clivage artificiel établi par le classicisme entre les différents formes et styles d'art (le système des beaux-arts).

Par ce sens du jeu esthétique équilibré, Nietzsche nous explique à la fois la naissance et la mort de la tragédie grecque. Cette mort, Nietzsche l'attribue à une alliance, absolument destructive pour la force de l'art grec, entre un moralisme socratique et un sens affaibli de l'art chez Euripide. Toutefois, Nietzsche comprend cet affaiblissement comme étant à la fois un affaiblissement de deux éléments qui font la force de la tragédie : le dionysiaque et l'apollinien : « Il (Euripide) lui est impossible d'atteindre à l'émotion apollinienne de l'épopée, et il s'est débarrassé le plus possible des éléments dionysiens. »[3]

Contrairement à Eschyle et à Sophocle (les deux grandes figures de la force de la tragédie grecque pour Nietzsche), dans la tragédie euripidienne rien ne nous rappelle la force du héros tragique, l'homme qui s'enchante de la scène de la vie et qui accepte et admire d'être l'objet de son jeu destructif et créateur. Là où l'aveuglement de la passion et de l'instinct, et non la vertu, s'impose comme un destin inéluctable. Une telle démarche dramatique prépare le spectateur à toutes les scènes possibles, aux plus violentes et aux plus profanes. L'imprévisible pousse la force de l'intrigue à son paroxysme. Au contraire, chez Euripide, la démarche est dévoilée et la fin est connue dès le début. Le prologue annonçant et expliquant le déroulement de l'acte dramatique remplace l'effet surprenant de l'imprévisible. La force de l'intrigue, se trouvant fortement affaiblie, cède la place à l'introduction brusque, tel un dieu de Descartes comme l'évoquait Nietzsche, d'un *deus ex machina*.[4] Désormais, il incombe à cet élément rhétorique d'assurer et de garantir, du dehors de la scène, le déroulement effectif de l'action dramatique, comme si l'action dramatique ne se tient plus par soi-même, par sa force

---

[1]*Ibid.*, § 21, p. 114.

[2] Cf. *La Naissance de la tragédie*, § 21, p. 113.

[3] *La Naissance de la tragédie*, § 12, p. 78.

[4] Cf. *La Naissance de la tragédie*, § 12, p. 80.

intérieure. Pareillement, par leur recours excessif à la rhétorique moralisante et à l'explication rationnelle, tous ces éléments extra-artistiques ne font qu'affaiblir la force esthétique de la tragédie.

« Le socratisme esthétique » d'Euripide, comme l'appelait Nietzsche[1], annonce le suicide de la tragédie grecque. Fallait-il alors attendre l'avènement de la modernité pour que l'intérêt pour la tragédie se trouve ressuscité. Cependant, *La Naissance de la tragédie*, qui conclut par ce fait historique, tâche aussi à ressentir la renaissance de l'esprit dionysiaque et le resurgissement des signes de l'art et de la culture tragique dans la nouvelle culture allemande. Nietzsche parle de Beethoven, de Goethe, de Heine, mais c'est surtout le Wagner de Tristan et Isolde qui ressuscite ce sens de la scène tragique, de la force originelle de la musique dionysiaque : Un Wagner qui est devenu maître de toute une génération d'artistes-musiciens et emblème de toute une vague d'un hypernationalisme allemand.

---

[1]*La Naissance de la tragédie*, § 12, p. 78.

# CHAPITRE II

## Mythe créateur et puissance métaphorique de l'art

# 1. Le langage en tant que problème esthétique

## 1.1. Dionysos et Apollon : les symboles de l'art

Le couple Dionysos/Apollon introduit une perspective innovante qui implique la question de l'esthétique dans une problématique philosophique générale de l'interprétation et de l'évaluation du sens. Mais cette perspective se pense chez Nietzsche dans le cadre général de la culture en tant que lieu de production des symboles. Dionysos et Apollon sont deux figures métaphoriques. De là, c'est toute la nature de la fonction propre au langage qui se trouve inversée. Cette fonction n'est plus appelée à nous composer « une logique » ou « un système conceptuel » capable par sa propre nature de présenter la vérité de l'existence. Au contraire, elle invite le langage au jeu de l'art, le jeu entre musique et plastique, entre son et image. Toute la théorie du langage chez le premier Nietzsche se fait dans une perspective esthétique, ou si l'on peut dire, il vaudrait mieux d'appréhender cette théorie en tant que faisant partie de son esthétique générale.

La dualité Dionysos/Apollon implique un travail sur le langage, dans le sens de réhabiliter sa fonction métaphorique, mais elle comporte aussi un travail sur la culture mythologique qui nous a présenté ces deux figures. Le mythe n'est qu'un produit et un signe d'une certaine culture, d'un certain style de vivre et de voir le monde. Le langage et le mythe représentent chez le premier Nietzsche le cadre d'analyse dans lequel se déploie l'activité symbolique de l'homme. Le langage est certes un outil pour l'art. Mais dans le langage, il existe aussi cette tendance vers l'abstraction qui risque d'appauvrir la puissance créatrice propre aux symboles. Par contre, c'est dans le mythe que l'activité imaginaire (dans le sens de la production des images) se montre plus féconde et plus créative pour l'art. Le mythe est en quelque sorte le cadre primitif et spontané dans lequel vont se créer les premières formes de l'art. Même s'il appartient maintenant à l'histoire, le besoin d'un mythe demeure un besoin esthétique essentiel pour l'homme.

Ce qu'on trouve dans l'art ce sont les symboles. Et c'est par les symboles et non le langage que se crée le sens. Le langage est lui-même le produit d'une certaine symbolique. Néanmoins, la question ne se réduit pas chez Nietzsche à une perspective nominaliste, puisque le langage lui-même a besoin d'une critique. Nietzsche renvoie la question du langage à la question du symbole. C'est ainsi que dans *La Conception dionysiaque du monde*, l'art pose un problème plus général qui est celui des symboles. Cependant, chez le premier Nietzsche, le symbole réfère encore à une réalité métaphysique qui le dépasse du point de vue de sa nature. Il est une sorte de « dérivé », mais un dérivé de nature moins inférieure puisqu'il n'est qu'une image partielle de la réalité qu'il exprime : « Symbole veut dire ici une image très imparfaite, partielle, un signe de suggestion. »[1] Pareillement, la dérivation se comprend dans une perspective métaphysique qui implique la dégradation dans le sens de l'être.

Il est bien entendu que le référant du symbole est une réalité métaphysique. D'ailleurs dans cette œuvre, la dualité du dionysiaque et de l'apollinien s'interprète dans la perspective métaphysique de la dualité schopenhauerienne volonté et représentation. Et puisqu'il s'agit d'une référence à une dualité, la nature du symbole se conçoit dans un double sens : ou bien il exprime la volonté (dans sa nature, ses états et ses tendances), ou bien il exprime la représentation. Dans le premier cas, il n'est qu'une « image » ou une copie plus proche et plus fidèle de la réalité de la volonté. Dans le deuxième, il n'est qu'une image de la représentation, une représentation de la représentation ou encore représentation de deuxième degré.

Cette manière d'appréhender la fonction et la nature du symbole comme image imparfaite impose à Nietzsche une stratification de type métaphysique : partir du sens de l'unité la plus originelle (la volonté) pour atteindre le sens de la diversité la plus étendue (les représentations). Tout symbole est censé exprimer une réalité. Toutefois, cette réalité qu'il exprime et dont il dérive n'est qu'une contradiction originelle qui divise le sens de l'être entre volonté et représentation. C'est pour cela que le symbole est à la fois produit et expression de la complexité et non de l'unité. Ce qui est exprimé est un sentiment désigné comme « le complexe de représentations inconscientes et d'états de la volonté. »[2] Le sentiment exprime les tendances opposées de la volonté : le plaisir et le déplaisir : « Par plaisir nous devons entendre la satisfaction de l'unique volonté, par déplaisir sa non-satisfaction ».[3]

Selon cette démarche dualiste, le sentiment se manifeste et se « connaît » aussi de deux manières :

-Une manière plus consciente : ce sont les pensées qui ne sont que des représentations très partielles.

-L'autre manière est plus inconsciente ou selon l'expression de Nietzsche « instinctive ». Elle s'exprime par deux moyens : les *gestes* et les *sons*, par lesquels se fait l'essentiel du jeu du langage et de l'art.

---

[1]*La Conception dionysiaque du monde*, œuvres philosophiques complètes, Ecrits posthumes 1870-1873, Textes et variantes établis par G. Colli et M. Montinari, trad. J-L Backès, M. Haar et M. B. de Launay, Gallimard, 1975.§ 4, p. 65.

[2]*Ibid.*

[3]*Ibid.*

Le geste et le son sont deux manières différentes de la manifestation et de la perception du symbole, deux manières de communiquer. Ces deux manières de communication sont deux significations de l'être, mais aussi deux éléments esthétiques de la création artistique : l'élément apollinien (le geste) et l'élément dionysiaque (le son). Dans les deux cas, le symbole représente ce besoin originel de se manifester, de se sentir et de se voir. Et dans les deux cas, il s'agit de différents moyens pour se libérer et *s'autodélivrer*.

Le symbole se manifeste dans le son et dans le geste, dans le dionysiaque senti et dans l'apollinien contemplé. Cependant, entre les deux types de symboles, il existe une distinction de type ontologique. Le dionysiaque est plutôt le symbole du monde de la volonté. Par contre, l'apollinien est le symbole du monde de la représentation. Le symbole dionysiaque permet le fond de la volonté de s'exprimer en tant que rythme et musique de l'être, il exprime sa manière d'être en tant que sentiment. Ainsi, il rend possible l'identification au référent et permet de revivre l'expérience originelle en s'identifiant à elle à travers le sentiment.

Le symbole apollinien exprime le monde de la représentation. Le geste symbolise la « représentation d'accompagnement » du sentiment. Contrairement au symbole dionysiaque, le symbole apollinien reste au niveau de la représentation et ne pénètre pas le fond de la volonté. Mais en tant que tel, il dispose de cette capacité de « duplication », de reproduire les images, de les multiplier. Et c'est cette même capacité qui le rend créatif de point de vue de l'art.

L'œuvre d'art apollinienne est un niveau supérieur de cette capacité de se voir, de multiplier, d'affiner la « vision » et d'embellir le monde d'apparence. En termes de degrés, l'œuvre d'art apollinienne occupe un troisième niveau de la représentation :

-Une première représentation est la représentation qui accompagne le sentiment qu'éprouve la volonté dans sa manière d'être.

-Le geste est une deuxième représentation qui symbolise la première (l'acte mimétique). Le geste est un symbole de la représentation, une représentation de la représentation, une image de l'image. « Une image ne peut être symbolisée que par une image. »[1]

-L'œuvre d'art apollinienne est une troisième représentation qui symbolise le geste.

Et c'est ainsi que « la peinture et la plastique représentent l'homme dans son geste : c'est-à-dire qu'elles imitent le symbole et ont atteint leur effet

[1]*Ibid.*

quand nous comprenons le symbole. Le plaisir de l'intuition consiste dans la compréhension du symbole malgré son apparence. »[1]

D'un point de vue ontologique, Nietzsche attribue au symbole apollinien un caractère phénoménal. Au contraire, le symbole dionysiaque est une émanation directe du monde de la volonté. Il exprime ses mouvements, ses états de plaisir et de déplaisir : « Plus précisément, ce sont les différentes espèces de plaisir et de déplaisir – sans la moindre représentation d'accompagnement – que symbolise le son. »[2]

Cependant, le son n'est pas encore musique. Mais « quand le son devient musique ? »[3]

Le besoin de la création artistique n'est pas le produit d'un simple mouvement. Plutôt il émane d'une tension propre à la volonté, mais c'est une tension qui est poussée à l'extrême. Ce que nomme *l'ivresse* (*Rausch)* est exactement le sentiment dans son extrême intensité. Ce qui est créateur c'est l'intensité. Voilà une innovation décisive dans la période de *La Naissance de la tragédie* malgré la tonalité et la récurrence des thèmes et des expressions schopenhaueriens dans les œuvres de cette période.

Le son devient musique quand l'être différentiel de la volonté se trouve marqué, et à un ultime degré, par sa propre différence. L'ivresse est exactement cette *autoaffectation* de l'être par sa propre nature comme être différentiel. Mais l'ivresse du sentiment ne s'exprime pas par un simple son, elle s'exprime plutôt par le *cri (Schrei)*. Et « comparé au regard, combien le cri est plus puissant et plus immédiat ! »[4]

## 1.2. La théorie du langage entre musique et plastique

Exprimant une nature différentielle de l'être de la volonté, le symbole se conçoit à son tour dans la perspective de la différence et de la multiplicité : « Les symboles peuvent et doivent être multiples. »[5]. C'est sur la base de cette distinction, marquée encore par une métaphysique schopenhauerienne, que se développe dans cet écrit posthume toute une théorie du langage dans une perspective esthétique. Le jeu entre le dionysiaque et l'apollinien est créateur du langage. Le mot n'est qu'une composition de deux types de symboles : en tant qu'il se prononce, dans sa sonorité, il est un symbole dionysiaque et il

[1]*Ibid.*
[2]*Ibid.*, p. 67.
[3]*Ibid.*, p. 68
[4]*Ibid.*
[5]*Ibid.*

exprime un mouvement. Et en tant qu'il représente une image, il est plutôt un symbole apollinien.

Cependant, un mot isolé n'est qu'un « symbole relatif » qui dépend entièrement, dans sa fonction symbolique, de la phrase : « L'unité supérieure de la phrase et l'être qu'elle symbolise déterminent continuellement de manière nouvelle le symbole isolé du mot. »[1] C'est à ce niveau supérieur que le langage reprend le sens du rythme originel de l'existence : « À ce degré, rythmique, harmonie et dynamique deviennent à nouveau nécessaires. »[2] Et c'est là qu'il pourrait devenir aussi *poésie* tout en essayant de s'emprunter cette capacité représentative de la langue. Par contre dans le *chant* et le *récitatif*, c'est la symbolique sonore de l'être qui se trouve empruntée.

Mais pour le langage, il existe aussi une autre voie emblématique qu'il ne faut pas oublier : c'est la voie de la *pensée.* Ce qui explique l'avènement de la pensée, c'est que le mot répété, remémoré, perd sa tonalité, puisqu'il suffit à la mémoire de représenter seulement son image pour le « concevoir ». Il devient alors *concept.* « Un symbole remarqué est un *concept* : puisque lors de la fixation par la mémoire le son s'éteint, le concept ne conserve que le symbole de la représentation d'accompagnement. Ce que l'on peut désigner et distinguer, on le "conçoit" ».[3] La pensée, en tant que « chaîne de concepts », est en quelque sorte un symbole de deuxième degré. C'est-à-dire là où la langue devient plus éloignée du fond originel de la volonté.

Le langage abstrait de la pensée porte bel et bien cet imminent danger de la perte de la signification originelle et d'être un symbole « sans référence ». Peut-être, il vaut mieux, dans ce cas, chercher à regagner le sens de la sonorité première, puisqu'ajouter du son, prononcer, c'est rendre la langue « plus puissante et plus directe ». Mais peut-être également que l'idéal serait de la chanter : « Lorsqu'elle est chantée (la pensée) – elle atteint l'apogée de son action, quand le mélos est le symbole compréhensible de sa volonté : si ce n'est pas le cas, la suite des sons agit sur nous, ainsi que la suite des mots ; la pensée demeure lointaine et indifférente. »[4]

La théorie du symbole du premier Nietzsche part d'une problématique romantique. Elle œuvre pour démontrer la possibilité d'une reconstitution symbolique de l'unité perdue de l'être du monde. Ainsi, les symboles ne se comprennent que dans le cadre de la « représentation », de cette représentation symbolique du fond originel de l'être. Toutefois, les symboles diffèrent par leur capacité « représentative ». C'est dans les formes de l'art, et surtout dans

[1]*Ibid.*, p. 69.
[2]*Ibid.*
[3]*Ibid.*, p. 68.
[4]*Ibid.*, p. 69.

la musique, que cette puissance symbolique atteint son degré supérieur. Par contre, elle s'affaiblit dans le langage conceptuel.

Dans son œuvre sur « *Nietzsche et la métaphore* »[1], Sarah Kofman décèle une première inversion dans la théorie de la métaphore et de son rapport avec le discours philosophique opérée par Nietzsche dans la période de *La Naissance de la tragédie*. C'est le concept qui devient tributaire de la métaphore et non l'inverse. Il est une métaphore de la métaphore, il est donc plus pauvre et plus maigre. Cependant, dans cette première inversion, le rapport du référé au référent se comprend également dans une perspective métaphysique. C'est ainsi qu'il est qualifié par Kofman comme un rapport de l'impropre au propre. La métaphore garde encore une qualification métaphysique de type secondaire, comme si elle est de l'ordre du non vrai ou du non-être.

Dans tous les cas, dans l'art ou dans la philosophie, tout symbole est une « représentation » partielle de ce dont il exprime. Le référé est incompatible avec son terme de référence. Dès lors, on constate bien que la théorie du symbole est ici frappée par cette insuffisance métaphysique. D'autant plus, la dépendance du symbole à un référant métaphysique s'oppose avec ce besoin d'ancrer le sens de la liberté et de la puissance de l'acte créateur.

C'est ainsi que depuis le dépassement du romantisme à partir d'*Humain, trop humain,* le travail va s'intéresser à libérer le symbole de l'hégémonie du référant métaphysique. Ce passage s'opère, selon les dires de Kofman, d'une théorie de la métaphore « qui repose sur la perte du "propre" »[2] à une généralisation de la métaphore, qui permet le dépassement de l'idée du « propre ». Par ailleurs, l'importance du concept de métaphore va diminuer pour laisser la place au « texte » et à l'« interprétation ». La métaphore elle-même n'est qu'une interprétation : « Dans les textes ultérieurs, la notion de

[1] Sarah Kofman, *Nietzsche et la métaphore*, Paris, Payot, 1972.

[2]*Ibid.*, p. 26.

La « perte du propre » se comprend ici de deux manières :

1-La métaphore exprime le sens le la métamorphose, du dépassement de l'individu et du devenir autre. Dans tous les cas, il s'agit d'un dépassement d'une unité découpée. Ainsi « l'unité ontologique de la vie dont la figure est Dionysos» se trouve-t-elle présupposée par cette conception de la métaphore : « la métaphore permet par-delà la séparation individuelle, symbolisée par le dépècement de Dionysos, de reconstituer l'unité originaire de tous les êtres, symbolisée par la résurrection du dieu. » (Sarah Kofman, *op. cit.*, p. 26) La reprise symbolique de cette unité se fait par l'art.

2-La métaphore exprime aussi le sens de la perte de l'essence du monde. La représentation est en général le domaine de l'impropre. Et c'est d'une manière « impropre » qu'on essaye à travers les différentes représentations de récupérer cette perte. Néanmoins, parmi les différentes formes symboliques de la représentation la musique demeure la meilleure. (Cf. Sarah Kofman, *op. cit.*, pp. 26 ss.)

métaphore, après avoir servi, grâce à sa généralisation, à déconstruire le “propre”, perdra de son importance stratégique. »[1]

# 2. Mythe et culture supérieure de l’art

## 2.1. La fonction esthétique du mythe

Le mythe, en tant qu’une forme plus ancienne et plus « populaire » de la culture humaine, représente le terrain à partir duquel s’est développé l’art. C’est dans ce deuxième niveau que le couple Dionysos/Apollon implique une perspective culturelle du problème esthétique. En effet, tout l’intérêt manifesté par Nietzsche dans les premiers écrits pour l’étude de la tragédie et de la culture grecque s’inscrit dans ce souci de répondre à une question primordiale : de quel idéal culturel devrait-on s’inspirer ? Une question qui ne manque pas de résonance esthétique chez Nietzsche : dans quel cadre de culture prospère le grand art créateur ?

Pour répondre à cette question, Nietzsche, qui se trouve dans sa jeunesse fortement imprégné par l’idéal romantique, n’hésite pas à imposer la culture grecque, avec tous ses éléments mythologiques, contre la culture rationaliste et historiciste des modernes. Cependant, la notion de la culture chez Nietzsche avait une signification plus spécifique. Elle se distingue de l’attitude descriptive pour désigner une « âme », une orientation générale des valeurs, une interprétation du monde. La culture est une évaluation du monde, une « unité de style » qui se comprend essentiellement en rapport avec les arts produits par un peuple. « La culture, c’est avant tout l’unité de style artistique dans toutes les manifestations de la vie d’un peuple. »[2]

C’est exactement en rapport avec cette « unité de style », cette manière d’interpréter le monde que Nietzsche pense une éventuelle renaissance de la culture dionysiaque et tragique. De ce côté, et beaucoup plus qu’une référence à une quelconque mythologie, le couple (Dionysos/Apollon) assume la fonction, plus ou moins nostalgique ou même encore romantique, d’actualiser l’esprit du mythe tragique. Lequel esprit se comprend non seulement comme étant une manifestation esthétique distinguée d’une certaine culture, mais aussi comme étant un mode interprétatif qui exprime le propre de son activité comme création des fictions et des illusions nécessaires pour maintenir la vie de la collectivité.

---

[1]*Ibid.*, p. 29.
2*Considérations inactuelles, I, David Strauss, Le concepteur et l’écrivain,* § 1, p. 156.

L'intérêt pour le mythe s'avère donc être à la fois culturel et esthétique. Il en importe d'ailleurs pour toute recherche sur l'origine et l'évolution des arts, puisque le mythe était en quelque sorte le cénacle dans lequel se sont rassemblées les premières formes d'art, l'art protohistorique et l'art populaire. Et si l'art se représente comme un modèle supérieur pour la création, le mythe serait en quelque sorte une source indispensable pour que la culture soit créative. En d'autres termes, l'art créateur suppose une culture créative. Et pour que la culture soit créative, elle a besoin de grands mythes créateurs.

Toute grande culture a besoin d'un grand mythe, d'un mythe fondateur. Ce besoin est précisément, pour Nietzsche, le besoin d'un dépassement de l'état actuel de la culture, de l'état de son esprit : l'attachement à l'infiniment petit, la passion pour les détails, l'attitude profondément analytique. Ce qui manque à cette culture, à savoir l'absence d'âme, d'esprit, de la totalité, de caractère et de force, est exactement ce qui distingue un mythe créateur.

Le mythe a de l'importance en ce qu'il représente le terrain à partir duquel se sont développées toutes les formes de l'art et de la religiosité. Cependant, l'intérêt nietzschéen est essentiellement un intérêt pour le développement d'une théorie générale de la création et spécifiquement de la création artistique. De ce côté, ce qui semble être désigné par le mythe est un certain mode créatif qui se présente comme une disposition psychologique et un rapport cognitif avec le monde et la vie qui se définit structurellement par cette puissance métaphorique et symbolique.

Cette puissance métaphorique et symbolique fait apparenter le mythe à la nature de l'art. Le mythe, plus que la religion ou la science, est très proche de l'art. À travers les figures mythiques employées par Nietzsche, à travers surtout la figure de Dionysos, c'est toute une esthétique de l'instant, de l'effet et de l'apparition qui est à l'œuvre. La culture mythologique développe chez l'homme une attitude métaphorique qui procède par images et non par concepts. Au « monde pétrifié des concepts », elle oppose la « métaphore ». De même, sa force ne se réduit pas à une logique ou à un quelconque ordre de la raison, mais à l'effet de la représentation et à la force de l'immédiat et de la condensation symbolique.

Il devient donc clair que par l'intérêt spécifique attribué à l'exploration de ces potentialités esthétiques et créatives de la mythologie antique des Grecs, Nietzsche cherche à composer les éléments de son esthétique à partir de la culture populaire et de ses différentes formes d'art. Ce qui distingue ces formes c'est qu'elles émergent d'une manière encore moins savante, plus innocente et évidemment plus proche de la nature. De la sorte, le mythe s'avère être un style et une manière de « voir » avant d'être une explication des phénomènes de l'existence. L'effet du style dans le mythe est essentiellement l'effet musical et mélodique qui éveille une sentimentalité esthétique supérieure. Il est encore l'effet des images des rêves, comme il est aussi un appel à la force de l'imagination qui dans son extrême manifestation devient plus présente, plus réelle que toute autre réalité empirique.

La force esthétique du mythe est aussi sa force symbolique, sa force de condensation de la complexité de l'existence dans des « types humains » bien reconnus. Le mythe est effectivement « cette image du monde en raccourci. »[1] La personnification dans les mythes, le fait de représenter les phénomènes par des figures humaines n'est qu'une manifestation de cette puissance symbolique qui fait exposer une mise en scène bien réelle de tout le phénomène de l'existence. Il serait alors une conséquence bien naturelle que l'art tragique des Grecs émane directement de la mythologie grecque. Encore plus, on s'aperçoit bien que la réhabilitation du mythe s'inscrit dans cet effort nietzschéen de dépasser l'incompatibilité, ancrée par une longue tradition philosophique, entre le discours philosophique et la rhétorique. S'il y en a place pour ce discours philosophique, il ne serait qu'une nouvelle théorie du symbole impliquant nécessairement l'étude du langage et non plus un discours sur les concepts.

Le recours nietzschéen au mythe est un recours conditionné par sa fonctionnalité esthétique. Mais ajoutons aussi que cette fonctionnalité se présente comme une perspective herméneutique pour la critique radicale de la culture moderne opérée par Nietzsche. Le mythe est une force de création pour la culture. Elle est la force naturelle de toute culture comme disait Nietzsche. La force créatrice est déterminée, dans ce sens, comme étant une force de cohérence, d'orientation, d'imagination et de rêve. L'opposé est le déchaînement, la dispersion, tout gaspillage de force :

« Mais sans le mythe, toute culture est dépossédée de sa force naturelle, saine et créatrice ; seul un horizon constellé de mythes parachève l'unité d'un mouvement entier de culture. Le seul mythe peut préserver de l'incohérence d'une activité sans but les forces de l'imagination et du rêve apollinien. »[2]

Le mythe vanté par Nietzsche n'est autre chose qu'une œuvre d'art, ou si l'on peut dire encore, une forme plus « primitive » plus naturelle et donc plus saine de l'œuvre d'art. Le sens esthétique du mythe est exactement le sens d'un mythe qui doit être appréhendé comme une musique ou plus encore comme un chant musical : « La musique a le pouvoir de donner naissance au mythe »[3], disait Nietzsche.

Le mythe est une première forme de l'art synthétique, l'art qui part d'un fond dionysiaque et musical pour atteindre la forme apollinienne de la beauté. Les genres d'art ont connu leur naissance et leur démarcation dans le cadre de la culture mythologique. Ainsi, le mythe donne à Nietzsche, dans la période

---

[1]*Considérations inactuelles, I, David Strauss, Le concepteur et l'écrivain*, § 1, p. 156.

[2]*La Naissance de la tragédie*, § 23, p. 123.

[3]*Ibid.*, § 16, p. 95.

de *La Naissance de la tragédie*, un autre élément pour défendre la thématique principale de l'esthétique romantique, celle de l'unité de l'art. Cependant, le mythe glorifié dans ce discours est une certaine forme du mythe. Le mythe grec est la forme la plus achevée du mythe ancien. C'est sa forme esthétique qui est devenue avec les Grecs plus éloquente, productrice des différentes formes d'art, elle est devenue apollinienne. La force apollinienne de la création dans le mythe, est la force de l'unité, de l'individuation, de la forme comme étant distinction et différenciation dans l'être.

Ainsi, le mythe invite la représentation sensible, en appelle au monde des rêves, incite au jeu de la force, et implique la totalité de l'être dans l'action. C'est le tragique qui attribue, par le biais du mythe, à la vie son sens le plus intime : un jeu de création et de destruction. Dans le mythe, le tragique se pose comme étant le déterminant du possible de la quête du sens : le sens dépourvu de sens, dépourvu de toute autre visée qui ne serait pas soi-même. La restitution du sens, à travers le tragique, dans l'élément pathétique comme expérience jouissante *autoéprouvée* de plaisir et de douleur est la plus-value esthétique du mythe tragique des Grecs. C'est dans ce sens qu'on peut comprendre l'affirmation nietzschéenne que la seule justification possible de l'existence est la justification esthétique.

## 2.2. Art, philosophie et mythe de l'avenir

Le rapport au mythe devrait être essentiellement d'ordre esthétique. Manifester, à cet égard, un certain intellectualisme affecté par la maladie historique de la culture moderne ne conduit qu'à la rupture et le détachement avec toute possibilité d'appréciation et d'admiration pour les mythes. Dans l'expérience du mythe, nous sommes sous l'effet de l'intuition, de l'apparition, de l'éclair et de la surprise. Nous sommes amenés en quelque sorte à suspendre le sens de la causalité psychique et à nous dégager en même temps du pathos de la distance.

Le problème de la culture moderne culmine exactement dans cette incapacité de s'approprier la force d'une époque, d'une culture ou d'un moment distingué dans ce qu'on appelle l'histoire de l'humanité. La généralisation de la « logique », l'abstraction sans limites dans tous les domaines, le syncrétisme culturel, bref, la culture socratique est le contraire de toute vraie culture :

« Que l'on considère à présent l'homme abstrait, privé de la lumière du mythe, l'éducation abstraite, la morale abstraite, le droit abstrait, l'État abstrait ; qu'on se représente le déchaînement confus de l'imagination artistique non maîtrisée par l'ascendant d'un mythe familier ; qu'on imagine une culture n'ayant pas de foyer originel fixe et sacré, mais condamnée, au contraire, à épuiser toutes les possibilités et à se nourrir chichement de toutes les cultures, - c'est là le présent ; c'est le résultat de cet esprit socratique qui s'est voué à la destruction du mythe. »[1]

Contrairement à la plénitude spirituelle qu'offre le mythe classique, la culture rationnelle moderne vide l'homme de toute puissance et profondeur d'esprit. La recherche désespérée des racines dans les histoires lointaines et les cultures éparpillées ne fait qu'exprimer cette faim spirituelle qui caractérise l'esprit historique de la culture moderne.[2]

Comment une reprise de l'esprit du mythe serait-elle possible ? Et pourrait-on croire vraiment à une renaissance du mythe tragique ?

La réponse nietzschéenne à cette question n'est pas, de premier abord, définitive. La nature de cette réponse se modifie dans sa période antiwagnérienne. Mais notant aussi que même dans la période wagnérienne, Nietzsche n'était pas aussi dogmatique ou même encore naïf quant à sa foi dans un éventuel renouveau du mythe tragique. Il n'est même pas étrange de voir Nietzsche affirmer, dans *La Naissance de la tragédie*, que le destin de tout mythe c'est d'être voué au déclin : « Car c'est le sort de tout mythe de se restreindre peu à peu à une réalité purement historique et d'être traité, à une époque postérieure quelconque, comme un fait isolé se réclamant de l'histoire. »[3]

C'est la culture même qui accumule les différents éléments qui concourent tous ensemble à ce déclin. À un premier moment, c'est à la religion qu'il incombe ce rôle d'« absorber » la force du mythe et de le transformer en une « orthodoxie ». La religion étouffe la force créatrice du mythe tout en essayant de défendre la « réalité » et l'« historicité » des contenus mythiques qui fonde sa croyance.[4] En un deuxième moment,

---

[1]*La Naissance de la tragédie*, § 23, p. 123.

[2] « Et, au milieu de tous les restes du passé, l'homme dépourvu de mythes demeure éternellement affamé, creusant et fouillant pour trouver quelques racines, lui fallût-il les découvrir en exhumant les antiquités les plus lointaines. Que signifie ce monstrueux besoin historique de l'insatisfaite culture moderne, cette compilation d'innombrables autres cultures, ce désir dévorant de connaître, sinon la perte du mythe, la perte de la patrie mythique, du giron maternel mythique ? » *La Naissance de la tragédie*, § 23, p. 123.

[3]*La Naissance de la tragédie*, § 10, p. 71.

[4] En effet, Nietzsche pose le problème d'une manière plus paradoxale. Puisque dans cette absorption de la force du mythe par l'orthodoxie religieuse, c'est la religion même qui se trouve affaiblie. La foi dans la religion est nourrie par la dynamique créatrice du mythe qui la fonde et qui n'est autre que la force de créer les illusions et non les réalités : « Car c'est ainsi que les religions ont coutume de mourir : lorsque les mythes qui forment la base d'une religion en arrivent à être systématisés, sous le regard sévère et raisonneur d'un dogmatisme orthodoxe, en un ensemble clos d'événements historiques, et que l'on commence à défendre anxieusement l'authenticité des mythes tout en se raidissant contre leur survivance et leur prolifération naturelles. » *La Naissance de la tragédie*, §10, p. 71.

l'accumulation des connaissances scientifiques et historiques contribue, d'une manière beaucoup plus décisive, à ce qu'on ne croit plus qu'à ce qui est admis seulement comme vérité objectivement approuvable. Pour le point de vue de l'histoire, le mythe n'est qu'un moment dépassé et totalement révolu.

Ce n'est pas aux religions ni à la culture rationnelle et scientifique des modernes qu'il incombe de restituer le mythe. L'art seul pourrait assumer ce rôle. Son point de vue se distingue du point de vue historiciste et positiviste. De ce côté, il est en quelque sorte l'analogon du mythe. L'appel à la réhabilitation du mythe est une conséquence de l'esthétisme nietzschéen qui suppose une philosophie anti-historiciste. C'est par une perspective du mythe qu'on pourrait contrarier la perspective de l'histoire universelle.

Une nouvelle mythologie serait l'art, et la musique de Wagner serait son signe avant-coureur. Désormais, c'est l'art qui va assumer dans le futur le rôle de l'éducation de l'homme. Voilà une signification plus radicale de l'avènement de l'esthétique. Le nouveau mythe diffère de l'ancien. Chez Nietzsche, on remarque une inversion du schéma historique de l'explication : au début, c'est le mythe qui a créé l'art, et à présent c'est l'art qui va créer le nouveau mythe.

Ceci dit que l'appel nietzschéen à une relecture de la nature et de la fonction du mythe se fait dans la perspective de la réappropriation de la force créatrice du mythe. Certes, la rupture avec Wagner a ébranlé la foi nietzschéenne dans une renaissance du mythe tragique. D'autant plus, l'importance stratégique accordée à cette thématique, chère aux romantiques allemands, va laisser la place à une question plus générale et plus importante pour le futur Nietzsche, celle de la culture. Cependant, Nietzsche n'a pas totalement rejeté la fonction critique et interprétative assumée auparavant par le mythe.

Dans la culture, il existe une tension de base entre deux types de puissance : d'une part on trouve l'art, de l'autre on trouve la religion et la science. Le premier, en tant que puissance métaphorique, puissance de transfiguration et de métamorphose, est une puissance créatrice d'illusions, mais aussi d'œuvres d'art. La deuxième, incarnant la force de l'idéal ascétique, est une puissance négatrice.

Le mythe, et même s'il se trouve à mi-chemin entre l'art et la religion (il les engendre les deux en même temps), est beaucoup plus proche de la puissance d'art. Ce que développe le mythe est en premier lieu la force du symbole et de la métaphore. Sans la créativité du mythe, la religion elle-même ne serait pas possible. L'image des dieux n'est qu'une invention du mythe. Les mythes anciens sont inventifs, ils créent un monde d'images, des états d'âme, des sentiments contradictoires et variés, contrairement aux religions modernes qui sont abstraites, sans force de vie, sans espoir. Les mythes exaltent la vie, les religions prônent la mort :

« Vraisemblablement, nous sommes là encore sous l'influence d'un antique sentiment mythologique. Nous subissons presque encore la même impression (par exemple devant un temple grec comme celui de Paestum) que si un beau matin un dieu avait, en se jouant bâti sa demeure de ces blocs énormes : ou plutôt, que si une âme avait soudain pénétré par enchantement dans une pierre et voulait maintenant parler par son entremise. L'artiste sait que son œuvre n'aura son plein effet que si elle éveille la croyance à une improvisation, à une miraculeuse soudaineté de production. »[1]

Mais le mythe ancien ne pourrait plus voir le jour. C'est dans l'art maintenant que sa force de création pourrait atteindre le degré supérieur de l'affirmation. Et c'est dans une nouvelle philosophie qu'on pourrait *refigurer* les perspectives de l'avenir. Les thèmes nietzschéens de surhomme et de l'éternel retour sont des types de ces figures perspectivistes. Il serait peut-être mieux de concevoir ces thèmes dans cette acception plus riche et plus créative et qui fait ce mariage entre l'art, la philosophie et le mythe, que d'essayer de les défendre d'un point de vue purement physique ou logique.

La notion principale de « la vie » dans la philosophie tardive de Nietzsche, appréhendée surtout, comme une volonté de puissance est en quelque sorte le grand mythe qu'il faut vivre à la manière des grands héros tragiques : « La vie *éternelle*, l'éternel retour de la vie – l'avenir promis et sanctifié dans le passé ; l'affirmation triomphante de la vie au-delà de la mort et du changement. »[2]

Peter Pütz dans son introduction à *La Naissance de la tragédie*, note à ce propos que « le jeune Nietzsche parle surtout du mythe ; par la suite, son propos sera moins de parler du mythe, que de formuler à son tour et dans la mesure de son pouvoir un mythe, le mythe de la "vie". »[3]

---

[1]*Humain, trop humain*, I, § 145, p.526.

[2]*Le Crépuscule des idoles, Ce que je dois aux anciens*, § 4, p. 1028.

[3] Peter Pütz, introduction à *La Naissance de la tragédie,* traduite par Jacques Le Rider et Jean Lacoste, Nietzsche, *Œuvres*, Tome I, Laffont, 1993, p. 10.

# CHAPITRE III

## Le jeu des formes dans l'œuvre d'art

# 1. Le problème métaphysique de la première esthétique

## 1.1. Le problème de l'interprétation métaphysique de la dualité Dionysos/Apollon

Depuis une longue tradition philosophique, la dualité de l'intelligible et du sensible servait comme principe métaphysique pour l'interprétation de la pluralité des arts et de l'éventuelle hiérarchie qu'on pourrait leur imposer. C'est ainsi que l'idée de la dualité pose le problème de l'attitude réductrice, qui finit par distinguer d'une manière normative entre les arts, ou pire encore à condamner certaines formes d'art.

En rapport avec cette tradition philosophique, en quoi la dualité Dionysos/Apollon innove-t-elle ? Ne serait-elle à son tour qu'une dualité interprétative de la pluralité des arts ? Ne tomberait-elle pas dans la réduction de la multiplicité des arts à un principe métaphysique fondateur, à un art originel ou même un art métaphysique ?

Il est bien entendu que la dualité Dionysos/Apollon ne se libère pas totalement dans la première esthétique de Nietzsche de cette attitude réductrice propre à la métaphysique classique et reprise esthétiquement par le romantisme.[1] Par ailleurs, on peut remarquer que la démarche aboutissant à la création de l'œuvre d'art obéit encore chez le jeune Nietzsche à un schéma romantique : le sens ontologique de l'œuvre d'art créée est celui d'une reconstitution symbolique de l'unité originaire de l'être. La reconquête de cette unité perdue à travers l'œuvre d'art est le thème commun et distinctif de l'esthétique romantique.

Il est à même de dire que tout le livre sur la tragédie œuvre pour démontrer, à partir de l'art grec, comment cette œuvre d'art qui restitue le sens de la synthèse, ou selon l'expression de Nietzsche, « la mystérieuse unité », entre

[1]À la question sur la présence du dionysiaque : est-elle de type métaphysique ou non ? Michel Haar répond de la manière suivante : « Elle l'est au sens où elle a la fonction d'un *Grund*, c'est-à-dire à la fois une base ontologique et une source productive, encore analogique au vouloir schopenhauerien, et donc malgré tout un *ultima ratio* ; elle l'est déjà moins en tant qu'elle ne comprend pas en elle comme chez Schopenhauer les archétypes, les Idées des choses ; elle l'est encore moins en tant qu'elle n'est pas substantielle, mais « abyssale », « lieu » illocalisable, inassignable d'irruption et de tension des forces entres elles, principe d'échange et de passage l'un dans l'autre du plaisir et de la douleur originels. » *Nietzsche et la métaphysique*, *op. cit.*, p.92.

le dionysiaque et l'apollinien était possible : « Nous nous rapprochons maintenant du véritable objectif de notre recherche, qui est de connaître et de pénétrer le génie et l'œuvre d'art dionyso-apolliniens, ou tout au moins de pressentir la nature de cette mystérieuse unité. »[1]

De l'unité originaire à l'unité synthétique, et d'un sens métaphysique à un autre esthétique, voilà comment s'éclaire la nature du schéma interprétatif de la procédure créative de l'œuvre d'art dans la période de *La naissance de la tragédie*. Le sens originaire de cette unité se comprend, en tant qu'état artiste, comme un état dionysiaque qui « s'identifie d'une façon absolue avec l'Un-primordial »[2]. Cet état s'apparente dans sa forme esthétique à une pure forme musicale, c'est-à-dire à une sorte d'un premier reflet de l'être qui se fait « sans images ni concepts ». Ainsi Nietzsche qualifie-t-il ce sens originaire et métaphysique de la musique comme une « image fidèle » ou encore, et selon une formule schopenhauerienne, comme un « second moulage du monde »[3].

De même, la première signification qui s'impose à l'expérience de la création de l'œuvre est celle d'une expérience musicale, dans le sens qu'elle est une expérience de sentiment et non d'intellection. Le statut de l'art privilégié accordé à la musique se fonde sur la même démarche métaphysique, à savoir que cet art révèle le sens le plus intime, le plus « vrai » de l'être du monde. Autrement dit, il s'agit toujours d'un art plus « vrai » et un autre plus « faux ». C'est cette démarche qui continue à poser des problèmes métaphysiques insolubles à la première esthétique de Nietzsche. Au premier chef, l'interprétation métaphysique du sens de la dualité comme une opposition ontologique contredit l'idée romantique de l'unité de l'art. L'hétérogénéité ontologique du dionysiaque et de l'apollinien implique nécessairement l'impossibilité logique de penser une quelconque unité de l'art. Au deuxième chef, le privilège donné à la musique se justifie par une interprétation métaphysique qui soulève le problème de la légitimité d'une telle distinction normative entre les arts.

D'autant plus, il y a ce problème du statut paradoxal du dionysiaque. D'une part, il se représente comme identification totale à l'Un-primordial. Mais de l'autre, et dans une fonction plutôt esthétique, il se représente comme une forme ou un moyen par lequel cet être cherche à se libérer de sa souffrance originelle. D'ailleurs dans *l'Ecce Homo*, Nietzsche soulève la manière « métaphysique » d'introduire l'idée de l'opposition esthétique entre le dionysiaque et l'apollinien dans *La Naissance de la tragédie* :

« Une "idée" – l'opposition entre dionysien et apollinien – y est traduite métaphysiquement ; l'histoire elle-même y est considérée comme le

[1] *La Naissance de la tragédie*, § 5, p. 48-49.
[2] *Ibid.*, §5, p. 49.
[3] *Ibid.*

développement de cette idée ; dans la tragédie, l'antithèse avec l'unité est surmontée ; sous cette optique, des choses qui ne s'étaient jamais vues face à face sont brusquement opposées l'une à l'autre, éclairées et *comprises* l'une par l'autre. L'opéra par exemple, et la révolution. »[1]

Si l'être dans son fond (*Grund*) pouvait se libérer par une voie qui s'identifie entièrement à sa propre nature, par un art dionysiaque (la musique), comment alors pourrait-on justifier ce besoin à une autre forme de libération, celle de l'art plastique ? [2] Cette difficulté soulève le problème de l'incompatibilité entre une fonction philosophique attribuée au dionysiaque, celle de dévoiler la nature intime de l'être, et une autre esthétique qui aboutit à la forme supérieure de l'art. La première implique la négation ou la dévalorisation de l'apollinien en tant qu'apparence. La deuxième impose l'apollinien comme moyen et forme supérieure par laquelle s'achève l'œuvre d'art.

## 1.2. Le dépassement du romantisme

Les problèmes posés par la première esthétique s'expliquent en majeure partie par cet attachement à l'esthétique romantique. Nietzsche, est-il alors un simple continuateur du romantisme schopenhauerien ? Ou au contraire, assume-t-il dès cette période de sa jeunesse une attitude entièrement anti-schopenhauerienne et anti-romantique ?

Les interprètes de Nietzsche se sont divisés sur cette question. La tradition la plus ancienne se limite à cette simple qualification catégorique de la première philosophie de Nietzsche comme étant une philosophie romantique et schopenhauerienne. Par contre, c'est en se référant surtout aux textes posthumes de cette même période qu'on peut constater l'attitude indépendante et même anti-schopenhauerienne chez le premier Nietzsche. Ceci n'empêche que cette attitude existe aussi dans les écrits anthumes, mais dissimulée généralement par des formules éloquentes ou même passée en silence pour ne pas aller plus loin dans le sens de l'opposition avec les maîtres incontestés de la génération à laquelle appartenait le jeune Nietzsche.

---

[1]*Ecce Homo, Pourquoi j'écris de si bons livres, La Naissance de la tragédie*, § 1, p. 1153.

[2] Jean-Marie Schaeffer pose la question également sur la nécessité d'un recours à un autre principe consolateur (l'apollinien) tant que cette fonction (la consolation) est assurée principalement par le principe dionysiaque : « Le problème est plutôt que Nietzsche a soutenu que la dimension dionysiaque de la tragédie, donc la révélation de la vérité extatique, est elle-même source de plaisir et de consolation : pourquoi dans ce cas a-t-elle encore besoin du remède et de la protection de l'élément apollinien ? » *L'Art de l'âge moderne, l'esthétique et la philosophie de l'art du XIIIe siècle à nos jours*, Paris, Gallimard, 1992, p.277.

Il est intéressant de remarquer que ces dernières interprétations s'illuminent surtout par la publication d'une manière chronologique des écrits et fragments posthumes de Nietzsche dans l'édition Colli et Montinari. Autrement dit, l'interprétation purement romantique du premier Nietzsche se réfère surtout aux écrits anthumes, là où Nietzsche s'intéresse à afficher son inscription schopenhauero-wagnerienne (essentiellement *La Naissance de la tragédie* et les *Considérations inactuelles*).

À notre sens, le rapport de Nietzsche au romantisme est un rapport beaucoup plus compliqué. Le romantisme est un point de départ pour le jeune Nietzsche. Mais paradoxalement, c'est contre ce point de départ que s'est développée toute son esthétique future. Le développement de cette esthétique se fait d'une manière paradoxale, au sens qu'il s'agit d'un développement qui se fait contre soi-même. Dès *Humain, trop humain* (1878), la rupture est radicale, elle est assumée dans ses formes les plus graves et les plus agressives. L'ampleur de cette rupture démontre qu'elle est préparée bien avant, qu'on peut même retourner aux premiers essais nietzschéens, pour constater l'incompatibilité entre les points de vue nietzschéens, ses perspectives d'analyse et les positions philosophiques schopenhauero-wagnériennes affichées.

Ainsi, le sens de la rupture s'est développé peu à peu depuis le Nietzsche jeune. C'est pour cette raison qu'on peut remarquer l'existence, dans la période de *La Naissance de la tragédie*, d'une oscillation entre les deux attitudes :

-Une attitude romantique, c'est-à-dire là où Nietzsche demeure malgré tout un romantique. Il s'agit là surtout du postulat de l'unité de l'art, de l'unité originelle perdue qu'il faut récupérer. La préférence pour la musique comme art originel et « métaphysique » se justifie aussi par cette attitude romantique qui fait prévaloir le sentimentalisme, l'attachement à l'effet et au sublime.

-Une autre attitude innovante cette fois-ci par rapport au romantisme : admettre le sens du jeu créateur et de la complémentarité entre les deux éléments de l'interprétation de l'acte créateur de l'œuvre d'art : le dionysiaque et l'apollinien. Par une telle attitude, Nietzsche va dans le sens de l'affirmation de la valeur esthétique et philosophique des arts apolliniens.

C'est pareillement à cette oscillation entre les deux attitudes théoriques que la dualité Dionysos/Apollon dans la période de *La Naissance de la tragédie* avait renfermé un double sens :

-Le sens d'un moyen terme qui fait réduire le multiple à l'unique, le différent au semblable. Il s'agit là d'un sens métaphysique auquel la première philosophie de Nietzsche est restée attachée. Elle en attribue même une formulation beaucoup plus spécifique dans ce qu'il appelle « *la métaphysique d'artiste* ».

-Le sens d'établir le jeu ouvert, et qui admet un premier agencement des termes. Ce sens d'agencement diffère de celui de la réduction puisqu'il implique la multiplication ouverte de perspectives. Ce sens est développé depuis la première esthétique, mais ce sont ses implications théoriques qui vont être assumées dans sa philosophie tardive.

C'est cette dernière attitude qui va développer le sens de l'opposition radicale avec le schopenhauerisme et le romantisme en général. Une esthétique de la création est à l'œuvre depuis le Nietzsche jeune. Cette même esthétique est un élément essentiel de ce qui pourrait représenter dès le début une philosophie proprement nietzschéenne.

## 2. La revanche de l'apollinien

### 2.1. Musique, art de la nuit et de la pénombre (*Nacht und Halbnacht*)

*Humain, trop humain* est par excellence une revanche pour l'apollinien. Dans cette œuvre, la rupture avec l'esthétique romantique s'annonce d'une manière catégorique. Les préférences esthétiques se bousculent et la hiérarchie des arts s'inverse : cette fois-ci, c'est l'art apollinien qui prend le dessus.

L'art plastique est vanté au détriment de l'art musical. Il n'est même pas étrange de voir Nietzsche inverser le sens de l'analyse esthétique. C'est ainsi que dans le § 215, la musique ne serait plus considérée comme « l'acte pur de la volonté » ou la représentation de la volonté dans son essence. De même, la musique pure ou absolue n'est qu'un concept philosophique et non une réalité de l'art. Il est donc tout à fait un phénomène moderne que la musique devienne de plus en plus théorique, un phénomène dû à cette implication de l'érudition scientifique dans tous les domaines de l'art :

« En soi, aucune musique n'est profonde ni significative, elle ne parle point de "volonté", de "chose en soi" ; c'est là chose que l'intellect ne pouvait s'imaginer qu'en un siècle qui avait conquis pour le symbolisme musical tout le domaine de la vie intérieure. »[1]

Pareillement à cet inversement de la perspective esthétique de l'interprétation, la théorie des symboles subit à son tour une inversion radicale qui lui fait imposer une interprétation tout à fait apollinienne. Désormais, c'est

[1]*Humain, trop humain*, I, § 215, p. 551.

par les gestes et par les actes imitatifs que va s'interpréter l'avènement des symboles de l'art.

L'art est originairement un acte plastique. Le premier langage, ou ce qui vient avant le langage, ce sont les gestes. Le geste est une expression d'un état intérieur, mais aussi il est une imitation d'un autre geste. Une première forme de communication, naturellement plus proche du corps, est la communication gestuelle. La symbolique du son vient en deuxième lieu pour s'ajouter à ce langage initial. Au début un simple son exprimant avec le geste la nature du message exprimé. Mais dans ce parcours d'une symbolisation qui s'en va de plus en plus dans le sens de l'abstraction, les sons prennent une forme plus imagée et plus stable pour construire des noms, et par là débute le règne du langage et des arts propres à l'homme.

La musique n'est que le produit de ce jeu symbolique entre les gestes et les sons, le rythme et l'image, la danse et la poésie. C'est peu à peu, avec l'accumulation culturelle d'énormes capacités intellectuelles de l'abstraction et de l'affinement des manières de « sentir » et de « voir » qu'émerge ce qui est appelé « la musique absolue »[1]. Musique absolue veut dire cette manière d'attribuer une signification symbolique aux donnés sonores de la musique (la sonorité musicale) sans avoir besoin de recourir à une quelconque présentation gestuelle :

« Dès qu'on s'entendait par gestes, il pouvait naître à son tour une *symbolique* des gestes : je veux dire qu'on pouvait s'entendre sur un langage de sons, à la condition qu'on produisît d'abord le nom *et* le geste (auquel il s'ajoutait comme symbole), plus tard seulement le son. »[2]

Dans le livre IV d'*Aurore*, la présentation de la nature et la fonction de la musique revêtent une forme plus grise et plus mélancolique. L'art plastique et l'art musical, deux formes d'art, désignent tout d'abord deux organes, l'œil et l'oreille. La première a besoin de la lumière, de la clarté et de la vision. L'art plastique est par excellence un art de l'apparence. Il est plutôt du côté de la vie, de la beauté, de la joie dans le calme et dans la sérénité. Par contre, la musique, l'art de l'oreille, organe qui devient plus actif dans la nuit, dans la crainte et la peur, est un art de la nuit et de la pénombre (*Nacht und Halbnacht*). C'est ainsi que la musique, art nocturne et tardif, art de

[1] « Tandis que d'abord la musique, dépourvue de la danse et de la mimique (langage des gestes) qui l'explique, est un vain bruit, l'oreille, par une longue accoutumance à cette association de musique et de mouvement, est instruite à interpréter sur-le-champ les figures de sons et arrive enfin à un degré de compréhension rapide, où elle n'a plus du tout besoin du mouvement visible et *comprend* sans lui le compositeur. On parle alors de musique absolue, c'est-à-dire de musique où tout est sur-le-champ compris symboliquement, sans plus de secours auxiliaire. » *Humain, trop humain*, I, p. 552.

[2] *Ibid.*

réminiscence, surgit pour ressusciter le sentiment étrangement nostalgique d'une perte symbolique de la belle vision :

« Ce n'est que dans la nuit et dans la pénombre des forêts et des cavernes obscures que l'oreille, organe de la crainte, a pu se développer aussi abondamment qu'elle l'a fait, selon la façon de vivre de l'âge de la peur, c'est-à-dire de la plus longue époque humaine qu'il y ait eu : lorsqu'il fait clair, l'oreille est beaucoup moins nécessaire. De là, le caractère de la musique, art de la nuit et la pénombre. »[1]

## 2.2. Musique et Contre-Renaissance

L'opposition entre l'art musical et l'art plastique dans *Humain, trop humain*, est assumée dans ses implications les plus radicales. C'est ainsi que Nietzsche ne s'attarde pas à évoquer un rôle « historique » négatif joué par la musique dans l'histoire moderne. Le problème de la musique moderne, c'est qu'elle est née en opposition avec l'esprit de la Renaissance. Elle est née de l'esprit religieux, de cette querelle entre le catholicisme et le protestantisme. C'est par la musique que l'esprit religieux de l'église a repris de l'ampleur dans l'art moderne.

Dans l'art plastique de la renaissance, l'œuvre d'art a été un appel à l'enchantement de la vision, du corps et de l'instinct. C'est ainsi que la Renaissance a exprimé le sens d'un humanisme qui se fait par un retour au paganisme grec, par une humanisation des mythes religieux. En opposition avec cet esprit de la Renaissance, la musique va servir d'instrument pour toute une « contre-Renaissance » : « La musique fut la *contre-Renaissance* dans le domaine de l'art. »[2] Chez Palestrina ou chez Bach, la musique était la meilleure pour exprimer la profonde religiosité que pourrait révéler l'âme humaine.[3]

L'art classique est l'art plastique. Mais, la musique est une réaction contre le classicisme, contre son exaltation de la beauté sensible, contre son humanisme antichrétien. Plus on est du côté de la musique, plus on est alors

---

[1] *Aurore*, IV, § 250, p. 1111-1112.

[2] *Humain, trop humain*, I, § 219, p. 554.

[3] Nietzsche fait allusion à la récupération de l'art musical par l'Église catholique, à la suite du concile de Trente en Italie (1545-1563), pour s'opposer au grand défi qu'a représenté le mouvement naissant de la Réforme. L'art musical de Palestrina (1525-1594) est l'expression la plus fine de ce mouvement de Contre-réforme. De l'autre côté, dans la profondeur de la musique de Bach (1685-1750) retentit l'esprit des piétistes, d'un protestantisme en quête d'une pure spiritualité. Cf. § 219 : *Origine religieuse de la musique moderne*, *Humain, trop humain*, I, p. 554-555.

éloigné du classicisme. Si l'on peut dire, et comme l'évoquait Nietzsche, la musique moderne est plus proche du baroque non du classique :

« Car ce qui règne dans la musique, la passion, le plaisir en des dispositions élevées, amplement exaltées, le vouloir-devenir-vivant à tout prix, la succession rapide des sensations, le fort effet de relief en lumière et ombre, la juxtaposition de l'extase et du naïf – tout cela a déjà une fois régné dans les arts plastiques et créé de nouvelles lois du style : –, mais ce n'était ni dans l'Antiquité ni au temps de la Renaissance. »[1]

Cependant, la révision du statut de la musique s'accompagne dans la période d'*Humain, trop humain* par une relativisation de type « historique » de la nature et du rôle du « grand art ». Comme si l'affaiblissement de l'attachement à la musique chez Nietzsche a été en réalité un affaiblissement de l'attachement à l'art en général. C'est ainsi qu'une nouvelle esthétique aurait à confronter une situation tout à fait paradoxale : comment défendre les valeurs du « grand art » devant une situation historique qui est en train de transfigurer la nature de notre rapport avec l'art, mais à comprendre aussi la nature de l'art lui-même ?

La nature du nouvel art et les problèmes qui vont être posés pour cette nouvelle esthétique sont élucidés, dans le fragment 217 du livre I d'*Humain, trop humain,* de la manière suivante :

-Une intellectualisation accrue de l'art.

-Une attitude plus centrée sur la « compréhension » que sur l'intuition directe et sur « l'expérimentation », ou peut être encore la première comme moyen pour la deuxième. « Ce que "cela veut dire" et non plus ce que "c'est" ».[2]

-Un affaiblissement de l'intuition sensuelle des valeurs artistiques, ce qui implique le risque de perdre le sens de la délicatesse, de la fine distinction : « car aujourd'hui les oreilles qui font les distinctions un peu fines, par exemple entre *ut dièse* et *ré bémol*, appartiennent aux exceptions. »[3]

-La perte de cette fine distinction des valeurs artistiques implique le rapport esthétique avec le beau et le laid. L'art nouveau s'implique de plus en plus dans le domaine du laid, de ce qui est auparavant exclu du domaine de l'art.

-Une signification plus immatérielle du plaisir esthétique.

Pour la nouvelle esthétique, la réalité de l'art se trouve divisée entre deux types d'art, deux types de son public : le premier, qui engage seulement une minorité, est l'art de la distinction et de la finesse d'esprit et du goût

[1]*Humain, trop humain*, I, § 219, p. 554-555.
[2]*Ibid.*, § 217, p. 553.
[3]*Ibid.*,

esthétique. Le deuxième, qui est l'art de la majorité, est un art plus laid, plus distrayant. Ce qui est refusé pour cette « majorité » c'est l'art supérieur, le premier et le « grand art ». Le rapport entre les deux est vraisemblablement un rapport d'opposition et d'exclusion.

Comment penser un art qui évolue au détriment de tout ce qui constitue la « nature » et la spécificité de l'art : la sentimentalité, le rapport au corps, le goût esthétique, toute la culture de la sensibilité ? Comment confronter l'intellectualisme qui s'impose contre le sensualisme artistique ? Comment sauver un art qui est en train de perdre sa valeur tout en se transformant en une pure activité intellectualiste ? Bref, c'est toute la culture classique de l'art (Nietzsche en est bien impliquée), ou même encore l'art lui-même qui serait mis en question. Peut-on encore croire au classicisme ?

## 2.3. Un classicisme contre le romantisme ?

Dans la période d'*Humain, trop humain*, la dévaluation de la musique apparaît comme une conséquence de l'attachement nietzschéen à s'en finir avec tous les résidus de sa période romantique. Mais le problème qui se pose est celui de l'interprétation de la portée de cette dévaluation de la valeur esthétique et philosophique de la musique dans cette période d'*Humain, trop humain*.

Pourrait-on évaluer cette dévaluation de la musique dans le sens d'une dévaluation de l'art dionysiaque au profit de l'art apollinien ? Est-ce une revanche pour l'apollinien ?

Autrement dit, peut-on croire à un détachement aussi catégorique de ce qui a représenté pour Nietzsche la passion artistique la plus intime qu'est la musique, de la vraie passion artistique qui l'a animé depuis son enfance ? Ce passage s'interprète-t-il comme un simple engagement de l'esthétique nietzschéenne dans la voie du classicisme ?

Dans la période de *La Naissance de la tragédie*, le rapport du dionysiaque à l'apollinien, conçu comme une tension ontologique au fond de l'être, implique une grande difficulté quant à la pensée de leur complémentarité. Nietzsche se laisse comprendre comme privilégiant le principe dionysiaque en tant que substrat ontologique de la cosmo-ontologie esthétique de sa philosophie de jeunesse. Mais dès *Humain, trop humain*, une lecture apollinienne de l'esthétique nietzschéenne serait probablement plausible. Le principe de l'art est essentiellement apollinien.

Cette réhabilitation de l'élément apollinien ne se passe pas sans aucune modification nécessaire dans les préférences esthétiques de Nietzsche. Le romantisme, brutalement banni et réprouvé, laisse la place à un discours qui appartient à un registre plutôt classique. C'est ainsi que Mathieu Kessler interprète ce passage comme une « conversion » nietzschéenne vers le classicisme : « La "physiologie de l'art" a pour fonction première la purgation de toute compromission avec le romantisme. Seul le style classique lui correspond dans la mesure où il reflète et entretient la tonicité du corps et de l'esprit. »[1]

Il note également que l'absence de la dualité dans la période d'*Humain, trop humain*, qui s'accompagne d'une revalorisation de l'art apollinien, est le signe de ce triomphe du principe apollinien. Cependant, selon ce même point de vue encore, à partir de 1885, seule la figure de Dionysos serait présente. Mais, paradoxalement, elle deviendrait de plus en plus apollinienne. Dans tous les cas, il s'agit d'un resurgissement d'une esthétique « classique », mais qui prend un masque dionysiaque : « Dionysos sera de plus en plus soumis à l'influence secrète que les principes d'une esthétique apollinienne et classique font peser sur lui, jusqu'à en modifier profondément la signification. »[2]

Pour Luc Ferry, l'apparenté entre le classicisme et l'esthétique de Nietzsche se justifie par la nature de leur rapport à la vérité : dans les deux cas, il s'agit « d'exprimer la vérité d'une façon sensible et vivante. »[3] Ce classicisme est interprété selon Luc ferry en tant qu'« hyperclassicisme de la différence » :

« chez Nietzsche, c'est à une "puissance" supérieure que l'art se manifeste comme exposition du vrai : il ne s'agit plus d'exprimer une vérité platonico-cartésienne, mais la "vraie vérité" qui est "différence" – *et permet de qualifier l'esthétique nietzschéenne un "hyperclassicisme de la différence"*. »[4]

## 3. Le retour à la musique

### 3.1. Pour une musique apollinienne

La période d'*Humain, trop humain* est une violente réaction contre le romantisme, contre soi-même en première instance. De ce côté, la dévaluation de la musique n'est que la valeur ajoutée de ce changement de position dans l'ordre des préférences esthétiques. Toutefois, l'éloge de l'art apollinien aux

[1] Mathieu Kessler, *L'Esthétique de Nietzsche*, Paris, PUF, 1998, p. 169.
[2] *Ibid.*, p. 13.
[3] Luc Ferry, *Homo Aestheticus, l'invention du goût à l'âge démocratique*, Paris, Grasset, 1990, p. 245.
[4] *Ibid.*, p. 245-246.

dépens de l'art musical devrait s'interpréter d'une manière relative. Plus généralement, le sens de l'évolution de l'esthétique nietzschéenne s'oriente dans le sens d'un jeu esthétique équilibré.

Mattieu Kessler, et même s'il opte pour qualifier toute l'esthétique qui commence par *Humain, trop humain* d'une esthétique classique, signale ce sens de la complémentarité :

« En effet, cette joute ne possède plus la même valeur heuristique pour sa philosophie de l'art classique. La dissonance et la discorde, qui se traduisent dans la lutte amicale du couple divin, n'avaient de raison d'être que sur la base d'une esthétique romantique, mais dès que Nietzsche adhère au classicisme et rejette les contradictions inhérentes au romantisme la réconciliation des deux divinités l'emporte sur leur tendance à la guerre. »[1]

C'est ainsi que la critique nietzschéenne se développe comme une critique d'une certaine musique, d'une musique qui est synonyme et emblème d'une certaine maladie : la maladie de l'âme allemande ou encore la maladie romantique. D'ailleurs, dans la période ultérieure à *Humain, trop humain* et *Aurore*, à partir surtout *d'Ainsi parlait Zarathoustra* et du *Gai Savoir*, Nietzsche renoue avec l'esprit musical. Désormais, c'est une nouvelle musique qui retiendrait l'intérêt de Nietzsche. Cette nouvelle musique serait plutôt une musique apollinienne, une musique qui aurait à chercher ses racines et ses symboles dans le Midi et le Sud de l'Europe, une musique italienne et française et non plus allemande. Cette *géo-esthétique* place la belle apparence plus au Sud, du côté de la Méditerranée. Par contre, plus on est dans le Nord, plus on éprouve le sens de la froideur et de la lourdeur de la matière, plus encore on est prudent et réservé. Bref, on est plus « théorique » et plus « spirituel ».

La musique en tant que « musique pure », moins inspirée de l'esprit de la belle apparence est une chose « allemande ». La musique est généralement plus allemande, comme l'art plastique est plus italien et comme la littérature est plus française. C'est dans ce sens que Mozart fait exception à « la nature allemande », c'est parce qu'il était beaucoup plus italien. Mozart adore l'Italie et s'inspire dans sa musique de cette « nature italienne », de sa « *limpidezza* ». Sa musique est plus « italienne », plus « méridionale », plus vive et plus transparente : « Mozart est dans un rapport tout différent avec ses mélodies : il ne trouve pas ses inspirations en entendant de la musique, mais en regardant la vie, la vie la plus mouvementée des contrées *méridionales* : il rêvait toujours de l'Italie lorsqu'il n'y était pas. »[2] Nietzsche évalue le musicien et son œuvre

[1] Mathieu Kessler, *L'Esthétique de Nietzsche*, *op. cit.*, p. 14.

[2] *Humain, trop humain*, II, § 152, p. 886-887. D'ailleurs Mozart est évalué dans cette œuvre en tant qu'il représentait, aux yeux de Nietzsche une continuation de l'art classique français : « Ce fut Mozart qui rendit en or *sonnant* le siècle de Louis XIV, l'art de Racine et de Claude Lorrain. » § 171, p. 760.

en termes de plasticité, de la couleur vive, de la lumière brillante, comme s'il existait vraiment une mise en scène en musique.

Parce qu'il est allemand et musicien, Nietzsche se répugne comme tel. Dans le « Midi » de l'Europe, il cherche une autre « identité », une métamorphose apollinienne. Mais en effet, cette *nature-musique* ne l'a jamais quitté. Comme un Mozart, il devient lui aussi un admirateur de l'Italie, de l'art italien et de l'air italien.

Toutefois, c'est la France, la « France du goût », qui reste le symbole de l'art le plus raffiné, de la rencontre idéale entre l'apollinien et le dionysiaque, entre le Midi et le Nord. Le fragment § 254 du *Gai Savoir* n'est qu'un éloge de la culture française. Elle est la plus fine, la plus élevée dans toute l'Europe. C'est ainsi que les moralistes français sont mieux appréciés que les philosophes allemandes, Bizet au lieu de Wagner : « C'est pour eux (les Français du bon goût) que Bizet a écrit sa musique, le dernier génie qui ait su découvrir une beauté et une séduction nouvelles. – »[1]

Dans la musique de Bizet, est vantée toute une nature, mais également un climat, un environnement, une vision, bref toute une plasticité qui élève la musique au rang le plus haut pour être belle et pour charmer l'auditeur. Chez Bizet, l'élément apollinien devient un facteur de beauté dans la musique. Voilà comment l'opposition du dionysiaque et de l'apollinien devient tout à fait superflue : le dionysiaque de la musique ne s'enchante de soi-même qu'en touchant à la suprême beauté de l'apollinien, de la belle apparence. L'atmosphère, l'environnement, le ciel du Midi deviennent le cadre géo-esthétique dans lequel émerge le grand art, l'art de la beauté extrême.

L'ambiance du Midi, avec toute la métaphorique qui en découle, est le lieu parfait de la rencontre du dionysiaque et de l'apollinien. Les frissons, le sirocco, les fauves qui cherchent un palmier dans le plein désert, à toute cette symbolique dionysiaque s'ajoutent la belle vision apollinienne, le ciel clair, le bel azur méditerranéen, les couleurs vives, la lumière rayonnante…, tant de conditions pour la bonne visibilité artistique. Toute l'œuvre sur « *Le cas Wagner* » ainsi que le recours à Bizet contre Wagner sont un bon déploiement de cette géo-esthétique. Quoi de plus pour rappeler qu'« *il faut méditerraniser la musique.* »[2]

Mais comment pourrions-nous interpréter ce retour en force de la figure dionysiaque dans le texte nietzschéen depuis *Le Gai Savoir* ? Implique-t-il également un retour à la musique, à l'art de la nuit et de la pénombre *(Nacht und Halbnacht)* ?

---

[1]*Par-delà le bien et le mal*, § 254, p. 702.

[2]*Le Cas Wagner*, § 3, p. 903. Formule déjà annoncée, comme le soulevait Nietzsche, dans le § 255 de *Par-delà le bien et le mal.*

## 3.2. La passion de Nietzsche

Nietzsche, s'est-il vraiment éloigné de la musique et de son « esprit » ?

Depuis *Humain, trop humain*, Nietzsche ne cesse de nous rappeler la beauté extrême de l'art plastique. Des œuvres comme celles de Raphaël ou de Rubens ou de Van Dyck sont souvent citées en signe de leur valeur esthétique et philosophique comme signe de la beauté extrême et comme célébration de la scène de la vie et de la force de l'instinct. Toutefois, et comparé à la musique, le rapport à l'art plastique reste, pour Nietzsche, un rapport de type « extérieur ». Il n'émane pas d'une expérience personnelle, d'une réelle et effective passion pour cet art.

Différents obstacles privent Nietzsche de la possibilité d'aller loin dans son rapprochement de l'art plastique. Entre autres, une forte myopie l'empêche, comme le remarquait Jean Philippon, à bien apprécier des œuvres comme la *Madone de Saint-Sixte* :

« Sa terrible myopie le détourne des musées. Comment aurait-il saisi d'un regard tous les détails d'une toile comme la *Madone* de Dresde qui mesure 2,65 m sur 1,96 m et demande pour être observée convenablement un recul d'une bonne vingtaine de mètres. Le métier ne le prépare guère à goûter la beauté des formes plastiques. L'ascèse des méthodes philologiques, la virtuosité des combinaisons conjecturales et de très prosaïques soucis de carrière ne préparaient en aucune façon ces tâcherons de l'esprit aux voluptés esthétiques. »[1]

C'est ainsi que la préférence pour la musique ne s'explique pas chez Nietzsche par une simple justification de type ontologique. Des motifs de type personnel et subjectif avaient une grande influence sur ses « penchants » artistiques et esthétiques. Nietzsche s'identifiait généralement comme musicien et poète. Cependant, et malgré ses multiples compostions musicales dont la dernière était son « hymne à la vie » (*Hymnus an das Leben*), ce n'est pas dans la création musicale que va se déployer le génie de Nietzsche.

La carrière d'un musicien est ratée pour lui. Il n'avait pas d'illusions à ce propos. Par contre, c'est en tant que philosophe, écrivain et poète que son vrai génie va se déployer. Mais le rapport à la musique n'était pas simplement, pour Nietzsche, un souci de composition musicale. Tout le rythme de sa vie, de son âme, de son écriture, était musique. La musique pour Nietzsche était l'accompagnante d'un solitaire. Sa « perfection » était une « cachette » pour les convulsions de son corps et de son âme. C'est pour tout cela qu'il était

[1] Jean Philippon, « Nietzsche et Raphaël », in Dominique Janicaud, éd., *Nouvelles lectures de Nietzsche.* Lausanne : L'Age d'Homme, Cahiers L'Age d'Homme, N°1, 1985, p. 93.

« essentiellement antithéâtral », « antiwagnérien. » Pour un cas aussi « malade » qu'un Nietzsche[1], pour *le cas Nietzsche*, la musique était un besoin vital : « Ma mélancolie veut reposer dans les cachettes et dans les abîmes de la *perfection* : c'est pour cela que j'ai besoin de la musique. »[2]

Cette dimension thérapeutique de la musique était de grande importance dans la vie de Nietzsche. Pour lui, la propre façon de supporter la souffrance de sa vie était de l'assumer comme une musique qui jaillit du fond de la vie. C'est dans cette expérience esthétique que la souffrance devient une manière détournée pour acquérir du plaisir. L'inversion qu'établit Nietzsche dans son discours sur la musique, c'est qu'il ne la définit plus par rapport à une réalité métaphysique, mais plutôt par rapport au corps. Ainsi, l'intérêt manifesté pour la musique est un intérêt au corps, à ses propres besoins, à son rythme intérieur, à sa propre « mélodie ».

La musique exprime l'ineffable, elle communique avec un sentiment, un affect. L'expérience de la musique est l'expérience de la plénitude, du sentiment comblé. Sa force c'est exactement ce sentiment de plénitude qui nous laisse sentir la profondeur de l'être, sans trop agresser son intimité ni dévoiler son énigme. La force de la musique se comprend dans cette perspective interprétative, dans sa capacité de créer les différents états de sentiments, d'inspirer l'esprit, de créer une grande force de sublimation. Peut-être qu'elle a, parmi les arts, la plus grande force de sublimation.

## 4. Le « revenir » du dionysiaque

### 4.1. Dionysos : le concept le plus stable de la philosophie nietzschéenne

Désormais, le sens de la contradiction et de l'opposition foncière entre les deux figures de l'art serait remplacé par un sens de jeu esthétique entre différentes perspectives qui s'interpénètrent dans le même acte créateur de l'œuvre d'art. C'est ainsi que la dualité Dionysos/Apollon va perdre de sa valeur stratégique pour l'esthétique nietzschéenne tardive, au profit de l'instauration d'une unité fondamentale esthético-ontologique qui serait représentée par une seule figure : Dionysos, mais qui incarne le sens de

[1] « Au fond de mon âme j'éprouve même de la reconnaissance pour toute ma misère physique et ma maladie et tout ce que je puis avoir d'imparfait – puisque tout cela me laisse cent échappées par où je puis me dérober aux habitudes durables. » *Le Gai Savoir*, § 295, p. 176.
[2] *Le Gai Savoir*, Livre cinquième, § 368, p. 238.

l'apollinien. Selon les termes d'Arnaud Villani, c'est Dionysos qui « endosse Apollon et se l'incorpore ».[1]

Dans la philosophie tardive, la figure du dionysiaque réapparaît avec toute sa force et dans ses dimensions philosophiques les plus radicales. Autant dire que cette figure demeure la plus représentative de la philosophie nietzschéenne. Du dieu joueur et artiste dans *La Naissance de la tragédie* au symbole de l'extrême affirmation dans la dernière philosophie, la figure dionysiaque se dote d'une valeur philosophique principale dans l'ensemble de la philosophie nietzschéenne et de son esthétique. C'est sa présence depuis les textes de la jeunesse qui annonce la venue d'une nouvelle philosophie.

Par ailleurs, Nietzsche n'hésite pas à affirmer que son projet de la transvaluation des valeurs commence depuis l'œuvre sur la tragédie : « *La Naissance de la tragédie* fut ma première transvaluation toutes les valeurs par là je me place sur le terrain d'où grandit mon vouloir, mon *savoir* – moi le dernier disciple du philosophe Dionysos, - moi qui enseigne l'éternel retour. »[2]

Dionysos est la figure emblématique et le concept le plus stable de la philosophie nietzschéenne. De la métaphysique d'artiste jusqu'aux concepts de la volonté de puissance, du surhomme et de l'éternel retour, seul Dionysos qui ne s'attarde pas de *revenir* dans le texte, jusqu'aux derniers textes pour réaffirmer sa présence et sa signification. Non seulement Dionysos est le plus stable des concepts nietzschéens, mais aussi il est de type de ce qui les rassemble et les attribue une interprétation homogène. Il est en quelque sorte l'horizon unificateur de cette interprétation.

Les autres concepts (volonté de puissance, le surhomme, l'éternel retour) ne sont-ils, en réalité, que des dimensions, des possibilités d'interprétation pour le dionysiaque ? Le dionysiaque n'est-il pas, en tant qu'il est le symbole de l'art supérieur, le symbole de la *volonté de puissance* ? Le *surhomme*, le type radicalement affirmatif n'est-il autre chose que la figure de Dionysos lui-même, le « dieu » de l'affirmation de la valeur de la vie ? *L'éternel retour du même* n'est-il pas à son tour ce retour incessant dans le texte et dans l'interprétation du symbole dionysiaque ?

---

[1] « Si le janus d'Apollon-Dionysos semble à certains disparaître au profit de Dionysos, c'est pur effet d'optique. En réalité Dionysos endosse Apollon et se l'incorpore. Cela signifie aussi qu'Apollon demeure en Dionysos. Par un va-et-vient en l'honneur de ce dernier, entrelaçant physique et musique dans un thyrse, il me reste à fonder ces préalables de méthode. » Arnaud Villani, « Physique et musique de Nietzsche », in *Les Cahiers de L'Herne*, *Nietzsche*, Collectif, dirigé par Marc Crépon, Ed. L'Herne, 2006. p. 224.

[2] *Le Crépuscule des idoles, Ce que je dois aux anciens*, § 5, p. 1029.

Le dionysiaque domine le jeu de l'interprétation dans le texte nietzschéen par sa valeur transfiguratrice, par son masque créateur des perspectives et des significations. Il est une figure, une métaphore, un symbole mythologique. Il est un dieu, mais aussi l'homme qui incarne le sens dionysiaque du divin. Mais ceci ne contredit pas nécessairement, comme l'affirmait Barbara Stiegler, son statut de concept, pourvu que l'on comprenne le concept dans une conception nietzschéenne, c'est-à-dire « comme une saisie toujours débordée par ce qu'elle saisit » :

« Que Dionysos puisse être associé à un "concept", cela paraît impossible par principe tant qu'on interprète le concept comme ce qui saisit adéquatement ce qu'il comprend. Mais si on l'interprète à la façon de Nietzsche, comme une saisie toujours débordée par ce qu'elle saisit, alors rien n'empêche *a priori* de parler d'un "concept de Dionysos". »[1]

C'est probablement ce caractère métaphorique et transfiguratif du dionysiaque qui pousse certains lecteurs de Nietzsche à refuser sa qualification comme concept philosophique. À titre d'exemple, on peut citer cette affirmation de Pierre Sauvanet à propos de deux figures Dionysos et Apollon : « Ce sont bien des "figures", malléables, en équilibre instable – non des concepts. »[2]

## 4.2. Dionysos, le corps et la chair du monde

Le dionysiaque est l'élément principal, le substrat ontologique en quelque sorte, dans l'interprétation de la réalité du monde. C'est pour une telle raison qu'il s'interprète en un premier lieu dans le sens de « l'objectivité ». Dans *La Naissance de la tragédie*, il est interprété comme la figure de l'artiste objectif. En tant qu'expérience, il dénote ce sens de la dissolution de l'individualité dans le fond objectif de l'existence.

Dans la philosophie tardive, ce sens de l'objectivité va encore prévaloir. Ce qu'il dénote, ce qui unit les gens, c'est la *chair*, la chair du monde à laquelle appartiennent tous les êtres. Contrairement au contexte rationaliste, l'objectif n'est plus dans la raison, dans l'élément transcendantal, mais il est dans

[1] Barbara Stiegler, *Nietzsche et la critique de la chair, Dionysos, Ariane, le Christ*, Paris, PUF, 2005, p. 19.

[2] Pierre Sauvanet, « Philosophe-artiste ou artiste philosophe ? », in L'Artiste, Collectif, Séminaire Interarts de Paris 2003-2004, Universités : Paris I – Panthéon-Sorbonne, Paris III – Sorbonne-Nouvelle, Paris IV – Sorbonne, dir. de publication : Marc Jiménez, Klinksieck, 2005, p. 199.

l'élément charnel. Mais comment comprendre ce rapport à la chair dans la signification du dionysiaque ?

Barbara Stiegler, dans son livre *Nietzsche et la critique de la chair*, propose de comprendre ce rapport comme évoluant d'une simple signification de la « chair » vers une signification radicalement critique qui conçoit le dionysiaque en tant qu'« excès sur les chairs et sur leurs conditions ». Toutefois, cette dimension critique s'est développée peu à peu :

« Si le premier Dionysos a bien été d'abord le nom propre de la chair, le "concept de Dionysos" s'est ensuite transformé en une tout autre instance, en excès sur les chairs et sur leurs conditions. C'est *l'excès de cette instance hors chair sur la chair* qui constitue le fond de la critique de la chair engagée par Nietzsche. »[1]

D'ailleurs, dans ce livre, Barbara Stiegler nous présente une nouvelle lecture du « profil » de Dionysos, celui d'un « juge » assurant une fonction critique et non comme enchantement sans condition du corps vivant : « Le "concept de Dionysos" n'est pas l'affirmation sans condition du corps et de la vie, mais le "législateur" et le "juge" du tribunal critique qui n'est ni la chair, ni la vie elle-même et sous l'autorité duquel Nietzsche a justement engagé sa critique. »[2] D'autant plus, elle évoque un rapprochement entre Nietzsche et Kant, selon lequel, Nietzsche est considéré en tant que continuant l'entreprise critique tout en déplaçant son domaine de la raison pure aux valeurs : « Pour faire la genèse de sa critique de la chair, c'est d'abord dans une filiation kantienne et non plus cartésienne qu'il faut inscrire l'entreprise philosophique de Nietzsche. »[3]

À notre sens, un tel rapprochement aurait besoin d'être relativisé, puisque pour Nietzsche, il ne s'agit pas proprement d'une problématique de « la critique » qui se comprend dans une perspective transcendantale et rationnelle. Cette perspective kantienne suppose la « neutralité » de l'élément rationnel de la connaissance, l'objectivité de son acte, et le désintéressement de ses intentions. Cependant, pour Nietzsche, il s'agit d'une problématique de la destruction-création qui présuppose l'implication du « je-agissant » dans l'expérience de sa « propre » vie. L'acte destructeur-créateur est radicalement intéressé et motivé : il détruit ce qu'il ne « veut » pas et il crée ce dont il a besoin pour affirmer la réalité de sa vie. Le « vouloir » est à la base de l'acte contemplatif.

---

[1] Barbara Stiegler, *Nietzsche et la critique de la chair, Dionysos, Ariane, le Christ*, *op. cit.*, p. 17.

[2] *Ibid.*

[3] *Ibid.*, p. 16

## 4.3. Le sens de la préférence pour le dionysiaque

Il serait mieux, à notre sens, de parler non d'une « préférence pour le dionysiaque », ce qui rappelle l'idée de l'opposition avec l'apollinien, mais de suggérer la nature de la fonction fondamentale de la figure dionysiaque pour toute la philosophie nietzschéenne. Le dionysiaque est l'élément qui représente le lieu de rencontre entre différentes perspectives : l'ontologique, le physique, le psychologique, l'esthétique. La priorité que lui assigne Nietzsche s'explique par ce besoin de cohérence et d'unité fondatrice pour toute sa philosophie.

S'ajoute à ce besoin théorique un autre qui n'est pas moins important, mais qui est plutôt de type personnel. Depuis le § 370 du *Gai Savoir*, la figure affirmative de Dionysos va ressurgir, mais c'est surtout dans les derniers écrits (1887-1888) que cette figure va devenir une figure d'*identification personnelle*. À travers la figure dionysiaque, Nietzsche voulait présenter sa « propre » philosophie, sa nouveauté et son « génie » encore méconnu par les Allemands. Cependant, le besoin « personnel » est également de type psychologique. Il est un besoin de se retrouver dans une image référentielle après avoir éclaté toutes les « références » : « Ici parle celui qui sait, l'invité, le disciple de son dieu. Peut-être serais-je aujourd'hui plus circonspect, moins éloquent en présence d'un problème psychologique aussi compliqué que l'origine de la tragédie chez les Grecs. »[1]

Ce qui exprime le rapport intime au dionysiaque est surtout la perspective et la conception même du tragique. Dionysos est le symbole du tragique, d'une certaine vision du tragique qui a été à l'origine, selon Nietzsche, dans les arts et les fêtes tragiques de la Grèce antique. Le tragique est une perspective essentielle dans la vie et dans la pensée de Nietzsche, qui est d'ailleurs une pensée du tragique. Nietzsche ne s'attarde pas à déclarer que cette introduction du « pathos dionysiaque » est quelque chose de complètement nouveau dans la vision du tragique : « Avant moi, cette transposition du pathos dionysien en un pathos philosophique n'a pas existé : la sagesse tragique faisait défaut. »[2] Cette nouveauté n'est pas en réalité le seul produit d'une récupération de l'ancienne vision tragique des fêtes dionysiaques, elle est due surtout à la nouvelle philosophie de l'affirmation et de l'éternel retour.

En tant que dionysiaque, le tragique nietzschéen n'est plus synonyme d'un fatalisme ou d'un renoncement volontaire au vouloir-vivre. Il est plutôt joie et enchantement de la scène de la vie. La joie tragique implique cette célébration de l'expérience de la vie par-delà crainte et pitié. La joie tragique est

[1]*La Naissance de la tragédie, Essai d'autocritique*, § 4, p. 26.
[2]*Ecce Homo, Pourquoi j'écris de si bons livres, La Naissance de la tragédie*, § 3, p. 1155.

l'éternelle joie du devenir qui se mue dans des cycles infinis de la destruction et de la recréation. C'est dans ce sens, et avec le ton héroïque d'*Ecce Homo* que Nietzsche se considère comme étant « le premier philosophe tragique » :

« Dans ce sens j'ai le droit de me considérer moi-même comme le premier *philosophe tragique*, c'est-à-dire comme l'antithèse extrême et l'antipode d'un philosophe pessimiste. »[1]

La figure de Dionysos est la figure du tragique, mais elle est aussi la figure de l'artiste supérieur, de l'antéchrist. Bref, elle est la figure du Nietzsche lui-même. Ce qu'elle exprime, ce n'est pas seulement une perspective théorique, mais elle exprime également une attitude héroïque et « prophétique » fort présente chez le dernier Nietzsche. Dionysos demeure-t-il enfin un « Dieu » ? Ne serait-ce que pour le seul disciple qui l'a recréé !

### 4.4. Dionysos : figure de la création

Chez le dernier Nietzsche, c'est la figure du dionysiaque qui assume le sens de la création. Elle est la figure de la création. Nietzsche revient à la « catégorie » esthétique qui l'assumait avant : l'ivresse comme condition de la création dans l'art. Mais puisqu'il ne s'agit plus d'une opposition Dionysos/Apollon, et puisque l'apollinien est assumé dans le dionysiaque, Nietzsche parle non plus du rêve et de l'ivresse d'une manière séparée, mais plutôt de l'ivresse comme assemblant les deux figures : « Que signifient les oppositions d'idées entre apollinien et dionysien que j'ai introduites dans l'esthétique, toutes deux considérées comme des catégories de l'ivresse ? »[2] De même, dans un fragment posthume de la même période (1888-89), Nietzsche parle de l'ivresse dionysiaque et l'ivresse apollinienne comme exprimant le même penchant sexuel et voluptueux : « dans l'ivresse dionysiaque, il y a la sexualité et la volupté : cela n'est pas absent de l'ivresse apollinienne. »[3]

Dans l'ivresse dionysiaque, le sens de la création se comprend comme impliquant la signification de l'excès et de l'excédent. Le dionysiaque n'est pas l'être en tant qu'une entité statique. L'égal à soi-même n'est pas créateur parce qu'il n'a pas besoin d'un autre. Ce sens de l'excédent nécessite chez Nietzsche le dépassement de « l'unité originelle de l'être » chère aux

---

[1] *Ibid.*

[2] Dans ce paragraphe, Nietzsche parle de l'ivresse apollinienne qui « produit avant tout cette irritation de l'œil qui lui donne la faculté de vision. Le peintre, le sculpteur, le poète épique sont des visionnaires *par excellence* ».*Le Crépuscule des idoles, Flâneries d'un inactuel*, § 10, p. 996.

[3] *Fragments posthumes*, XIV, p 49.

romantiques. Le sens de la création comme surabondance et excès est incompatible avec ce sens de l'unité originelle.

Le dionysiaque n'est pas la simple origine, il est peut-être « l'originant », comme l'a mentionné Michel Haar, et non l'originel, il est force de création et non un modèle : « Le dionysiaque est l'originel ou si l'on préfère l'originant, comme force créatrice sans être pour autant l'originel dont il peut y avoir des copies. »[1] Dans cette signification du dionysiaque, comme englobant le jeu du dionysiaque et de l'apollinien, comme jeu libre et créatif, comme jeu du corps, ou encore les signes de l'art comme signes du corps, on recèle le sens d'une esthétique plus proche de l'art contemporain plutôt qu'une esthétique classique ou romantique.

Si l'on veut énumérer les différentes significations qui attribuent au dionysiaque sa dimension créative, on peut les reformuler dans les points suivants :

-le jeu pathétique et passionnel (joie et souffrance),

-le sens de la totalité,

-le sens de la corporéité,

-le sens du devenir, du dépassement et de la transfiguration.

Au-delà du ton euphorique et enthousiasmé qui a caractérisé le discours nietzschéen sur les arts et sur les œuvres invoquées, la valeur esthétique d'une œuvre d'art demeure tributaire, en fin d'analyse, de ce jeu créatif qui s'établit entre l'apollinien et le dionysiaque. L'œuvre d'art, l'art créatif est un art dyoniso-apollinien. La dualité s'est développée dans le sens d'un jeu créatif et non d'une opposition ontologique. De même, le sens de la contradiction et de l'opposition va être déplacé vers un niveau philosophico-éthique, celui de l'opposition Dionysos/Socrate et Dionysos/le Christ.

Le concept « jeu » implique l'idée de l'ouverture à une variété de possibles. Sans cette ouverture, il n'y aurait pas de jeu. Dans la dualité du dionysiaque et de l'apollinien, le jeu suppose non simplement l'idée de rapport, il est plutôt une structure distinguée des rapports. Ainsi, le rapport unidimensionnel et exclusif contredit la possibilité du jeu. Celui-ci suppose nécessairement le maintien des termes de la relation. En outre, le jeu n'est pas simplement une création libre, il est également une possibilité ouverte de recréation. Le jeu dans l'antagonisme dyoniso-apollinien suppose à la fois l'opposition et la complémentarité. Il est un jeu de déplacement et replacement. Les deux termes ont la possibilité de se transformer en et dans cet autre. Mais aussi en se transfigurant dans l'autre, on garde la possibilité de regagner à tout moment une réalité précédente. Toutes ces possibilités ont

[1] Michel Haar, *Nietzsche et la métaphysique*, *op.cit*, p. 92.

d'égales chances et s'effectuent d'une manière libre qui n'obéit à aucune contrainte extérieure au jeu lui-même. La seule finalité possible et réelle est l'autojouissance. L'être, à travers le jeu, vise sa propre jouissance. L'être est jouissance. Une telle conception *ludico-extatique* vient remplacer le finalisme *éthico-rationnel* propre à la métaphysique classique.

Si l'on veut résumer, la structure des rapports dans cette conception de jeu pourrait être simplifiée dans les éléments suivants :

- la différenciation,

- la complémentarité,

- le passage et la transfiguration,

- la hiérarchie, et la domination mutuelle.

Une telle conception, qui a commencé à être élaborée depuis l'œuvre sur la tragédie grecque représente, comme le remarquait Gianni Vattimo, une figure essentielle de la nouveauté et de l'actualité de la philosophie nietzschéenne :

« Le jeu d'apollinien et de dionysiaque, et le sens ambigu que la tragédie possède de libération du et vis-à-vis du dionysiaque dans la belle image apollinienne, restent des éléments décisifs de l'élaboration ultérieure de la pensée de Nietzsche, et constituent également les bases de son actualité théorique possible. »[1]

Cependant, la question demeure posée : Nietzsche devient-il classique ?

Existe-t-il une forme idéale de la création artistique ?

En effet, cette problématique n'est pas tout à fait nietzschéenne. Puisque la question de la forme de l'art se rapporte à une question de style plutôt qu'à une question de la forme idéale. Il n'y a plus de forme parfaite de la création de l'art. Nietzsche, depuis *Humain, trop humain* se détache de cette idée métaphysique. La question est essentiellement la question du style.

---

[1] Gianni Vattimo, *Introduction à Nietzsche*, Paris, Bruxelles, De Boeck Université, 1999, p. 22.

# CHAPITRE IV

## Création et questions de style

## 1. Qu'est-ce qu'un « bon » style ?

L'œuvre d'art est une trace vivante d'un certain style de création. Mais qu'est-ce qu'un style créateur dans l'art ? Comment pourrait-on qualifier le « bon » style ?

Le point de départ de la définition nietzschéenne du style est sa fonction communicative. Tout style est censé « *communiquer* un état intérieur, une tension intérieure, de la passion par des signes – y compris le *tempo* de ces signes – voilà le sens de toute espèce de style. »[1]Nietzsche se sert bien d'une sorte de *pragmatisme esthétique* pour contrecarrer les penchants métaphysiques et idéalistes. La force de l'art n'est autre chose que cette puissance de communiquer ce qui est plus distingué, plus original et plus profond dans l'expérience de l'artiste. De même, la beauté de l'art désigne en quelque sorte ce degré supérieur de la communication dans l'art.

Dès lors, le sens d'un « bon » ou d'un « mauvais » style se comprend en fonction de sa capacité à assumer cette fonction communicative. Le bon style c'est celui « qui communique véritablement un état intérieur, qui ne se trompe pas sur les signes, sur le *tempo* des signes, sur les *gestes*. »[2]

Il est bien entendu que la question de l'évaluation de la valeur esthétique et communicative d'un style se détache en prime abord de l'attitude idéaliste, qui sépare le style de toutes les conditions qui le produisent. Cependant, ce n'est pas seulement ce point qui distingue l'esthétique nietzschéenne. L'aspect qui mérite d'être mentionné dans ce contexte d'analyse est surtout l'introduction des points de vue généalogique et autobiographique dans l'évaluation de la valeur esthétique des « styles ». Passant à ce point de vue, il serait plus convenable de poser les questions suivantes : Qu'est-ce qui crée la force d'un style ? Et comment le style deviendrait-il créateur de la belle œuvre d'art ?

Au prime abord, on pourrait affirmer que ce qui crée la force d'un style c'est sa capacité d'assumer en lui les différentes et les riches possibilités et perspectives qu'enferme l'expérience de vie d'un artiste. Nietzsche est pour lui-même, et non sans aucun héroïsme, le modèle d'une telle richesse créatrice du grand style : « Comme la multiplicité des états intérieurs est extraordinaire

[1]*Ecce Homo*, § 4, p. 1149.
[2]*Ibid*., p. 1150.

chez moi, il y a chez moi beaucoup de possibilités de style – l'art du style le plus varié que jamais homme eut à sa disposition. »[1]

Ainsi Nietzsche se détache-t-il du point de vue formaliste pour s'impliquer fortement dans l'expérience personnelle de l'artiste, dans ses détails les plus intimes. Cette implication se comprend en un premier lieu comme une implication dans *le corps* de l'artiste. Le point de vue généalogique est essentiellement le point de vue du *corps*, de ses forces et de ses instincts, de ses besoins et de ses états. Le corps est ici le corps de Nietzsche lui-même, avec un penchant spécifique pour la musique. Nietzsche, « le corps » en lui, que cherche-t-il dans la musique ? D'ailleurs, il ne pose la question qu'en se rapportant aux besoins, aux passions et aux états qui submergent son âme :

« Et je me pose donc la question : mon corps tout entier, que *demande-t-il* en fin de compte à la musique ? Je crois qu'il demande un *allègement* : comme si toutes les fonctions animales devaient être accélérées par des rythmes légers, hardis, effrénés et orgueilleux ; comme si la vie d'airain et de plomb devait perdre sa lourdeur, sous l'action d'harmonies dorées, délicates et douces. Ma mélancolie veut reposer dans les cachettes et dans les abîmes de la *perfection* : c'est pour cela que j'ai besoin de la musique. »[2]

La belle musique c'est celle qui exprime les vrais besoins d'un corps, ses sentiments et ses états d'âme les plus profonds. La musique qui réussit à le faire est la bonne, puisqu'il n'y a pas de style qui soit bon en *soi-même* : « Le bon style *en soi* est une pure sottise, c'est de l'"idéalisme" pur, à peu près de même que le "beau *en soi*", le "bon *en soi*", la "chose *en soi*"… »[3] C'est pour cela que la question n'est pas une simple question d'esthétique, mais avant tout une question physiologique. La finesse du goût, la non-confusion, une simplicité esthétique et fonctionnelle, un intérêt spécifique pour les motifs de l'art, une cohésion qui retient tous les éléments de l'œuvre dans une unité supérieure, la force et la profondeur de l'idée : Voilà les éléments de l'œuvre réussie. Toutefois, ces éléments ne se rattachent pas à une préférence pour un quelconque style, mais plutôt ils sont les éléments nécessaires pour tout art et pour toute œuvre.

Les qualités d'un style sont les qualités de l'artiste lui-même. Son style dévoile en lui la qualité de l'esprit et du goût, la manière de voir les choses et l'éthique de sa vie. Certainement, ça se fait à travers une œuvre bien distinguée, mais la supériorité de l'œuvre d'art ne se réfère pas, dans tous les cas, à un point de vue classique là où les exigences de la forme et de la technique s'imposent comme une règle absolue. Même les œuvres classiques vantées par Nietzsche ne sont pas vantées seulement à cause d'une parfaite et

[1] *Ibid.*, § 4, 1149-1150.
[2] *Le Gai Savoir*, Livre cinquième, § 368, p. 238.
[3] *Ecce Homo, Pourquoi j'écris de si bons livres*, § 4, p. 1150.

excellente maîtrise de la technique, mais également pour les valeurs symboliques et esthétiques hautement distinguées qu'elles incarnent.

Tout ce qui affecte la personnalité de l'artiste aurait de l'impact sur son style : sa vie, ses goûts et ses valeurs. Mais ce n'est pas seulement çà, le bon style est aussi une disposition de la nature, une affaire de climat, un environnement naturel bien distingué. Nietzsche lui-même n'a-t-il pas connu sa période la plus créative tout en s'inspirant des ambiances du « Midi », du climat méditerranéen et des beaux paysages du Nord italien !

## 2. Le grand style nietzschéen

Pour tout style, il est important de se demander ce qui est exprimé et de quelle manière il est exprimé.

Pour Nietzsche, les deux questions ne se séparent pas. Cependant, on peut déceler une certaine priorité donnée à ce qui peut représenter « l'âme » et le caractère profond propres à un artiste et expérimentés dans une expérience créatrice distinguée. La valeur d'un style culmine dans cette profondeur qui lui permet de représenter « pas d'individus, mais des masques plus ou moins idéaux ; pas de réalité, mais une généralité allégorique. »[1]

Le bon style est celui qui sait exprimer. Toutefois, ce qu'il exprime est aussi une idée distinguée et une qualité de l'affect. La belle forme stylistique est celle qui sait communiquer cette « qualité » dans son état pur et dans sa forme la plus belle. Toutefois, cette beauté n'est pas foncièrement inhérente dans une quelconque forme ou figure de style. Incontestablement, Nietzsche répugnait l'idée du *beau en soi,* l'esthétique formaliste en général. Il affiche plutôt la préférence pour ce qui est plus simple, plus sobre et bien significatif. Ce qu'il faut éviter c'est certainement la complication, la phraséologie et l'effet de style. La richesse et la force de style ne sont pas dans la pure forme, mais dans les significations et les idées distinguées que tout style est censé révéler. Peut-être vaudrait-il mieux être classique que baroque. Celui-ci, le baroque, et par son intérêt excessif pour les motifs et les exigences de la forme artistique, n'est qu'un témoin d'un dépérissement d'un « grand art », là où la tyrannie de la forme l'emporte sur la force symbolique des signes artistiques :

« Le style baroque naît chaque fois que dépérit un grand art, lorsque dans l'art de l'expression classique les exigences sont devenues trop grandes, il se présente comme un phénomène naturel à quoi l'on assistera peut-être avec mélancolie – parce qu'il précède la nuit –, mais en même temps avec

[1]*Humain, trop humain*, I, p. 558.

admiration, pour ce talent de compensation dans l'expression et le récit, qui lui est particulier. »[1]

Le grand style c'est celui qui nous bouleverse, nous touche dans la profondeur de nous-mêmes. C'est celui qui expose la vie dans ses antagonismes les plus cruciaux, dans sa diversité et ses mutations, dans sa richesse la plus significative. Mieux encore, le grand style c'est celui qui sait représenter nos états et nos sentiments comme une œuvre digne d'être créée et contemplée, celui qui sait affirmer et qui sait communiquer cette affirmation.

La force du style est sa force de représenter et d'exprimer. Cependant, cette force ne se réduit point à un quelconque « réalisme ». Plutôt, elle se conçoit comme une force symbolique et allégorique. Ce que Nietzsche appelle « la généralité allégorique » est plutôt une manière plus proche de la nature allégorique du mythe et de sa force de condensation symbolique.

Pour un artiste, il n'y a pas de « réalité » dans le sens du « *réalisme* » et du « *naturalisme* » artistiques. La « réalité » n'est ni un fatum ni une loi qui prescrit à l'artiste l'objet et la manière de sa propre création artistique. Ce qui existe dans la réalité représente pour l'artiste une sphère, toujours féconde et créative, génératrice de signes et de symboles. Ce rapport libre et créatif avec la « réalité » n'est pas toutefois insensé. La force du style est au contraire censée s'approprier de tout ce qui caractérise la force d'une époque, de l'esprit et du caractère qui la distingue. C'est dans ce sens qu'on a eu l'habitude à caractériser les différentes époques historiques par des styles artistiques bien déterminés. Néanmoins, ce rapport se comprend comme une force et une compétence propres à l'artiste plutôt qu'une nécessité qui s'impose de l'extérieur.

En somme, l'étude du texte nietzschéen permet de cerner ce qui pourrait représenter la force d'un style réussi dans les conditions suivantes :

- Une finesse de goût et une sentimentalité raffinée qui, toutefois, restent tributaires d'une bonne et solide éducation esthétique.

-Une bonne maîtrise des procédures et des techniques artistiques.

-Une certaine « fidélité » ou même encore une « innocence » qui caractérisent le rapport de l'artiste avec les objets de sa propre création. Une condition pour bien communiquer le sentiment dans sa force initiale.

-Une expérience de vie, bien particulière, pour qu'elle soit digne d'une œuvre d'art.

---

[1]*Humain, trop humain*, II, § 144, p. 751.

-La qualité de l'idée exprimée devrait être de type absolument supérieur et profond.

## 3. Style et problème du classicisme

### 3.1. Sur le sens de l'apparenté avec le classicisme

L'approche nietzschéenne à propos de la question du style s'est développée dans un sens beaucoup plus original et beaucoup plus distingué pour qu'elle soit réduite au romantisme ou au classicisme. Néanmoins, l'impact de ces deux grandes écoles sur Nietzsche est à recenser sur beaucoup de niveaux. De prime abord, la question du style dans l'art est essentiellement une problématique « classique ». Le classicisme est de ce côté de grand apport quant à la définition de l'art non seulement comme création, mais aussi comme création de style. Le classicisme est dans ce sens une affirmation que l'art, quel que soit l'art, a atteint le sommet de sa beauté formelle. Il ne s'agit pas ici d'une simple thèse hégélienne, mais plutôt d'une idée répandue dans toute la modernité esthétique.

C'est ainsi que dans le classicisme on est censé déterminer ce « moment » d'achèvement dans l'histoire, dans les styles et dans les œuvres (ou comme dans leur appellation classique « chefs-d'œuvre ») de ces vénérables et incontestables maîtres d'un certain art.

La tradition classique est bien ancrée dans la culture esthétique et artistique de la modernité. Ceci est valable même pour le XIXe siècle allemand, là où commence à régner toute une tendance romantique qui se veut être opposée à cette tradition.

Nietzsche lui-même est resté influencé par cette tradition. Une première influence et qui restera toujours présente chez lui est la référence aux œuvres d'art. La critique esthétique nietzschéenne garde une référence de type classique quand il s'agit de désigner les œuvres « de référence », ou encore les *chefs-d'œuvre*.

Jean Philippon dans son article « Nietzsche et Raphaël » nous cite l'exemple de Raphaël qui demeure pour Nietzsche, comme dans la tradition allemande, une référence incontournable. Nietzsche continue à citer ses œuvres comme des références « classiques » dans l'art plastique :

« Le créateur de la *Madone de Saint-Sixte* représente aux yeux du philosophe tout autre chose qu'un phénomène esthétique singulier, une œuvre individuelle géniale qu'il s'agit de saisir dans son originalité, de goûter comme une source de plaisir. Raphaël est d'abord une référence obligée, "la" référence picturale de toute l'esthétique allemande depuis Winckelmann. C'est en cette qualité de représentant exemplaire des valeurs fondamentales, de garant de la tradition antique que Raphaël retient l'attention de Nietzsche. »[1]

Ainsi, le sens de l'œuvre d'art reste pour Nietzsche le sens de l'œuvre hautement perfectionnée et aboutissant au sens esthétique de l'achèvement. Cependant, ce qui est censé être achevé c'est le style de la création et non obligatoirement l'œuvre elle-même. La « *Transfiguration* » de Raphaël que Nietzsche cite beaucoup de fois[2] comme signe de l'extrême beauté plastique est une œuvre inachevée.

Quant à la question du style, c'est surtout dans la période d'*Humain, trop humain* que Nietzsche renoue d'une manière consciente et délibérée avec une signification de type classique de ce qui pourrait être le « bon » style. C'est pareillement que surgit depuis *Humain, trop humain* le thème esthétique de ce que Nietzsche appelait *« le grand style »*, une appellation qui n'est pas sans aucune résonnance classique : « Le grand style naît lorsque le beau remporte la victoire sur le monstrueux. » [3]

Selon cette perspective plus classiciste, le « bon » style devrait garder en lui le sens de la « juste mesure ». Les excès, les aberrations, les effets exagérés sont à éviter. Pour l'artiste, il faut laisser parler les formes par une sorte de langue naturelle. Ainsi l'intérêt s'accorde seulement à l'art, à ce qui est exigé par la belle et la bonne expression artistiquc.

Il n'est pas totalement faux de constater chez Nietzsche l'existence d'une certaine parenté avec le style classique et qui pourrait être désignée dans les éléments suivants :

-La juste mesure.

-La simplicité.

-La rigueur de la forme artistique.

-La force de l'idée et la condensation symbolique de l'expression. Sont mentionnées ici surtout les signes de la grandeur, du sobre et du subtil.

---

[1] Jean Philippon, « Nietzsche et Raphaël », in *Nouvelles lectures de Nietzsche*, *op. cit.*, p. 94-95.

[2] Cf. *La Naissance de la tragédie*, § 4, et *Aurore*, § 8.

[3]*Humain, trop humain*, II, § 96, p. 871. Nietzsche reprend également le thème du grand style dans *Le Crépuscule des idoles* : « Le plus haut sentiment de puissance et de sûreté trouve son expression dans ce qui est de *grand style.* », Flâneries d'un inactuel, § 11, p. 997.
Dans *l'Antéchrist*, Nietzsche attribue le sens du « grand style » au génie gréco-romain et à leur manière de voir les choses et d'agir, là « le grand style, non seulement art, mais devenu réalité, vérité, vie » § 59, p. 1100.

-Le sens de l'antiquité, de l'enracinement dans une longue tradition de l'art.

D'ailleurs, Nietzsche demeure-t-il classique sur ce dernier point plutôt que « futuriste ». Le rapport au passé, à l'héritage de l'art, n'est pas un rapport de détachement absolu. Il existe chez lui ce sens classique de l'adoration et de l'appréciation de tout ce qui a constitué la grandeur et la beauté de l'art du passé.

Une définition classique du style est à l'œuvre dans *Humain, trop humain,* mais il ne s'agit pas d'un pur classicisme. Plutôt il s'agit d'une « récupération » du registre esthétique classique pour se débarrasser de l'héritage romantique, contre qui une guerre sans merci s'est tragiquement déclarée. On remarque d'ailleurs que le classicisme est réinterprété par Nietzsche dans une nouvelle perspective philosophique et esthétique. Cette perspective est la perspective de l'affirmation.

Dans *Le Cas Wagner*, c'est dans l'œuvre musicale de Bizet, dans le *Carmen* que Nietzsche va trouver une bonne illustration de cette nouvelle approche. Trois critères se dégagent de cet éloge de la musique de Bizet :

-La simplicité, et là il s'agit d'un critère plutôt classique. « Ce qui a de mérite est facile, et les dieux ont les pieds légers » : c'est la première thèse de mon esthétique. »[1]Le sens classique de la simplicité est le sens de la simplicité fonctionnelle et esthétique, c'est-à-dire le sens de la démarche claire, maîtrisée et qui vise une fin : « Elle est riche. Elle est précise. Elle construit, elle organise, elle a une fin. »[2]

-La force du tragique qui se manifeste dans la passion d'amour d'une manière cruelle et fatale. Elle est la force d'une « race » non d'un « individu ».

-L'œuvre suscite et provoque l'intelligence de l'auditeur. Elle le rend « une créature intelligente ». Pour toute esthétique, il faut se demander : à quel auditeur communique-t-on son art ? Le vrai art est celui qui recrée chez son auditeur le sens le plus élevé de son intelligence et qui élève chez lui, et jusqu'à un degré maximal la force de sa réceptivité sensationnelle.

## 3.2. Au-delà du classicisme et du romantisme

Nietzsche entretient un double rapport avec le classicisme. À la fois, il emprunte tout un registre classique dans l'évaluation des styles, comme il prône une certaine force de l'art classique et de ses valeurs esthétiques.

[1]*Le Cas Wagner*, § 1, p. 901.
[2]*Ibid.*

Cependant, de telles considérations ne permettent pas de qualifier, à la manière catégorique de Matthieu Kessler[1], toute l'esthétique tardive de Nietzsche d'une « esthétique classique ». La divergence avec ce qui peut représenter une attitude classique est aussi bien assumée. Cette divergence s'annonce sur beaucoup de points :

-Nietzsche refuse un certain formalisme inhérent au classicisme. Les procédures et les techniques n'ont rien de « sacré ». Elles sont l'objet d'un libre jeu de la part de l'artiste et s'emploient comme moyens pour l'expression et pour la création des signes.

-Le style n'est pas une procédure technique. Il est avant tout un style de vie et une vision du monde. La question du style invoque à la fois la généalogie et l'autobiographie. Sur ce point, il s'agit bien d'un dépassement du classicisme et d'une perspective tout à fait innovante.

-La nouvelle conception nietzschéenne de style se démarque nettement du pathos classiciste de la distinction entre les genres et les styles de l'art.

-La critique du conformisme, de la soumission aveugle à la « loi » et à « l'institution ».

Contre le classicisme, Nietzsche nous propose la liberté de l'acte créateur de l'œuvre d'art. Cependant, et comme pour le romantisme, Nietzsche critique sévèrement l'art de son temps. Le classicisme était une tradition encore dominante. Ce qui domine dans cette tradition c'est l'imitation du modèle. Son art est encore sous l'emprise de l'idée de « modèle », du modèle classique de la beauté, des chefs-d'œuvre qu'il faut imiter. Quoi de plus pour s'opposer à ce qui est essentiel pour l'acte créateur, à savoir sa propre liberté ! [2]

Pour Nietzsche, le sens de la nouvelle création c'est se libérer de l'autorité du modèle, même s'il s'agit d'une extrême beauté telle qu'on trouvait chez l'éternel « Raphaël ». La liberté ajoutée au sens de l'originalité, de la distinction et de l'excellence : voilà ce qui pourrait représenter l'essentiel des critères de la créativité de l'œuvre d'art dans le contexte nietzschéen.

---

[1] « La « physiologie de l'art » a pour fonction première la purgation de toute compromission avec le romantisme. Seul le style classique lui correspond dans la mesure où il reflète et entretient la tonicité du corps et de l'esprit. » Mathieu Kessler, *L'Esthétique de Nietzsche*, Paris, PUF, 1998, p. 169.

[2] Jean Philippon soulève dans son article « Nietzsche et Raphaël » cette incompatibilité entre le sens original de la création artistique et l'assujettissement à l'emprise d'un modèle ou d'une référence : « Ce qui disqualifie les plus grands, c'est que malgré leur grandeur, ils n'ont pas su créer sans faire référence à un modèle. Ce modèle, de quelque nom qu'il ait été baptisé, fait de l'activité de l'artiste, une activité secondaire, dérivée et non une véritable création. Peut-on concevoir une révolution artistique qui affranchirait le peintre, le sculpteur de toute sujétion, qui lui conférerait une liberté absolue, quasi divine, dans laquelle il se confondrait si intimement avec la volonté de puissance que son moi limité serait aboli ? » *op. cit.*, p. 103.

Pour l'art comme pour la philosophie, la perspective dominante reste en fin d'analyse une perspective de l'avenir. C'est pour cela que Nietzsche n'est pas classique, ne serait-ce que par un abus de langage. Mais de ce côté, tout goût esthétique, toute formation artistique garde un minimum de classicisme. Celui-ci (Hegel l'a bien enseigné) est l'art parfait et la beauté extrême de l'art. Nietzsche ne s'éloigne pas de cette tradition allemande : l'appréciation et la vénération de l'art classique, l'art gréco-romain et l'art de la Renaissance.

Cependant, et à l'encontre de ce rapprochement entre l'esthétique tardive de Nietzsche et le classicisme, il existe une autre interprétation qui juge toute l'esthétique nietzschéenne comme étant une esthétique romantique. Mais en effet, il s'agit parfois d'une qualification qui dépasse le seul cadre de cette esthétique. Puisqu'il s'agit chez certains auteurs d'une tendance, qui qualifie toute l'esthétique qui a succédé Kant et qui part de Novalis et des frères Schlegel jusqu'à Heidegger ou même encore l'esthétique de nos jours, d'une esthétique romantique. Le romantisme est dans ce sens une attitude philosophique et esthétique générale qui considère l'art comme lieu et moyen privilégiés pour atteindre la vérité de l'être. Une telle désignation est soutenue, à titre d'exemple, par Marc Sherringham : « Est romantique toute position considérant que l'art permet de connaître l'essence du monde. »[1]

Également, pour Jean-Marie Schaeffer, l'idée que l'art est le lieu de l'avènement de la réalité supérieure et intime de l'être est une idée distinctive de tout le courant romantique. Selon ce point de vue, Nietzsche, malgré ses critiques du romantisme, demeure un bon continuateur de ce courant. Pour Nietzsche, « comme chez les romantiques, comme chez le jeune Schelling, l'art est *l'organon* de la philosophie. »[2] Pour ce même point de vue, le moment kantien a ébranlé toute la philosophie de l'art en postulant l'impossibilité d'une esthétique qui se pense comme théorie cognitive. Paradoxalement, selon Schaeffer, toute la théorie cognitive de l'art (dont le romantisme est la plus haute expression) cherche à récupérer une ontothéologie secouée par la critique radicale de Kant.[3]

---

[1] Marc Sherringham, *Introduction à la philosophie esthétique*, Paris, Payot, 1992, p. 242.

[2] Jean-Marie Schaeffer, *L'Art de l'âge moderne, l'esthétique et la philosophie de l'art du XIIIe siècle à nos jours*, Paris, Gallimard, 1992, p. 268.

[3] Walter Benjamin a déjà souligné la nature spécifique de la philosophie romantique qui se déploie à travers l'œuvre d'art littéraire et qui vise la forme de l'œuvre d'art :
« Du point de vue de la méthode, l'ensemble de la théorie esthétique des romantiques repose sur la détermination du médium absolu de la réflexion comme art, ou plus exactement comme Idée de l'art. L'organe de la réflexion, dans l'art, étant la forme, l'Idée de l'art est définie comme le médium-de-la-réflexion des formes. Dans ce médium, toutes les formes de présentation ne cessent de s'enchaîner, de passer l'une dans l'autre et de s'unir pour constituer la forme absolue de l'art, laquelle est identique à l'Idée de l'art. L'idée romantique de l'unité de l'art repose donc sur l'idée d'un continuum des formes. » Walter Benjamin, *Le Concept de critique esthétique dans le romantisme allemand*, trad. Philippe Lacoue-Labarthe et Anne-Marie Lang, Paris, Flammarion, 1986, p. 135.

Dans ce type d'évaluation, on remarque que la désignation « romantique » demeure une désignation très large et très ambiguë. On risque d'ailleurs d'y intégrer les attitudes, les courants et les écoles les plus contradictoires du XIXe et du XXe siècle. De ce côté, il est intéressant de noter que la désignation « romantique » a connu une longue histoire. Non seulement cette désignation change de contexte de temps à autre et d'un pays à un autre, elle se place également dès le début, dans le domaine de la littérature surtout, dans un registre opposé à ce qui est classique (c'est-à-dire à ce qui est reconnu comme tel et soumis à de strictes règles esthétiques et stylistiques).

Le *Vocabulaire d'esthétique* souligne qu'à l'origine le mot (roman) désigne une littérature écrite en langue « vulgaire », c'est-à-dire non latine : « Le substantif français *roman* désignait au Moyen Âge des récits en vers ou en prose, écrits non en latin, mais en langue vulgaire ou *romane*, et non soumis à des règles. »[1]

Toutefois, c'est en Allemagne que l'opposition romantique/classique a pris ses élans les plus significatifs. Le « romantisme » comme attitude philosophique et non seulement artistique est surtout une production allemande. D'ailleurs, le développement de l'école romantique en Allemagne avait une signification politique et « nationale ». On a voulu surtout s'opposer au grand classicisme français, et par là marquer par un signe « national » toute la production artistique de l'époque.

Le romantisme était donc le signe de tout un environnement culturel du XIXe siècle allemand. Certes, Nietzsche, comme une bonne partie de ses contemporains, en était beaucoup influencé. Cependant, il s'agit plutôt d'un rapport avec un environnement culturel général qui ne cache en rien les polémiques et les ruptures qui ont beaucoup motivé la redoutable machine critique de Nietzsche. De même, il ne faut pas négliger le fait que ce qu'on a appelé conventionnellement romantisme était un objet principal pour son projet de destruction systématique et massive de toutes les idoles de la modernité souffrante. En effet, il s'agit là d'une de plus virulentes critiques adressées à l'égard du romantisme.

La critique du romantisme ne rend pas Nietzsche un « classique ». De même, la rupture avec le romantisme ne dissimule pas le fait que de grands romantiques n'ont cessé de l'influencer. Il ne critique pas les romantiques pour la simple raison qu'il s'est converti au classicisme. Nietzsche, comme dans le parcours de Goethe, se rattache à un « premier romantisme »(*Frühromantik*), pour renouer après avec le goût classique contre les excès et l'« hyperesthésie » pathologiques du romantisme tardif (*Spätromantik*). Comme l'a évoquait

---

[1] Etienne Souriau, *Vocabulaire d'esthétique*, Paris, PUF, 1990, p. 1246.

Jacques Le Rider, c'est essentiellement contre ce romantisme tardif que s'adresse la critique nietzschéenne :

« On comprend vite que Nietzsche ne définit pas le romantisme de manière rigoureuse, comme le ferait un historien de la littérature ou de l'art. Pour lui, le romantisme correspond à la *Spätromantik*, à la sensibilité qui s'exprime à partir d'Eichendorff et d'E.T.A Hoffmann et aboutit à Richard Wagner. Il n'englobe sans doute pas dans sa condamnation la *Frühromantik*, ce "premier romantisme". »[1]

## 4. Style de vie et éthique des créateurs

### 4.1. Le chemin du solitaire

Dans ce qui a précédé, on a essayé d'insister sur ce qui distingue le point de vue nietzschéen à propos de la question du style créateur, à savoir qu'il ne se limite pas à un seul point de vue « technique » ni même proprement esthétique. Le style est un style de vie. Le problème n'est pas simplement un problème esthétique, il est également un problème éthique.

L'éthique de la création est une éthique qui se cultive par une longue et sévère discipline. Ce qu'elle exige en premier lieu est un rapport spécifique avec soi-même. Elle demande une exploration et une connaissance profonde de soi. Cependant, cette connaissance devrait éviter les tendances morbides de la morale idéaliste. Il faut éviter surtout la morale de la culpabilité, de la négation du corps et des instincts, de l'altruisme hypocrite.

Cette connaissance de soi se fait, au contraire, dans le cadre d'une profonde intimité, dans un parfait amour de soi. Au lieu de l'hypocrisie altruiste, Nietzsche nous propose *l'égoïsme créateur*. La sévère discipline des créateurs cultive chez eux « *le grand amour* » et « *l'égoïsme créateur* » qui sont à la base du vouloir créateur :

« "Je m'offre moi-même à mon amour, *et mon prochain tout comme moi*" – ainsi parlent tous les créateurs.

Mais tous les créateurs sont durs. –

Ainsi parlait Zarathoustra. »[2]

---

[1] Jacques Le Rider, « Nietzsche et Goethe », in *Cahiers de L'Herne, Nietzsche*, *op. cit.* p. 149.
[2] *Ainsi Parlait Zarathoustra, II, Des compatissants,* p. 352.

L'opposition chez Nietzsche n'est pas entre égoïsme et altruisme. Elle est plutôt entre deux types d'égoïsme : un égoïsme mesquin, déguisé, hypocrite, un égoïsme qui agit par ressentiment et non par courage. Contre un autre égoïsme, courageux cette fois-ci, qui se déclare comme tel, sans culpabilité ni hypocrisie. Cet égoïsme, parce qu'il est plein et « enivré » par l'amour de soi, donne avec générosité, avec gaspillage même. Il crée. La création ne jaillit que par ce « surplus » d'amour, d'un trop-plein de générosité.

Fidèle à sa manière de parler du « *grand style* », de la « *grande politique* », Nietzsche nous parle également du « *grand amour* ». Il est dans le *Gai Savoir* la marque des « esprits vigoureux » : « Les grands problèmes exigent tous le *grand amour*, et il n'y a que les esprits vigoureux, nets et sûrs qui en soient capables, les esprits à base solide. »[1]

L'amour créateur, le grand amour, est celui qui « donne » et qui surgit par sa propre force. Cet amour n'est généreux que parce qu'il est fortement impliqué dans l'amour de soi. C'est par un tel amour que la création implique la dimension d'un surdépassement de soi, du risque imminent de la perte de soi. La destruction est nécessaire pour la nouvelle création. C'est ainsi que l'« amour créateur » dépasse la pitié, parce que celle-ci veut et s'attache à ce qui périt et se désagrège. Elle cherche à renaître les cadavres. Par contre, l'amour veut créer ce qui est complètement nouveau, recréer la vie elle-même : « Retenez aussi cette parole : tout grand amour est au-dessus de sa pitié ; car ce qu'il aime, il veut aussi le – créer ! »[2]

Ce que cultive le créateur dans ce rapport avec soi est une profonde intimité, qui quête toujours à enrichir et à approfondir le domaine de soi par une riche variété de perspectives, d'expériences, de sensations, de goûts et de valeurs. C'est ainsi que le créateur se distingue par une puissante capacité réceptive, par une sensibilité très fine et très délicate. Le surplus, l'excédant, la richesse, mais aussi le jeu des perspectives et des antagonismes : voilà ce qui distingue tous les grands créateurs et ce qui nous rend également créateurs. La dure discipline n'a de sens pour le créateur qu'en tant qu'elle lui apprend la vertu de maîtriser les ou plutôt « ses » propres antagonismes : « Et celui qui doit être créateur dans le bien et dans le mal : en vérité, celui-là commencera par détruire et par briser les valeurs. Ainsi la plus grande malignité fait partie de la plus grande bénignité : mais cette bénignité est la bénignité du créateur. »[3]

La création de l'œuvre se prépare par une expérience qui cultive chez le créateur le sens de la distinction et de l'élévation. Cette expérience est

---

[1]*Le Gai Savoir, Livre V*, § 345, p. 208. Il en parle également dans *Ainsi Parlait Zarathoustra, Des compatissants,* p. 351 :« Ainsi parle tout grand amour : il surmonte même le pardon et la pitié. »

[2]*Ainsi Parlait Zarathoustra, II, Des compatissants,* p. 351.

[3]*Ainsi Parlait Zarathoustra, II, De la victoire sur soi-même,* p. 373.

tellement particulière qu'elle devrait prémunir le créateur de toutes les mauvaises influences et de tout résidu nocif. Elle nécessite tout ce retour à soi-même, à l'intimité profonde pour laisser jaillir les sentiments les plus naturels, les plus originaux, les plus forts, mais aussi les moins entachés, les moins contaminés.

La singularité de l'œuvre se prépare par une réelle expérience de la singularité de l'être-artiste. C'est ainsi que la solitude est une condition pour la création. Elle enveloppe cette dimension de la distance, sans laquelle on ne pourrait pas atteindre le sens de la singularité. La solitude (*Vereinsamung*) est le chemin des créateurs :

« Solitaire, tu suis le chemin de l'amant : tu t'aimes toi-même, c'est pourquoi tu te méprises, comme seuls méprisent les amants.

L'amant veut créer puisqu'il méprise ! Comment saurait-il parler de l'amour, celui qui n'a pas dû mépriser précisément ce qu'il aimait !

Va dans ta solitude, mon frère, avec ton amour et ta création ; et sur le tard la justice te suivra en traînant la jambe.

Va dans ta solitude avec mes larmes, ô mon frère. J'aime celui qui veut créer plus haut que lui-même et qui périt ainsi.

Ainsi parlait Zarathoustra. »[1]

## 4.2. Contre la hâte : l'enfantement naturel de l'œuvre

La hâte est une déficience qui altère la grandeur de l'œuvre. Le « bon » style doit se méfier contre la hâte. Il est un fait primordial pour le « bon » style d'avoir un sens aigu de la perfection et de l'achèvement. Tel est le problème par exemple d'un grand musicien comme George Friedrich Haendel (1685-1759), qui « dans l'invention de sa musique, était hardi, novateur, vrai, puissant ». Mais, c'est ce sens de l'achèvement qui lui manque : « Lorsqu'il s'agissait d'achever son travail, il était souvent plein de contrainte, de froideur et même de dégoût de soi [...], mais ce n'était pas un contentement pareil à celui de Dieu et d'autres créateurs, au soir de leur journée féconde. »[2]

Certes, ce sens de l'achèvement est essentiellement un souci de type classiciste, mais la question chez Nietzsche se rapporte plutôt à une dimension éthique. L'éthique des créateurs est l'éthique de la victoire sur la précipitation et la hâte. Pour ce faire, le créateur devrait développer en lui cette capacité de

[1]*Ainsi Parlait Zarathoustra, I, Des voies des créateurs,* p. 332.
[2]*Humain, trop humain,* § 150, p. 886.

« supporter » les fardeaux de la souffrance. Tous les maux de la gestation sont nécessaires pour préparer « l'enfant », préparer l'œuvre de la création.

La création est un produit « naturel », une gestation qui enfante « naturellement ». Le créateur ne doit pas dire : je dois créer maintenant et le plus vite que possible ! La création ne se fait pas avec hâte ou sur une décision arbitraire. Comme dans l'enfantement, il devrait y avoir un achèvement du processus créateur, que la créature soit prête pour sa propre création :

« *L'égoïsme idéaliste.* – Y a-t-il un état plus sacré que celui de la grossesse ? Faire tout ce que l'on fait avec conviction silencieuse que, d'une façon ou d'une autre, cela profitera à ce qui est en nous en état de devenir ! que cela augmentera sa valeur mystérieuse, à laquelle nous pensons avec ravissement. [...] l'enfant doit naître de ce qu'il y a de meilleur et de plus doux. »[1]

L'œuvre est le fruit mûr de la création. Cependant, et pour qu'elle soit ainsi, la création de l'œuvre demande une éthique et une expérience bien profonde. C'est qu'il faut cultiver à cet égard est le sens d'une patience dure, mais bien assumée. Un certain ascétisme est exigé par l'expérience de la création. Ce qui demande de patienter, d'attendre en silence, mais avec de la passion aussi, de se prémunir contre tous les éléments qui peuvent altérer la nature et la valeur de l'objet à enfanter.

La création est un processus de sélection et de concentration. Autrement dit, c'est dans la perspective de la rareté et de la distinction que le créateur devrait penser sa création. Il ne faut pas se presser pour créer puisque « Le désir incessant de créer est vulgaire » :

« *Fécondité tranquille.* – Les aristocrates-nés de l'esprit ne sont pas trop pressés ; leurs créations paraissent et tombent de l'arbre par un tranquille soir d'automne, sans qu'ils soient hâtivement désirés, sollicités, pressés par la nouveauté. Le désir incessant de créer est vulgaire et témoigne de jalousie, d'envie, d'ambition. Si l'on est quelque chose, on n'a réellement besoin de rien faire – et portant l'on agit beaucoup. Il y a au-dessus de l'homme "productif" une espèce encore supérieure. »[2]

## 4.3. Souffrance et joie de la création

Il n'y a pas de discipline sans souffrance. Mais une simple souffrance n'est pas encore créatrice. La souffrance créatrice de grandes œuvres est la « *grande*

[1]*Aurore*, § 552, p. 1203.
[2]*Humain, trop humain*, I, § 210, p.549.

*souffrance* » : « La discipline de la souffrance, de la *grande* souffrance, ne savez-vous pas que c'est la seule discipline qui toujours ait permis à l'homme de s'élever ? »[1]

Toutefois, la souffrance n'est pas ici la souffrance de l'homme torturé, qui est à bout de ses douleurs. De ce côté, l'expérience de la souffrance pourrait engendrer deux types de réactions pathologiques et négatives :

-La réaction de l'esclave, pour qui la souffrance n'est qu'un malheur et qu'une malédiction d'un mauvais destin qu'il faut l'assumer comme tel, et qu'au meilleur des cas, on pourrait simplement lui chercher une quelconque consolation.

-La réaction du « révolutionnaire » qui ne voit dans la souffrance qu'une anomalie, qu'un état « contre nature ». Par conséquent, elle est ce qu'il faut « supprimer » pour reprendre vite l'état « normal », pour regagner le bonheur mis en parenthèse dans un état actuel des choses :

« Le désir de *destruction*, de changement, de devenir [...] peut aussi être la haine de l'être manqué, nécessiteux, mal partagé qui détruit, qui est *forcé* de détruire, parce que l'état de chose existant, tout état de chose, tout être même, le révolte et l'irrite – pour comprendre cette passion il faut regarder de près nos anarchistes. »[2]

Pour Nietzsche, c'est cet optimisme révolutionnaire qui est contre nature, parce qu'il n'y a rien d'anormal dans le sentiment de souffrance. Celle-ci n'est qu'un sentiment naturel qui accompagne le processus de la destruction, du dépérissement et de la perte de soi. L'expérience de l'être est une expérience de devenir. Et c'est ce devenir même qui est créateur. Mais il ne crée qu'au prix de la destruction et de la dissolution de tout ce qui devient périmé, affaibli, désagrégé, de tout ce qui perd la puissance de la création : « Oui, il faut qu'il y ait dans votre vie beaucoup de morts amères, ô créateurs ! Ainsi vous serez les défenseurs et les justificateurs de tout ce qui est périssable. »[3]

L'éthique des créateurs veut qu'on soit apparenté au processus recréatif de la vie elle-même. Qu'on admette d'être l'objet du jeu créateur, qui impose nécessairement cette expérience de la métamorphose et de la perte de soi. Il faut accepter sa propre destruction pour être recréé de nouveau. C'est qu'il faut créer en première instance c'est le créateur lui-même et non l'œuvre :

« En l'homme, *créature et créateur* se trouvent réunis. L'homme est matière, fragment, superflu, argile, boue, sottise, chaos, mais il est aussi

---

[1]*Par-delà le bien et le mal, Nos vertus*, §225, p.672.
[2]*Le Gai Savoir*, § 370, p. 241.
[3]*Ainsi Parlait Zarathoustra, II, Dans les îles bienheureuses*, p. 348.

créateur, sculpteur, marteau impitoyable, et divinité qui au septième jour contemple son œuvre – comprenez-vous ce contraste ? »[1]

Dans cette éthique, l'opposition erronée et pathologique entre la souffrance et le plaisir, entre la destruction et la création devient superflue. Ces termes composent, les deux en même temps, le jeu de la création. Toutefois, cette finalité ludique est en dernière analyse une finalité jouissante, puisque sans cette dualité souffrance/plaisir, il n'y aurait plus d'expérience de jouissance. La douleur qui aboutit à l'enfantement n'est autre chose que le chemin de la création, le chemin vers la joie et l'éternité :

« Dans la science des mystères la *douleur* est sanctifiée : le “travail d'enfantement” rend la douleur sacrée, – tout ce qui est devenir et croissance, tout ce qui garantit l'avenir *nécessite* la douleur...Pour qu'il y ait la joie éternelle de la création, pour que la volonté de vie s'affirme éternellement par elle-même, il *faut* aussi qu'il y ait les “douleurs de l'enfantement”. »[2]

La solitude, l'amour, la souffrance, la discipline qui se joignent à une certaine ascèse (mais qui implique l'économie et la concentration des forces de la création et non le refus des instincts de la vie) : voilà les termes qui marquent la force et la dureté de cette éthique créatrice. Cette éthique est si dure, ferme et intransigeante qu'elle ne pourrait être que l'apanage des grands hommes, d'une élite bien supérieure. L'éthique des créateurs n'est pas pour tout le monde, elle est une éthique pour une certaine élite, pour une certaine « aristocratie » de l'esprit, du goût et du sentiment.

[1]*Par-delà le bien et le mal, Nos vertus*, §225, p.672.

[2]*Le Crépuscule des idoles, Ce que je dois aux anciens*, § 4, p. 1028. Cf. également : *Ainsi Parlait Zarathoustra, II, Dans les îles bienheureuses*, p. 348 : « Créer – c'est la grande délivrance de la douleur, et l'allègement de la vie. Mais afin que naisse le créateur, il faut beaucoup de douleurs et de métamorphoses. »

# Conclusion

Dans la dualité Dionysos/apollon, il s'agit d'une nouvelle approche de la question de l'esthétique. Pour cette esthétique, il n'est plus question d'un renvoi à un registre purement rationnel, transcendantal et métaphysique ; plutôt, il s'agit d'un registre tout à fait différent : celui du corps, de la passion, du sentiment, ou d'une manière plus générale de l'expérience de la vie dans son effectivité (la corporéité-*Leiblichkeit*). Entre Kant et Nietzsche, il existe ce point commun de la référence à la notion du jeu comme source du plaisir esthétique. Mais à la différence de Kant qui interprète le jeu comme un jeu de la raison (jeu de ses propres facultés), Nietzsche conçoit ce jeu comme jeu d'instincts, de passions, de forces du corps humain.

C'est par la dualité Dionysos/apollon que s'instaure le jeu esthétique créateur des symboles de l'art. Par ce jeu également, Nietzsche essaye d'interpréter le jeu de symboles linguistiques et culturels. L'herméneutique nietzschéenne suppose une théorie des symboles ; et c'est la dualité Dionysos/Apollon qui sert comme principe à la fois philosophique et esthétique pour cette théorie.

Quoique Nietzsche soit parti d'une théorie romantique de l'art, et qui admet une signification métaphysique du dionysiaque comme figure de l'art originaire (la musique), c'est plutôt le sens du jeu esthétique qui va se développer. Ce qui crée l'œuvre d'art est ce jeu du dionysiaque et de l'apollinien, qui est un jeu du son et de l'image, de la musique et de la plastique.

Le jeu entre les deux formes de l'art est une tension entre deux perspectives de la signification : entre la force du rythme, du mouvement et de la transfiguration et la force de l'image, de la forme, de l'achèvement et de la belle apparence. Chaque terme est une limite pour l'autre : le dionysiaque empêche l'œuvre de ne pas être une simple inertie, une identité figée et morte ; et l'apollinien empêche l'acte créateur de tomber dans la pure dissolution de sa propre force, dans la désagrégation de sa totalité constitutive et dans la perte de son énergie.

Bien qu'on se trouve dans la possibilité de définir la force de la création artistique comme force dynamique ou comme une force plastique, pour Nietzsche, il devient nécessaire de la concevoir surtout comme une force qui exige la totalité, l'unité et l'implication intégrale dans l'acte. Toutefois, cette exigence esthétique était aussi une exigence ontologique. C'est pareillement à cette exigence que la philosophie tardive de Nietzsche a procédé à une homogénéisation ontologique des différents niveaux de l'interprétation de l'être. Grâce à cette homogénéisation, il serait possible de penser l'unité de l'acte créateur.

Le dépassement du romantisme avait des conséquences très importantes pour la théorie esthétique. Non seulement il aboutirait, chez Nietzsche, à une définition de la création artistique comme libre jeu, il aurait également comme conséquence le dépassement de ces cloisons « métaphysiques » qui séparaient auparavant les pratiques de l'art. Dans l'art, et mieux qu'ailleurs, c'est le jeu de la différence qui est créateur de la valeur esthétique. C'est, pour une telle raison que l'art reprendrait chez le dernier Nietzsche toute son ampleur comme sphère privilégiée pour le déploiement de la signification et du sens de l'être du monde.

Il est plus convenable, à notre égard, de parler d'un dépassement de l'antagonisme romantisme/classicisme chez Nietzsche vers un nouvel horizon impensable par ces deux antagonistes de la théorie de l'art : le ludisme esthétique comme condition de possibilité pour le dépassement de la métaphysique finaliste qui sous-tend les deux théories de l'art de la modernité. C'est ainsi que nous pourrions dire que la conception nietzschéenne du style créateur se rapproche plutôt de l'art contemporain qui place hautement le sens de l'expression libre et innovante.[1]

[1] Luc Ferry a insisté sur l'importance de Nietzsche pour le mouvement avant-gardiste dans l'art : « Si Nietzsche n'est sans doute pas, en tout cas pas seulement, comme le croyait Heidegger, le philosophe du « monde de la technique », il est sans nul doute celui de l'avant-garde esthétique en tant qu'elle est indissolublement liée à la figure du sujet brisé. Sur son versant hyperindividualiste, l'avant-garde rencontre l'idéologie révolutionnaire la plus extrême, la plus « subjective » : les valeurs qu'elle glorifie alors sont celles de l'innovation, de l'originalité, de la rupture avec la tradition. » Luc Ferry, *Homo Aestheticus, l'invention du goût à l'âge démocratique*, Paris, Grasset, 1990, p. 48.

# Conclusion générale

# I

L'esthétisme nietzschéen ouvre la voie de la recherche à de riches perspectives : la phénoménologie, l'herméneutique, l'esthétique et l'art contemporain. Il n'est pas chose étrange que la réception et l'admiration de l'œuvre et de la pensée nietzschéennes ont été en premier lieu celles des artistes et des écrivains. C'était une réception littéraire plutôt que philosophique comme l'a remarqué Gianni Vattimo : « En effet, l'accueil initialement réservé à Nietzsche fut, en fait, plutôt "littéraire", ou plus généralement "culturel" (dans le sens d'une critique de la culture, d'une réflexion sur les idéologies) que strictement philosophique. »[1]

Pour ce qui est de l'accueil philosophique, Nietzsche apparaît au début comme un danger pour la philosophie, un évènement terrible, un affranchissement des tabous et une « perversion » philosophique. Tout ce qui faisait jadis l'honneur et l'estime de la philosophie se trouve d'un seul coup humilié : la foi dans « sa » vérité, la rigueur de ses démarches, la profondeur de sa méditation, le discernement de ses concepts, la lucidité de son discours. Toutes ces « illusions » se sont trouvées démasquées et détrônées.

Cependant, la philosophie en tant que pensée de la création est devenue un art créateur. Pour être créateur, le philosophe doit agir à la manière de l'artiste, selon la liberté et l'innocence de l'acte créateur. La radicalité de la liberté créatrice implique la liberté de « détruire ». Mais qu'est-ce détruire sinon opérer ce surdépassement de tout ce qui entrave la puissance de la création, de la dégénérescence comme étant l'opposé de l'acte de la création.

Les conséquences d'un tel esthétisme qui se pense dans la perspective de la création sont multiples. Elles pourraient être recensées sur plusieurs niveaux :

-*Pour l'herméneutique* : La fonction de la philosophie est l'interprétation. Mais l'interprétation est création, création du sens. L'inactuel dans cette philosophie de l'avenir, c'est cette dimension créative qui suppose un rapport conflictuel avec le présent. La perspective de l'avenir est la perspective temporelle de la création. C'est cette perspective qui distingue le philosophe de l'ouvrier de la philosophie. Cependant, sans l'expérience de l'art, sans ce souci pour la création de l'œuvre, sans ce goût esthétique, sans cet attachement à la beauté « de l'apparence », à l'enchantement phénoménal,

---

[1] Gianni Vattimo, *Introduction à Nietzsche*, Paris, Bruxelles, De Boeck Université, 1999, p. 9.

cette interprétation resterait, en dernière analyse, prisonnière de l'idéal ascétique inhérent, par définition, à toute activité contemplative.

*-Pour la phénoménologie* : Par cet esthétisme, et par l'attachement à la perspective de la création artistique, le sens de l'être devient celui d'une expérience de la création du sens et de la valeur et non plus d'une « identité » préétablie métaphysiquement. C'est à l'humain qu'il revient de « recréer » le sens de sa propre expérience de la vie et d'en assumer les conséquences avec courage et sérénité dignes des héros tragiques. Pour penser une telle expérience, on a besoin de se détacher de tout un registre hérité depuis la nuit des temps des présupposés et des préjugés, aussi bien que des démarches qui faussent le sens de l'originalité et de la singularité de l'expérience de la création de l'œuvre de notre vie.

Ce que nous enseigne l'expérience de la création de l'œuvre d'art, au contraire de la production des théories dans la philosophie, c'est sans doute ce sens de l'innocence créatrice (sa formule philosophique : l'innocence du devenir), c'est ce jaillissement de la puissance créative qui repose dans les forces inconscientes de notre existence. La centralité de la notion de l'expérience, le refus de la métaphysique en tant que qualifiant une certaine démarche dominée par la force du « préjugé », la récupération de la puissance intuitive de la phénoménalité entendue comme présence et rayonnement, sont toutes des significations développées par cet esthétisme nietzschéen et que nous trouvons leur écho dans la phénoménologie naissante.

*-Pour l'esthétique* : L'esthétique se libère de l'autorité du système pour devenir une pensée libre et créative. En prenant l'être de l'artiste et son expérience créatrice de l'œuvre d'art comme objet de réflexion, l'esthétique se pratique à son tour comme créativité. Toutefois, ce qu'elle est censée créer ce sont des interprétations et des valeurs. Se confond-elle dans ce cas avec la philosophie ?

Dans cette perspective nietzschéenne, l'esthétique est philosophie. C'est en tant que telle, qu'elle est hantée par la question de la création du sens. Pour une telle esthétique, l'œuvre d'art est le *médium* nécessaire ou encore le lieu privilégié afin de créer la signification la plus singulière, la plus originale, la plus incitante pour la vie.

*L'esthétisme* nietzschéen, qui dénote cette unité organique entre philosophie et esthétique, nous propose toute une nouvelle ontologie qui procède à une reprise de la force métaphorique de la vision mythologique du monde. L'intérêt pour une telle ontologie est fortement suscité par la coupure qui a distingué le rapport de la chrétienté et le rationalisme moderne avec le monde antique. Une coupure qui ne fait que condamner le monde occidental dans la voie du nihilisme radical. Pour s'opposer à cette perspective, la philosophie de la création nous présente tout un univers de discours qui pourrait rétablir le lien avec ce monde enchanté : l'éternel retour, le monde embelli par la force de l'apparence, la force de l'imagination, l'affirmation des antagonismes, la notion du tragique, la vie comme objet de célébration.

Cet univers de discours ainsi proposé implique la philosophie dans la question de la culture. La nouvelle philosophie détache le questionnement philosophique du joug de la métaphysique pour l'orienter vers une problématique de la culture. Cette problématique en tant qu'elle pose la question de la *Bildung*, la question de la « formation » des valeurs, des goûts et des interprétations, est une problématique de la création. Elle puise ses ressources dans l'imaginaire (le symbolique, le fictif, le métaphorique) et non plus dans l'idéalité du concept.

## II

L'esthétique de la création est l'arrivée en scène de l'autorité de l'artiste créateur. La puissance du créateur n'admet aucune restriction, elle est une omnipuissance. Ce qui fonde l'acte créateur c'est la liberté, mais c'est une liberté du puissant qui exerce sa puissance pour la création de l'œuvre. Ce rapprochement entre liberté et puissance, la liberté comme volonté de puissance, est une conséquence de cette esthétique de la création. Une liberté qui aurait peut-être à être pensée à la manière de Descartes : affranchie des privations, des limites ; à la manière de Spinoza : autoexercice et manifestation naturelle de la puissance ; mais également à la manière de Leibniz : liberté en tant que vouloir de création du meilleur, en tant que vouloir de l'excellence.

Pour une nouvelle esthétique, la question ne concernerait plus le rapport de l'artiste avec les normes préétablies (le classicisme), elle concernerait plutôt le rapport de l'artiste avec l'œuvre d'art. Il ne s'agirait plus d'un rapport artiste/vérité, là où l'œuvre est censée déployer la vérité de l'être. L'œuvre d'art ne serait plus conditionnée par cet impératif métaphysique qui implique à la fois le classicisme et le romantisme.

Le problème que pose cette esthétique est celui qui oppose l'« absolu » de la puissance de la liberté créatrice à l'œuvre comme restriction et comme l'antithèse de cette « indifférence » inhérente au principe de la liberté. Dans le processus créateur, l'œuvre surgit peu à peu comme une réalité, comme un être. Le problème c'est que l'être de l'œuvre d'art n'est pas une matière qui pâtit, et qui est simplement réceptive de la forme extérieure. L'œuvre a sa propre vie qui devance même la procédure de la création. Elle est un « être » qui impose ses propres « lois ».

Le jeu qui s'établit entre la puissance du vouloir créateur et la réalité imposante de l'œuvre d'art est un jeu libre et indéterminé, jeu de passion et de souffrance, qui dans l'enfantement engendre une œuvre singulière, éblouissante, mais aussi étrange et énigmatique. Mais ce jeu a également un sens inversé : c'est l'artiste qui est créé à travers l'œuvre d'art : « Tu dois créer un corps d'essence supérieure, un premier mouvement, une roue qui roule d'elle-même, – tu dois créer un créateur. »[1]

L'œuvre joue aussi son propre jeu. Elle impose ses propres lois et sa propre réalité. Paradoxalement, l'artiste débute par cette illusion que c'est sa maîtrise totale de la matière qui va créer la « créature ». Cette illusion est un propre jeu de l'œuvre. La ruse de l'œuvre, c'est qu'elle manipule toutes ces croyances pour qu'elle vienne au monde, mais par sa propre manière, sa propre réalité et sa propre « forme ».

## III

La question de la forme est révolue : voilà une conséquence de l'esthétique de la création chez Nietzsche. Le libre jeu de la création s'oppose à l'autorité « métaphysique » de la forme de l'œuvre. Le dépassement de la dualité romantisme/classicisme se comprend dans ce sens. Chez Nietzsche, il s'agit d'un passage de la forme d'art à l'œuvre d'art.

Au lieu d'interpréter l'esthétique nietzschéenne comme une esthétique romantique (vu l'attachement à ce sens de l'unité originelle de l'œuvre d'art, au dépassement de la « non-confusion des genres » classique et au rapport subjectif à l'œuvre d'art), ou encore d'interpréter le refus tardif du romantisme comme une inscription dans l'esthétique classique ; il existe une autre alternative de l'interprétation. Cette alternative est *poïétologique*, elle se comprend dans la perspective de la *poïésis*, de la création : le libre jeu s'oppose au finalisme et au standard de la forme. Celle-ci n'étant ni une vérité ni une chose sacrée.

Le créateur « veut » l'œuvre et non la « forme ». Nietzsche répugnait sans cesse le formalisme esthétique. Il n'y a pas de « cloisons » métaphysiques entre les formes d'art. Toutefois, il ne s'agit pas là proprement d'un héritage

---

[1]*Ainsi Parlait Zarathoustra, De l'enfant et du mariage*, p.336.

romantique. Cette interprétation d'ailleurs n'est pas absolue : le non-respect des « cloisons » et la confusion des styles pourraient être le synonyme d'une défaillance, d'un manque de style. Nietzsche devient plus « classique » quand il s'agit du respect des exigences de l'art et du style. À la manière des classiques, il prend au sérieux le jeu de la création. Peut-être qu'il s'agit là du jeu le plus sérieux et le plus dangereux. L'attention de l'artiste pour ses « motifs » et l'intérêt absolu pour la force du style sont les signes du vrai créateur et de l'artiste original.

Toutefois, le sérieux qu'exige l'expérience de la création de l'œuvre d'art, ajouté au libre jeu de la création et l'implication de l'œuvre dans la réalité subjective de l'artiste, laissent à entendre qu'il s'agit plutôt d'une esthétique de la création, qui se rapproche beaucoup plus de la perspective de l'art avant-gardiste et de l'art contemporain en général que d'une quelconque approche classiciste. Cependant, cette esthétique accroît le sens de l'opposition entre la théorie et la pratique artistique. Nietzsche voulait démontrer que la théorie, dans son acception formaliste et *trop* idéalisée, fausse l'inspiration et la création artistique. La volonté de vérité qu'incarne la théorie est une volonté mortifère, nuisible à toute excitation vitale et créatrice. En contrepartie, la volonté de création dans l'art est une volonté d'illusion, de tromperie, d'apparence. C'est en cela qu'elle est créatrice. Dans l'acte créateur, l'artiste ne doit gaspiller son effort ni dans la justification ni dans l'interprétation.

L'intellectualisation de l'art est fortement désapprouvée par Nietzsche. Elle est un symptôme de sa dégénérescence. Mais paradoxalement, il en va autrement pour l'évolution de l'art contemporain. En grande partie, cette évolution se caractérise par un grand effort de théorisation qui accompagne la création des œuvres chez les grands artistes. De Wagner jusqu'à Paul Klee ou André Breton, les écrits et les manifestes deviennent de plus en plus un « argument » et un accès nécessaire pour communiquer avec l'œuvre. Est-ce un signe que l'œuvre d'art est devenue de plus en plus énigmatique, étrange et inaccessible ?

Mais en effet, toute vraie esthétique devrait témoigner d'un sens de respect pour l'énigmatique dans l'œuvre d'art. Le jeu de dévoilement devrait se restreindre à un *érotisme* minimal : pour pouvoir déceler le sens de la beauté de l'œuvre, il ne faut pas chercher à tout « découvrir », mais plutôt à s'enchanter et à « croire » à l'apparence, à l'infini de ses miroirs et à l'étendue de sa beauté. Une telle esthétique serait vraisemblablement apparentée à la « *Gaya Scienza* », ou peut-être qu'elle serait elle-même une « *Gaya Aesthetica* ».

# BIBLIOGRAPHIE

# ŒUVRES DE NIETZSCHE

## Œuvres publiées de Nietzsche :

***F. Nietzsche*, Œuvres, 2 tomes, Éd. dirigée par Jean Lacoste et Jacques Le Rider, Paris, Robert Laffont, 1993.**

**Œuvres du 1er tome :**
*Naissance de la tragédie (1872),* traduit de l'allemand par Jean Marnold et Jacques Morland, traduction révisée par Jacques Le Rider.
*Humain, trop humain (1878-1879),* traduit de l'allemand par A.-M. Desrousseaux et Henri Albert, traduction révisée par Jean Lacoste.
*Aurore (1882-1887),* traduit de l'allemand par Henri Albert, traduction révisée par Jean Lacoste.

**Œuvres du 2^e^ tome :**
*Le Gai Savoir (1882-1887)*, traduit de l'allemand par Henri Albert, traduction révisée par Jean Lacoste.
*Ainsi Parlait Zarathoustra, un livre pour tous et pour personne (1883-1885),* traduit de l'allemand par Henri Albert, traduction révisée par Jean Lacoste.
*Par-delà le bien et le mal, prélude à une philosophie de l'avenir (1886),* traduit de l'allemand par Henri Albert, traduction révisée par Jean Lacoste.
*La généalogie de la morale, pamphlet (1887),* traduit de l'allemand par Henri Albert, traduction révisée par Jean Lacoste.
*Le cas Wagner, un problème de musicien (1888),* traduit de l'allemand par Daniel Halévy et Robert Dreyfus, traduction révisée par Jacques Le Rider.
*Le crépuscule des idoles, ou comment on philosophe au marteau (1888),* traduit de l'allemand par Henri Albert, traduction révisée par Jean Lacoste.
*L'antéchrist, imprécation contre le christianisme (1888),* traduit de l'allemand par Henri Albert, traduction révisée par Jean Lacoste.
*Ecce Homo, comment on devient ce qu'on est (1988),* traduit de l'allemand par Henri Albert, traduction révisée par Jean Lacoste.
*Nietzsche contre Wagner, pièces au dossier d'un psychologue (1988), traduit* de l'allemand par Henri Albert, traduction révisée par Jacques Le Rider.
*Dithyrambes de Dionysos (1988),* traduit de l'allemand par Henri Albert, traduction révisée par Jean Lacoste.

**Œuvres philosophiques complètes :**

***Œuvres philosophiques complètes*, Édition établie par Giorgio Colli et Mazzino Montinari, 18 volumes, Paris, Gallimard, 1971-1997.**

*Tome I, Volume 1, La Naissance de la tragédie* et *Fragments posthumes, automne1869-printemps 1872,* trad. Philippe Lacoue-Labarthe, 1977.
*Tome I, Volume 2, Écrits posthumes*, 1870-1873, trad. Jean-Louis Backes, Michel Haar et Marc B. de Launey, Paris, Gallimard, 1977.
*Tome II, Volume 1, Considérations inactuelles I et II, David Strauss, L'apôtre et l'écrivain, De l'utilité et des inconvénients des études historiques pour la vie*, trad. Pierre Rusch, Paris, Gallimard, 1990.
*Tome II, Volume 2, Considérations inactuelles III et IV, Schopenhauer éducateur, Richard Wagner à Bayreuth*, trad. Henri-Alexis Baatsch, Paris, Gallimard, 1988.
*Tome III, Volume 1, Humain, trop humain I* et *Fragments posthumes* (1876-1878), trad. Robert Rovini, nouvelle édition revue par Marc de Launey, Paris, Gallimard, 1988.
*Tome III, Volume 2, Humain, trop humain II, Opinions et sentences mêlées, le voyageur et son ombre* et *Fragments posthumes* (1878-1879), trad. Robert Rovini, nouvelle édition revue par Marc de Launey, Paris, Gallimard, 1988.
*Tome IV, Aurore* et *Fragment posthumes*, début 1980-printemps 1881, trad. Julien Hervier, Paris, Gallimard, 1980.
*Tome V, Le Gai Savoir* et *Fragments posthumes*, été 1881-été 1882, trad. Pierre Klossowski, Paris, Gallimard, 1982.
*Tome VI, Ainsi parlait Zarathoustra*, trad. Maurice de Gandillac, Paris, Gallimard, 1971.
*Tome VII, Par-delà bien et mal* et *la généalogie de la morale*, trad. Cornélius Heim, Isabelle Hildenbrand et Jean Gratien, Paris, Gallimard, 1971.
*Tome VIII, Volume 1, Le cas Wagner, Crépuscule des idoles, L'antéchrist, Ecce Homo* et *Nietzsche contre Wagner*, trad. Jean-Claude Chémery, Paris, Gallimard, 1974.
*Tome VIII, Volume 2, Dithyrambes de Dionysos, Poèmes* et *fragments poétiques posthumes* (1882-1888), trad. Jean-Claude Hémery, Paris, Gallimard, 1975.
*Tome IX, Fragments posthumes*, été 1882-printemps 1884, trad. Anne-Sophie Astrup et Marc de Launay, Paris, Gallimard, 1997.
*Tome X, Fragments posthumes*, printemps-automne 1884, trad. Jean Launay, Paris, Gallimard, 1982.
*Tome XI, Fragments posthumes*, automne 1884-automne 1985, trad. Michel Haar et Marc B. de Launay, Paris, Gallimard, 1982.
*Tome XII, Fragments posthumes*, automne 1885-automne 1887, trad. Julien Hervier, Paris, Gallimard, 1978.

*Tome XIII, Fragments posthumes*, automne 1887-Mars 1888, trad. Pierre Klossowski, Paris, Gallimard, 1976.
*Tome XIV, Fragments posthumes,* début 1888-début janvier 1889, trad. Jean-Claude Hémery, Paris, Gallimard, 1977.

**Édition allemande des œuvres philosophiques complètes établie par Giorgio Colli et Mazzino Montinari :**

Friedrich Nietzsche, *Sämtliche Werke, Kritische Studienausgabe in 15 Bänden*, Berlin, Walter de Gruyter et Co.

**Autres éditions des œuvres de Nietzsche**

*La Volonté de puissance,* 2 tomes, trad. G. Bianquis, Paris, Gallimard, 1947-1948.

**OUVRAGES ET ARTICLES**

Rogério Miranda de Almeida, *Nietzsche et le paradoxe*, Paris, Presses universitaires de Strasbourg, 1999.
Charles Andler, *Nietzsche, sa vie et sa pensée,* 3 tomes, Paris, Gallimard, 1958.
Paul-Laurent Assoun, *Freud et Nietzsche,* Paris, PUF, 1980.
Paul Audi, *L'ivresse de l'art, Nietzsche et l'esthétique,* Paris, Librairie Générale française, 2003.
Richard Beardsworth, *Nietzsche,* Paris, Les belles lettres, 1997.
Yannick Beaubatie, *Le nihilisme et la morale de Nietzsche,* Paris, Larousse, 1994.
Ernst Bertram, *Nietzsche, essai de mythologie*, trad. Robert Pitrou, Paris, Éd. du Félin, 1990.
Maurice Blanchot, *L'entretien infini,* Paris, Gallimard, 1995.
Eric Blondel, *Nietzsche, le « cinquième "évangile" » ?* , Paris, Les Berges et les Mages, 1980.
Eric Blondel, *Nietzsche, le corps et la culture, la philosophie comme généalogie philologique,* Paris, PUF, 1986.
Karl Heinz Bohrer, « Esthétique et historisme, le concept nietzschéen d'apparence », in *Théories esthétiques après Adorno*, Textes édités et présentés par Rainer Rochlitz, trad. Achim Geisenhanslüke, Arles, Actes Sud, 1990.
Pierre Boudot, *Nietzsche et les écrivains français de 1930 à 1960*, Paris, Aubier-Montaigne, 1970.
Pierre Boudot, *L'ontologie de Nietzsche,* Paris, PUF, 1971.
Pierre Boudot, *Nietzsche en miette,* Paris, PUF, 1973.
Pierre Boudot, *Nietzsche, la momie et le musicien*, Lyon, Jacques-Marie Laffont, 1981.
Alain Boyer (et alii), *Pourquoi nous ne sommes pas nietzschéens,* Paris, Grasset, 1991.

Giorgio Colli, *Après Nietzsche*, Montpellier, Éd. de l'Éclat, 1987.
Giorgio Colli, *Écrits sur Nietzsche*, trad. Patricia Farazzi, Paris, Éd. de l'Éclat, 1996.
Giorgio Colli, *Cahiers posthumes 2*, trad. Patricia Farazzi, Paris, Ed.de l'Éclat, 1999.
Giorgio Colli, *Nietzsche*, Paris, Éd. de l'Éclat, 2000.
Béatrice Commengé, *La danse de Nietzsche*, Paris, Gallimard, 1988.
Louis Corman, *Nietzsche, psychologue des profondeurs*, Paris, PUF, 1982.
Louis Corman, *Découverte de Nietzsche*, Paris, J. Grancher, 1990.
André Cresson, *Nietzsche, sa vie, son œuvre, avec un exposé de sa philosophie,* Paris, PUF, 1947.
Gilles Deleuze, *Nietzsche et la philosophie,* Paris, PUF, 1970.
Gilles Deleuze, *Nietzsche, sa vie, son œuvre avec un exposé de sa philosophie*, Paris, PUF, 1965.
Jacques Derrida, *Éperons : Les styles de Nietzsche,* Paris, Flammarion, 1984.
Jacques Derrida, *Otobiographies : L'enseignement de Nietzsche et la politique du nom propre,* Paris, Galilée, 1984.
Daniel Dumouchel, *Kant et la genèse de la subjectivité esthétique*, Vrin, Paris, 1999.
Jean-Pierre Faye, *Le vrai Nietzsche, guerre à la guerre,* Paris, Hermann, 1998.
Luc Ferry, *Homo Aestheticus, l'invention du goût à l'âge démocratique,* Grasset, Paris, 1990.
Eugen Fink, *La philosophie de Nietzsche*, Paris, Bordas, 1964.
Michel Foucault, « Nietzsche, la généalogie, l'histoire », in *Hommage à Jean Hyppolite,* Paris, PUF, 1971.
Didier Franck, *Nietzsche et l'ombre de Dieu*, Paris, PUF, 1998.
Achim Geisenhanslüke, *Le sublime chez Nietzsche,* Paris, Montréal, L'Harmattan, 2000.
Jean Gillibert, *Folie et création,* Seyssel, Éditions Champ Vallon, 1990.
Simone Goyard-Fabre (S.), *Nietzsche et la conversion métaphysique,* Paris, Éd. de La pensée universelle, 1972.
Philippe Granarolo, *L'individu éternel, L'expérience nietzschéenne de l'éternité,* Paris, Vrin, 1993.
Jean Granier, *Nietzsche,* collection « Que sais-je ? », Paris, PUF, 1985.
Jean Granier, *Le problème de la vérité dans la philosophie de Nietzsche,* Paris, Le Seuil, 1966.
Michel Haar, *Nietzsche et la métaphysique,* Paris, Gallimard1993.
Michel Haar, *L'œuvre d'art : Essai sur l'ontologie des œuvres*, Paris, Hatier, 1994.
Michel Haar, *Par-delà le nihilisme*, Paris, PUF, 1998.
Jürgen Habermas, *Le discours philosophique de la modernité,* Paris, Gallimard, 1988.
Georg Wilhelm Friedrich Hegel, *Esthétique*, trad. S. Jankélévitch, Paris, Aubier, 1945.

Martin Heidegger, « Qui est le Zarathoustra de Nietzsche ? », in *Essais et conférences*, trad. André Préau, Paris, Gallimard, 1958.
Martin Heidegger, « le mot de Nietzsche “Dieu est mort” », in *Chemins qui ne mènent nulle ne part,* trad. W. Brockmeier, Paris, Gallimard, 1963.
Martin Heidegger, *Nietzsche*, 2 tomes, trad. Pierre Klossowski, Paris, Gallimard, 1979.
Christian Jaedicke, *Nietzsche : Figures de la monstruosité, Tératographies*, Paris, L'Harmattan, 1998.
Karl Jaspers, *Nietzsche : Introduction à sa philosophie,* trad. Jean Wahl, Paris, Gallimard, 1950.
Karl Jaspers, *Nietzsche : Introduction à sa philosophie,* trad. Henri Niel, Paris, Gallimard, 1989.
Curt Paul Janz, *Nietzsche biographie,* 3 tomes, trad. Marc de Launay, Violette Queuniet, Pierre Rusch, Maral Ulubeyan, Michel Valois, Paris, Gallimard, 1984.
Marc Jiménez, *Qu'est ce que l'esthétique ?*, Paris, Gallimard, 1997.
Alain Juranville, *Physique de Nietzsche,* Paris, Denoël-Gonthier, 1973.
Kant, *Critique de la faculté de juger*, trad. Alain Renaut, Paris, Aubier, 1995.
Mathieu Kessler, *L'esthétique de Nietzsche*, Paris, PUF, 1998.
Mathieu Kessler, *Nietzsche ou le dépassement esthétique de la métaphysique*, Paris, PUF, 1999.
Pierre Klossowski, *Nietzsche et le cercle vicieux,* Paris, Mercure de France, 1969.
Sarah Kofman, *Nietzsche et la métaphore,* Paris, Payot, 1972.
Sarah Kofman, *Socrate(s)*, Paris Galilée, 1989.
Sarah Kofman, *Explosion I, de l'Ecce Homo de Nietzsche,* Paris, Galilée, 1992.
Sarah Kofman, *Explosion II, Les enfants de Zarathoustra,* Paris, Galilée, 1993.
Sarah Kofman, *L'imposture de la beauté et autres textes,* Paris, Galilée, 1995.
Angèle Kremer-Marietti, *Thèmes et structures dans l'œuvre de Nietzsche,* Paris, Lettres modernes, 1957.
Angèle Kremer-Marietti, *Nietzsche et la rhétorique*, Paris, PUF, 1992.
Angèle Kremer-Marietti, « Le “terrain de l'art”, une clé de lecture du texte nietzschéen », in Dominique Janicaud éd., *Nouvelles lectures de Nietzsche.* Lausanne : L'Âge d'Homme, Cahiers L'Âge d'Homme, N° 1, 1985.
Tarmo Kunnas, *Nietzsche ou l'esprit de contradiction : Étude sur la vision du monde du poète-philosophe,* Paris, Nouvelles Éditions latines, 1980.
Pierre Lance, *En compagnie de Nietzsche*, Paris, « L'Ère nouvelle », 1991.
François Laruelle, *Nietzsche contre Heidegger,* Paris, Payot, 1977.
Thierry Lenain, « L'affect et sa trace, l'expérience créatrice selon Nietzsche », in *L'affect philosophe*, collectif, coordination scientifique de Gilbert Hottois, Vrin, Annales de l'Institut de Philosophie de l'Université de Bruxelles, 1980.

Thierry Lenain, *Pour une critique de la raison ludique, essai sur la problématique nietzschéenne*, Paris, Vrin, 1993.
George Liébert, *Nietzsche et la musique*, Paris, PUF, 1995.
Jacques Le Rider, *Nietzsche en France — de la fin du XIXe siècle au temps présent,* Paris, PUF, 1999.
Jacques Le Rider, « Nietzsche et Goethe », in *Les Cahiers de L'Herne, Nietzsche*, Collectif, dirigé par Marc Crépon, Éd. L'Herne, 2006.
Karl Löwith, *De Hegel à Nietzsche,* Paris, Gallimard, 1969.
Karl Löwith, *Nietzsche, Philosophe de l'éternel retour de même*, trad. Anne-Sophie Astrup, Paris, Calmann-Levy, 1991.
Jean-François Mattéi, *L'ordre du monde, Platon, Nietzsche, Heidegger,* Paris, PUF, 1989.
Mazzino Montinari, *La volonté de puissance n'existe pas*, trad. Patricia Farazzi, Paris, Éd. de l'Éclat, 1996.
George Morel, *Nietzsche I, Genèse d'une œuvre*, Paris, Aubier-Montaigne, 1970.
George Morel, *Nietzsche II, Analyse de la maladie*, Paris, Aubier, 1971.
George Morel, *Nietzsche III, Création et métamorphoses*, Paris, Aubier, 1971.
Alexandre Nehamas, *Nietzsche : La vie comme littératur*e, trad. Véronique Béghain, Paris, P.U.F, 1994.
René Passeron, *Pour une philosophie de la création*, Paris, Klincksieck, 2000.
Bernard Pautrat, *Versions du soleil : Figures et système de Nietzsche*, Paris, Seuil, 1971.
Jean Philippon, « Nietzsche et Raphaël », in Dominique Janicaud éd., *Nouvelles lectures de Nietzsche.* Lausanne : L'Âge d'Homme, Cahiers L'Âge d'Homme, N° 1, 1985.
Alexis Philonenko, *Nietzsche, le rire et le tragique*, Paris, Le livre de poche, Librairie Générale française, Paris, 1995.
Gaëtan Picon, *Nietzsche, la vérité de la vie intense,* texte inédit de 1937, Paris, Hachette, 1998.
Louis Pinto, *Les neveux de Zarathoustra, La réception de Nietzsche en France,* Paris, Seuil, 1995.
Platon, *Le Timée*, trad. L. Bresson, Flammarion, 1996.
Guy de Pourtalès, *Nietzsche en Italie*, Paris, Bernard Grasset, 1929.
Olivier Reboul, *Nietzsche critique de Kant*, Paris, PUF, 1974.
Olivier Revault D'Allones, *La création artistique et les promesses de la liberté*, Paris, Klincksieck, 1973.
Jean-Michel Rey, *L'enjeu des signes, Lecture de Nietzsche*, Paris, Seuil, 1971
Clément Rosset, *La force majeure*, Paris, Minuit, 1983.
Marc Sautet, *Nietzsche et la commune*, Paris, PUF, 1981.
Pierre Sauvanet, « Philosophe-artiste ou artiste philosophe ? », in *L'Artiste*, Collectif, Séminaire Interarts de Paris 2003-2004, Universités : Paris I – Panthéon-Sorbonne, Paris III – Sorbonne-Nouvelle, Paris IV – Sorbonne, dir. de publication : Marc Jiménez, Klinksieck, 2005.

Jean-Marie Schaeffer, *L'Art de l'âge moderne, l'esthétique et la philosophie de l'art du XVIIIe siècle à nos jours,* Paris, Gallimard, 1992.
Karl Schlechta, *Le cas Nietzsche*, trad. André Coeuroy, Paris, Gallimard, 1960.
Arthur Schopenhauer, *Le Monde comme volonté et comme représentation*, Livre III, trad. A. Burdeau, Paris, PUF, 1966, § 51.
Marc Sherringham, *Introduction à la philosophie esthétique*, Paris, Payot, 1992.
Peter Sloterdijk, *Le penseur sur scène : Le matérialisme de Nietzsche,* trad. Hans Hilderbrand, Paris, Christian Bourgeois Éditeur, 1990.
Jacques Sojcher, *La question et le sens : Esthétique de Nietzsche,* Paris, Aubier-Montaigne, 1972.
André Simha, *Nietzsche,* Paris, Bordas, 1988.
Barbara Stiegler, *Nietzsche et la critique de la chair, Dionysos, Ariane, le Christ*, PUF, Paris, 2005.
Paul Valadier, *Essais sur la modernité : Nietzsche et Marx*, Paris, Cerf-Desclée, 1974.
Paul Valadier, *Nietzsche, l'athée de rigueur*, Paris, Desclée de Brouwer, 1975.
Gianni Vattimo, *Introduction à Nietzsche*, Paris, Bruxelles, De Boeck Université, 1999.
Arnaud Villani, « Physique et musique de Nietzsche », in *Les Cahiers de L'Herne*, *Nietzsche*, Collectif, dirigé par Marc Crépon, Éd. L'Herne, 2006.
Patrick Wotling, *La pensée de sous-sol : Statut et structure de la psychologie dans la philosophie de Nietzsche*, Allia, Paris, 1999.
Patrick Wotling, *Nietzsche et le problème de la civilisation*, Paris, PUF, 1995.

# Table des matières

# PHILOSOPHIE
# AUX ÉDITIONS L'HARMATTAN

## *Dernières parutions*

### MACHIAVEL ET LA COMMUNICATION POLITIQUE

*Sagar Seck*

Cet ouvrage montre comment la communication politique a subi l'influence des préceptes du Prince, ceci même si l'oeuvre de Machiavel n'a pas toujours été lue. Néanmoins, l'étrange familiarité qui lie Machiavel au mal, dans sa pensée politique, semble relever d'une nécessité qui souvent commande les rapports gouvernants-gouvernés. Ce lien entre Machiavel et les politiques modernes se lit surtout à travers l'évocation d'une expression propre au pouvoir et que dissimule le politique grâce aux médias, ce qui décrit un nouveau rapport entre pouvoir et presse.

*(Coll. Questions contemporaines, 296 p., 31 euros)*

*ISBN : 978-2-343-18211-7, EAN EBOOK : 9782140131721*

### CRISE DANS LA REPRÉSENTATION
**Photographie, médias & capitalisme, 3**
**Corée / France**

*Sous la direction de François Soulages*

Le problème de la présence oblige à mettre en oeuvre la représentation, comme si, pour l'être humain, la présence ne pouvait se suffire à elle-même et devait s'accompagner de représentation et de langage. Mais la représentation fait elle-même problème au point qu'il y a crise dans la représentation. En effet, les hommes hésitent entre croyance et doute face aux représentations : qu'elles soient celles des médias, de la photographie, de l'économie ou de la politique, c'est une crise généralisée de et dans la représentation.

*(Coll. Eidos, 200 p., 20,5 euros)*

*ISBN : 978-2-343-18640-5, EAN EBOOK : 9782140131639*

### LA RÉPUBLIQUE DÉMOCRATIQUE DU CONGO, PRODIGUE OU PRODIGE ?
**Essai d'une philosophie politique et d'une théologie pour le Congo**

*Justin Adriko Mundua*

Quelle philosophie politique et quelle théologie pour l'Afrique, en général, et pour le Congo, en particulier, en ce vingt et unième siècle qui totalise bientôt deux décennies ? Devant le paradoxe congolais, l'auteur propose de passer de la répétition des pensées philosophiques et théologiques d'importation à une pensée philosophique et théologique propre au Congo et à même de répondre aux défis du moment. Le livre se veut une réponse à la quête identitaire multiséculaire des Congolais et, plus largement, des Africains.

*(Coll. Droits, Sociétés, Politiques "Afrique des Grands Lacs", 262 p., 26 euros)*

*ISBN : 978-2-343-17428-0, EAN EBOOK : 9782140130632*

### DE L'AMOUR IMAGINAIRE À LA PLÉNITUDE DU MANQUE

*Christian Martin*

Il semble n'exister aucune borne à la férocité de l'homme envers son semblable. L'amour ment à longueur de journée. Peut-être parce qu'il recouvre d'une même lumière diffuse la passion érotique, l'attachement, l'amitié et l'amour du prochain tout autant que l'espoir illusoire de toutes nos névroses. Écartelé entre égoïsme et altruisme, je peux établir une relation d'amour avec l'autre en le considérant comme un objet, un miroir, une idée désincarnée ou un sujet de droit. Mais qu'il soit pulsion, fusion, communion ou communication, l'amour est une construction sociale imaginaire. L'amour communicant et respectueux semble se différencier positivement des autres formes qui tentent de combler un manque primordial.

*(Coll. Ouverture Philosophique, 252 p., 25 euros)*

*ISBN : 978-2-343-18396-1, EAN EBOOK : 9782140131233*

## CHILI : LES SILENCES DU PARDON DANS L'APRÈS PINOCHET

*Javier AGUERO AGUILA*

Le philosophe chilien Javier Agüero Águila a consacré ses recherches à la psychanalyse, à la philosophie française contemporaine - avec une attention toute particulière à la pensée de Jacques Derrida -, à la « philosophie politique » : la violence, la démocratie et les droits de l'homme, l'hospitalité, la communauté et l'extranéité, la marginalité mais encore l'héritage, la mémoire, l'oubli, le pardon, etc. C'est autour du pardon que ce livre s'organise, engageant un débat sur le processus chilien de transition et de démocratisation mis en oeuvre après la dictature militaire de Pinochet.

*(Coll. La philosophie en commun, 252 p., 26 euros)*

*ISBN : 978-2-343-17784-7, EAN EBOOK : 9782140130779*

## ENTRER EN PHILOSOPHIE ANTIQUE

*Barthélemy Kabwana Minani*

Face aux interrogations de la vie, la philosophie se déploie pour libérer l'homme du fanatisme et de l'étroitesse d'esprit. Elle lui apprend à marcher et lui montre le chemin. La philosophie antique, née en Afrique (Égypte), s'est étendue sur les rivages de l'Asie Mineure et à la Sicile, avant de se fixer à Athènes puis à Rome. Les grandes écoles de la philosophie antique embrassent tous les domaines, de la métaphysique aux sciences. Entrer en philosophie, c'est d'abord apprendre à penser par soi-même, c'est aussi se jucher sur les épaules des géants qui nous ont précédés.

*(Coll. Pour Comprendre, 208 p., 21,5 euros)*

*ISBN : 978-2-343-18279-7, EAN EBOOK : 9782140130823*

## PENSER L'ENTRE-DEUX

**Potentialités, devenir, visage**

*Emmanuel·le·s Weislo*

85 000 antonymes organisent nos perceptions et relations dans une culture de l'opposition : l'un ou l'autre, sans alternatives. Cet « ordre des choses » imprègne nos pensées. Pourtant, le réel résiste à nos regards et se dessine le plus souvent en entrelacs, métissages, oscillations. Alors, comment penser cet entre-deux ? En déport d'une « pensée duelle » qui sépare et réduit, il s'agit de laisser émerger une pensée qui distingue et relie, invitant à prendre en compte la diversité, la complexité et la continuité du monde pour observer des potentialités et des relations d'intérité qui façonnent le « devenir visage » de chaque personne.

*(Coll. Ouverture Philosophique, 224 p., 23,5 euros)*

*ISBN : 978-2-343-18241-4, EAN EBOOK : 9782140130243*

## GASTON BACHELARD, L'INATTENDU

**Les chemins d'une volonté**

*Jean-Michel Wavelet*

Comment Bachelard, fils d'un cordonnier, professeur de physique et chimie, a-t-il pu devenir cet humaniste aussi savant que philosophe, aussi penseur que poète ? Il n'a pas emprunté les chemins balisés, ceux des élites universitaires et culturelles. Il a contrarié les pronostics et les conventions. Il s'est adjugé contre vents et marées le droit de penser par lui-même en bousculant les frontières des savoirs et de la culture et en dérangeant les us et coutumes établis. « Un ouvrage aussi lumineux que la destinée et l'oeuvre de Gaston Bachelard. Au plus près de sa vie et de sa pensée. » (Philippe Meirieu)

*(Coll. Biographies, 278 p., 29 euros)*

*ISBN : 978-2-343-18246-9, EAN EBOOK : 9782140130168*

## SOPHIE CALLE

**Regard sur autrui : du déséquilibre à l'imaginaire**

*Hwamin Shin*

*Préface de François Soulages*

À notre époque, nous sommes aux extrêmes : soit surexposés, soit isolés du regard. Entre le regard sur autrui et le regard d'autrui, comment pouvons-nous définir et accepter le regard sans nous détruire ? À quel point est-il fidèle et comment révèle-t-il la réalité, l'existence de ce qui est regardé ? Comment le regard sur autrui peut-il jouer sur et avec l'existence de l'être humain, et de l'oeuvre ? Face à cette question, Sophie Calle présente sans cesse autrui dans des créations plutôt autobiographiques. Elle pose des questions existentielles pour établir un rapport à l'autre, un rapport au regard. Avec ses oeuvres, le problème du regard sur autrui ou d'autrui passe du déséquilibre à l'imaginaire.

*(Coll. Eidos, 120 p., 14 euros)*

*ISBN : 978-2-343-18404-3, EAN EBOOK : 9782140129728*

## ETAT D'EXCEPTION

**La forme juridique du néolibéralisme**

*Rafael Valim*

Dans un contexte où un certain bavardage médiatique constituait alors sans doute autant un masque idéologique, qu'il n'était le signe d'un profond désarroi intellectuel devant la brutalité des changements à l'oeuvre, le livre de Rafael Valim offrait déjà, et offre plus que jamais aujourd'hui, des outils précieux pour penser le présent du Brésil, et, plus largement, celui des États de droit démocratiques à l'ère néo-libérale.

*(Coll. La philosophie en commun, 76 p., 11 euros)*

*ISBN : 978-2-343-18371-8, EAN EBOOK : 9782140129629*

## SOIGNER

**Les limites des techno-sciences de la santé**

*Jean-Jacques Wunenburger*

Les avancées de la médecine comme ses risques, excès ou dysfonctionnements conduisent à nous interroger sur la primauté affichée du techno-scientisme dans le champ de la santé, sur les idéaux de performance et les idéologies de la toute-puissance rationnelle de la biomédecine.

*EME éditions (Coll. Transversales philosophiques, 190 p., 19 euros)*

*ISBN : 978-2-8066-3690-4, EAN EBOOK : 9782806651709*

## PHOTOGRAPHIE & (RE)CONSTRUCTION D'HISTOIRES

*Alejandro Erbetta*

*Préface de Leonor Arfuch*

Dans les démarches rétrospectives qui réinterprètent le passé, les artistes travaillent à partir des traces matérielles et mnésiques, telles que les images d'albums de famille, les archives, les documents ou les témoignages. Leurs oeuvres deviennent une recréation artistique, et postulent un espace narratif singulier qui évoque une poétique de la mémoire. Partielles et fragmentaires, elles donnent à voir un récit reconfiguré par l'imaginaire et le montage. Mais peut-on reconstruire une histoire fragmentée et dispersée par le montage ? Comment remplir les vides ? En quoi et pourquoi la photographie peut-elle jouer un rôle important entre passé et présent ? Quelles relations établir entre mémoire, reconstruction et identité, entre histoires individuelle et collective ?

*(Coll. Eidos, 164 p., 17,5 euros)*

*ISBN : 978-2-343-18421-0, EAN EBOOK : 9782140129315*

## BRÈVE PHILOSOPHIE DE LA CONSTITUTION

**De Cicéron à René Girard**

**Analyse et psychanalyse des systèmes constitutionnels**

*Paul Dubouchet*

En ce moment propice aux débats sur la Constitution, la souveraineté du peuple, la démocratie directe, cet essai veut donner un aperçu historique, politique et philosophique du problème, à partir d'une seule idée directrice repensée dans la perspective de la « théorie mimétique » de René Girard : l'opposition établie par Giovanni Lobrano entre le « modèle ancien ou romain », seul vrai modèle républicain, et le « modèle moderne ou germano-anglais », d'origine féodale.

*(Coll. Ouverture Philosophique, 172 p., 18 euros)*

*ISBN : 978-2-343-17984-1, EAN EBOOK : 9782140128882*

## CULTURE, ART, SCIENCE ET POLITIQUE

**Interrogations et débats sur la modernité philosophique**

*Sous la direction de Issoufou Soulé Mouchili Njimom et Ernest Menyomo*

De la prise de conscience de son humanité à la réalisation d'une vie épanouie, l'homme se réalise à travers un processus existentiel qui traduit son engagement dans divers types d'activité dont la rationalité gouverne la démarche ou la méthode. En effet, notre modernité se manifeste à travers un modèle d'homme qui pense par devoir, structure son existence en usant de la technique, anime et égaie son cadre de vie par des oeuvres esthétiques, organise sa société sur la base d'une politique qui se veut, aujourd'hui, démocratique et capitaliste. Cet ouvrage interroge les thématiques au coeur de la philosophie moderne ou contemporaine.

*(Coll. Ouverture Philosophique, 164 p., 17,5 euros)*

*ISBN : 978-2-343-17858-5, EAN EBOOK : 9782140128691*

## LA FONDATION DE L'HUMAIN

**Recherche kantienne**

*Pascal Gaudet*

L'existence de l'homme n'est pas précédée par une essence qui la déterminerait. Mais elle n'est pas plus une création de soi-même détachée d'une exigence morale et d'une destination de l'être humain. L'existence n'est proprement humaine que quand elle surgit et se développe librement, c'est-à-dire quand elle se fonde dans l'articulation du pouvoir de l'esprit et de la loi morale. A ce titre, l'entreprise critique présuppose un contrat d'humanité qui doit être reconnu comme le principe de la pensée kantienne. Il s'agit donc de s'interroger sur la légitimité d'un tel contrat, si l'on veut mettre à l'épreuve la fondation de la philosophie critique.

*(Coll. Ouverture Philosophique, 92 p., 11 euros)*

*ISBN : 978-2-343-18186-8, EAN EBOOK : 9782140127960*

## LUMIÈRE VIVANTE

**Théorie et pratique de la bioluminescence**

*Nadia Merad Coliac*

*Préface par Alain Chareyre-Méjan*

Cet ouvrage d'Art et Science met en scène une bactérie bioluminescente : la bioluminescence y est vue comme une construction intellectuelle et phénoménologique, où la dimension ontologique de la lumière prend tout son sens dans l'idée du Contenant Lumière Vivante. Cette thèse retrace aussi un parcours artistique fait de rencontres humaines et littéraires. Elle met en lumière la rencontre d'outre-tombe de l'auteure avec le savant et philosophe Raphaël Dubois. Enfin, elle pose un regard critique sur la lumière vivante comme phénomène de mode.

*(406 p., 42 euros)*

*ISBN : 978-2-343-17413-6, EAN EBOOK : 9782140127816*

## Structures éditoriales du groupe L'Harmattan

**L'Harmattan Italie**
Via degli Artisti, 15
10124 Torino
harmattan.italia@gmail.com

**L'Harmattan Hongrie**
Kossuth l. u. 14-16.
1053 Budapest
harmattan@harmattan.hu

---

**L'Harmattan Sénégal**
10 VDN en face Mermoz
BP 45034 Dakar-Fann
senharmattan@gmail.com

**L'Harmattan Cameroun**
TSINGA/FECAFOOT
BP 11486 Yaoundé
inkoukam@gmail.com

**L'Harmattan Burkina Faso**
Achille Somé – tengnule@hotmail.fr

**L'Harmattan Guinée**
Almamya, rue KA 028 OKB Agency
BP 3470 Conakry
harmattanguinee@yahoo.fr

**L'Harmattan RDC**
185, avenue Nyangwe
Commune de Lingwala – Kinshasa
matangilamusadila@yahoo.fr

**L'Harmattan Congo**
67, boulevard Denis-Sassou-N'Guesso
BP 2874 Brazzaville
harmattan.congo@yahoo.fr

**L'Harmattan Mali**
Sirakoro-Meguetana V31
Bamako
syllaka@yahoo.fr

**L'Harmattan Togo**
Djidjole – Lomé
Maison Amela
face EPP BATOME
ddamela@aol.com

**L'Harmattan Côte d'Ivoire**
Résidence Karl – Cité des Arts
Abidjan-Cocody
03 BP 1588 Abidjan
espace_harmattan.ci@hotmail.fr

**L'Harmattan Algérie**
22, rue Moulay-Mohamed
31000 Oran
info2@harmattan-algerie.com

**L'Harmattan Maroc**
5, rue Ferrane-Kouicha, Talaâ-Elkbira
Chrableyine, Fès-Médine
30000 Fès
harmattan.maroc@gmail.com

---

## Nos librairies en France

**Librairie internationale**
16, rue des Écoles – 75005 Paris
librairie.internationale@harmattan.fr
01 40 46 79 11
www.librairieharmattan.com

**Lib. sciences humaines & histoire**
21, rue des Écoles – 75005 Paris
librairie.sh@harmattan.fr
01 46 34 13 71
www.librairieharmattansh.com

**Librairie l'Espace Harmattan**
21 bis, rue des Écoles – 75005 Paris
librairie.espace@harmattan.fr
01 43 29 49 42

**Lib. Méditerranée & Moyen-Orient**
7, rue des Carmes – 75005 Paris
librairie.mediterranee@harmattan.fr
01 43 29 71 15

**Librairie Le Lucernaire**
53, rue Notre-Dame-des-Champs – 75006 Paris
librairie@lucernaire.fr
01 42 22 67 13

www.ingramcontent.com/pod-product-compliance
Lightning Source LLC
LaVergne TN
LVHW011949220826
846092LV00001B/128

* 9 7 8 2 3 4 3 1 8 0 8 3 0 *